학교의 미래, 마을교육공동체로 열다

 학습
공동체로
열다

살림터

학교의 미래,
전문적 학습공동체로 열다

초판 1쇄 발행 2021년 12월 31일
초판 3쇄 발행 2023년 1월 11일

지은이 　오윤주, 간은균, 김명희, 김미영, 이유리, 조윤정
엮은이 　새로운학교네트워크
펴낸이 　김승희
펴낸곳 　도서출판 살림터

기획 　정광일
편집 　조현주, 송승호
북디자인 　더디앤씨 www.thednc.co.kr

인쇄·제본 　(주)신화프린팅
종이 　(주)명동지류

주소 　서울시 양천구 목동동로 293, 2215-1호
전화 　02-3141-6553
팩스 　02-3141-6555
출판등록 　2008년 3월 18일 제313-1990-12호
이메일 　gwang80@hanmail.net
블로그 　http://blog.naver.com/dkffk1020

ISBN 979-11-5930-211-4 03370

실천에서
길어올린 전학공
생생 키워드 6

발간사

새로운학교네트워크 세 번째 총서 『학교의 미래, 전문적 학습공동체로 열다』가 나왔습니다.

새로운학교네트워크는 작은 학교로부터 시작한 새로운학교운동 20년, 혁신교육 10년의 과정 속에서 우리나라 교육 변화의 큰 물결을 만들어 왔습니다.

그 속에서 놓치지 않았던 것들, 공동체, 문화, 학습, 그리고 사람! 그러다 만난 질문, 우리는 지금 어디쯤 가고 있을까? 우리는 본래의 방향을 잃지 않고 제대로 가고 있는가? 그리고 동료는? '실천에서 길어올린 전학공 생생 키워드 6'으로 그 물음에 대한 답을 찾고자 합니다.

교육은 앞서서 미래에 대한 가치로운 담론을 쏟아 내는 사람들이나 교육제도의 외피를 뒤집어쓰고 정책을 배출해 내는 사람들의 전유물이 아니라, 학교에서 실천으로 교육을 바꿔 나가는 선생님들이 주인공임을 이 책은 말해 줍니다.

이 책은 학교 변화의 시작과 과정을, 그리고 교육의 혁신을 지속적으로 밀어 올릴 것입니다.

꽃과 열매를 보려거든 흙과 뿌리를 보살펴 주어야 한다고 합니다. 이 책은 교육혁신의 피로감이나 실천의 부대낌 속에 서로를 위로하고 응원하며, 사람 간의 조화와 결합으로 새로운학교를 만들어 가는 마중물이 되어 줄 것입니다. 이 책으로 나눔을 통해 함께 성장하는 떨림을 느낄 수 있으리라 기대합니다.

이만주(새로운학교네트워크 이사장)

새로운학교 교육 원리

학교는 삶을 가꾸고 나누는 교육공동체입니다.

학생은 행복한 삶을 경험하며 미래 사회를 살아가는 데 필요한 가치를 배우고 익힙니다.

새로운학교의 구성원은 더 나은 세상을 꿈꾸며 다음 10가지 교육 원리를 실천합니다.

❶ 학교는 민주주의에 바탕을 둔 교육공동체이며, 구성원은 학교 일에 민주적으로 참여하고 결정합니다.

❷ 학교 구성원은 서로를 믿고 존중하며, 학교 교육을 위해 자기 책임을 다합니다.

❸ 학생은 자기 존엄을 바탕으로, 서로 인정하는 관계를 맺습니다.

❹ 학생은 교육의 장 어디에서나 안전하게 생활할 수 있어야 하며 어떠한 이유로든 차별받지 않아야 합니다.

❺ 학생은 배움의 주체로서 스스로 학습하고 협력합니다.

❻ 학교는 모든 학생에게 알맞은 배움의 기회를 제공합니다.

❼ 교사는 학생의 발달 단계와 특성, 관심, 생활환경을 반영하여 교육과정을 함께 만들고 실행합니다.

❽ 교사와 학생은 배움을 통해 인간, 사회, 자연을 이해하고 삶의 기술을 익히며 실천합니다.

❾ 교사는 전문성을 바탕으로 학생의 배움과 삶을 연결하는 교재를 준비하고 활용합니다.

❿ 학교는 삶의 터전인 지역사회와 협력합니다.

머리글

1 한국 교육이 문제라고 한다. 모두가 입을 모은다. 교육 문제에서는 모두가 당사자이다. 우리는 모두 교육에 대해 뭔가 '맺힌 것'이 있다. 학교가 잘못되었고, 대입 제도가 문제이며, 공교육은 부실하기 그지없다! 도저한 경쟁교육에 아이들이 시들어 가고, 주입식 교육으로 미래 사회에의 변화에 대응하지 못한다고 한다. 모두가 '이것은 교육이 아니다'라고 말하고 저마다 의견을 보탠다.

우리 교육은 여러 가지 난제에 직면해 있는 것이 사실이다. 학생의 삶과 괴리된 배움, 관리와 통제 중심의 학교 체제, 학벌 획득을 위한 경유지로서의 학교에 대한 인식 등이 학교가 교육적 본질을 구현하는 것을 방해한다. 그러나 그 얽히고설킨 문제의 근원이 모두 학교에서 비롯되었다고 보기는 어렵다. 우리 사회의 질곡과 욕망과 모순들이 압축적으로 분출되는 곳이 바로 학교, 그리고 교육이기 때문이다. 어려운 상황 속에서도 한국의 교사들은 최선을 다해 아이들의 곁에 서려 노력해 왔다. 그리고 그 노력 덕분에 아이들은 자라고, 우리 사회는 조금씩 진전하며 여기까지 나아온 것일 터이다. 하지만 여전히 무수한 교육적 난제들이 우리 앞에 과제로 남겨져 있다.

위로부터의 개혁이나 외부로부터의 컨설팅 등이 교육을 변화시킬 수 없음을 우리는 무수한 경험들로 잘 알고 있다. 사회적 인식이나 경제적 구조 등이 학교 교육의 문제와 연결되어 있기에 학교만의 힘으로는 문제 해결이 어렵다는 것도 우리는 너무나 잘 알고 있다. 그럼에도 불구하고 교육적 난제를 풀수 있는 당사자 중의 당사자는 교사들일 수밖에 없다. 문제를 풀 해법을 우리스스로 모색하며 우리의 교실, 학교를 변화시키려는 것, 그것이 최근의 혁신학교 운동에서 가장 핵심적인 이념적 기둥이다.

그렇다면 학교는 무엇을 어떻게 바꾸어 가야 할까? 문제는 무엇이고 해법은 어디에 있을까?

2 학교의 미래에 대한 논의가 분분하다. 미래 교육, 미래 학교, 미래 사회란 말이 들어가지 않으면 최신의 교육 담론이 아닌 것처럼 여겨질 지경이다. 미래 교육 담론에는 늘 인공지능, 사물인터넷, 4차 산업혁명, 디지털 미디어 등의 첨단 과학기술과 관련된 용어들이 포함되며, 그와 관련한 급격한 시대 사회적 변화에 학교가 대응해야 할 필요성을 강력하게 제안하곤 한다.

그런데 과연 미래는 맞이하는 것이며, 운명처럼 닥치고야 마는 것일까? 우리의 소임은 그 미래에 허겁지겁 적응하는 것일 뿐인가?

미래는 '아직 오지 않은 것'이며 변화의 여지가 있는 '우리가 만들어 갈 시간'이기도 하다. 미래에 대한 예견은 예견일 뿐이다. 우리는 우리 자신의 미래를 선택하거나 결정할 수 있다. 어떤 미래를 원하는가. 어떤 삶과 교육을, 어떤 사회를 맞이하기를 원하는가.

우리는 그 답을 학교의 전문적 학습공동체 속에서 찾아 나가자고 제안하고자 한다. 학교가 전문적 학습공동체로서 작동하게 되면 그 안에서는 필연적으로 다음과 같은 질문들이 생겨날 것이다. 질문들은 꼬리에 꼬리를 물고 또다른 질문들을 데려올 것이다.

리글

? 우리의 현재는 어떠한가? 우리가 현재 살아가는 삶과 세계, 그리고
　　학교는 충분히 만족스러운가?

? 우리는 어떤 미래를 원하는가? 그것은 어떻게 성취될 수 있는가?

? 학교의 역할은 무엇이며 학교는 그것을 잘 성취하고 있는가?

? 앞으로의 학교는 어떤 모습일 것이며, 어떤 모습이어야 할까?

? 좋은 배움이란 어떤 것일까? 그것은 어떻게 성취될 수 있는가?

? 교사와 학생은 학교에서 각각 어떤 역할을 하고 있는가?
　　그것은 미래에 어떻게 변화할 것인가?

질문이 있는 곳에 답이 생긴다. 좋은 질문을 던지면, 좋은 답이 생겨난다. 전문적 학습공동체가 우리 자신의 '진짜' 궁금하고 '정말로' 절실한 질문을 생성하는 공간이 된다면, 이곳에서는 우리가 맞이하고 싶은 미래가, 우리가 얻고 싶은 답이 만들어질 가능성이 매우 높아진다.

3 　교사도 역시 배우고 성장하는 이로서 존재해야 하며 학교가 전문적 학습공동체로 조직화되어야 한다는 것에 이의를 제기하기는 어렵다. 특히 학교 전체의 변화와 성장에 관심이 있는 교사들에게 '어떻게 전문적 학습공동체를 잘 가꾸어 갈 것인가'의 문제는 매우 중요한 교육적 화두가 되어 왔다. 그런데 막상 '어떻게'의 문제를 해결하기는 참 어렵다.

가장 큰 걸림돌은 '자발성'의 문제이다. 바쁜 업무의 와중에 어떻게 학교의 교사들이 '스스로' '즐겁게' 모여 공동 학습을 할 수 있도록 할 것인가. '방향성'의 문제 역시 해결하기 어려운 고민거리이다. 함께 모여 '무엇을' 학습해야 하는가. 학습공동체 형성에서 자발성과 방향성은 깊은 상호 관련성을 지닌다. 방향성이 없는 학습공동체에 대해 교사들은 '이것이 정말 필요한 것이다'라는

인식을 하고 자발적으로 참여하기 어렵다. 자발성이 없는 상태에서 방향성에 대한 공감은 쉽게 이루어지지 않는다. 누군가의 선의나 열정만으로는 일이 잘 이루어지지 않는다. 그 과정에서 어떻게든 전문적 학습공동체를 이끌어 가려던 이들 중 많은 이들이 상처를 입거나 포기하거나 체념하고 한발 물러서게 되기도 한다.

이 책에서 우리는 '교육의 주체가 되어 학교를 전문적 학습공동체로 만들어 가고 싶다'는 마음을 지닌 이들에게 도움이 될 수 있는 실천적 지향 및 방도를 제시하고자 하였다. 또한 '왜 굳이 함께 모여 학습을 해야 하는가'라고 생각하는 이들이 전문적 학습공동체의 필요성을 인식하는 계기가 될 수 있기를 바라며 이 책을 집필하였다. 이 글을 집필한 이들은 모두 학교 혁신 활동가이자 연구자로서 현장과의 긴밀한 연결 경험 및 실천 경험이 있다. 집필진은 교사들의 자발적 연대체인 '새로운학교네트워크'에서 학교 전체의 변화와 이를 추동하는 교사의 주체화를 모색해 왔다. 특히 우리는 학교의 변화를 위해서는 전문적 학습공동체가 핵심적인 역할을 해야 함에 주목하고 이를 만들어 가는 방안을 함께 탐구해 왔다. 이 책은 그 공동 모색의 결과물이다.

이 책의 1부에서는 왜 전문적 학습공동체가 필요하며 전문적 학습공동체란 무엇인가를 먼저 제시하였다. 특히 교사가 학교 변화를 주도하는 존재로서 교육적 의사결정에 참여하고 주체적으로 실천하는 교사 주도성(teacher agency)을 전문적 학습공동체의 핵심으로 제안하였다.

2부에서는 전문적 학습공동체가 무엇인지도 알고 있고, 왜 필요한지도 알고 있지만 어떻게 실행해야 할지에 대해 알고 싶은 이들에게 도움이 될 수 있도록, 전문적 학습공동체의 핵심어를 중심으로 실질적 구축 방안을 제안하였다. 2부에서 제안한 존엄과 환대, 비전의 공유, 학습 조직화, 학습과 실천의 연계, 개방과 공유, 성찰과 상상이라는 여섯 가지 핵심어는 이 책의 집필진이 학교현장의 실천가 및 연구자로서 쌓아 온 실천적 경험 속에서 응축하여 길어 올린 전학공의 중핵적 요소이다. 각각의 장에서는 핵심어를 중심으로 어떤 내용과 단계를 거쳐 전학공을 만들어야 하는지를 사례를 통해 서술하고, 이를 구체화할 수 있는 전략 및 워크숍 방안, 주요 질문과 답변 등을 함께 제시하여 활용 가능성을 높이고자 하였다.

3부에서는 전문적 학습공동체의 생생한 운영 사례를 학교별로 보이고, 각 학교가 전문적 학습공동체를 통해 만들어 간 교육과정 및 수업 사례들을 구체적으로 제시하였다. 마지막으로 학교 안과 밖의 연결과 확장을 통해 학교와 사회의 공동 성장이 이루어질 수 있음을 제시하고자 하였다.

4　세상은 그렇게 쉽게 변하는 것이 아니라고 한다. 사람들은 다 똑같다고 한다. 욕망의 덩어리이고 자기만 아는 이기적인 존재들이라 한다. 그래서 교육도 사회도 바뀌기 어렵다고 한다.

그런데 정말 그렇기만 한가? 나와 당신이 여기 모여 변화에 대해 이야기하고 있다. 우리가 만들어 가고 싶은 교육과 사회에 대해 이야기하고 있다. 이렇게 만든 이야기들은 생명력을 얻고 현실이 되기도 할 것이다. 부족하고 용렬한 인간의 하나인 우리를 말의 힘으로 다잡아 세우며 마음을 가다듬게 하고 어려운 길을 가게도 할 것이다. 그것이 이야기의 힘이고, 상상의 힘이며, 모여 앉은 자리의 힘이다.

학교란, 교사란, 그런 일들을 하는 곳이 아닌가? 미래를 상상하고, 미래를 위한 준비를 하며, 미래를 살아갈 사람들이 달고 갈 날개를 최선을 다해 키워 주는 곳. 그리고 그런 일들을 도모하는 곳, 우리가 살고 싶은 삶의 모습을, 이상적인 사회의 구현 가능성을 탐색하는 곳이 학교가 아니라면, 그 어떤 곳에서 이런 일들이 가능할 것인가?

그래서 우리는 학교의 미래를 학습공동체로부터 찾고자 한다. 함께 모여 머리를 맞대고, 서로의 마음속 깊이 간직하고 있던 '좋은 교사로서의 꿈'을 꺼내 들어 보자. 그리고 그 꿈을 공유하고 가다듬으며 그것을 현실로 구체화할 방도를 찾아보자.

가장 이상적인 것이 가장 현실적인 것일 수 있음을 역사 속 사례들이 종종 증명해 주기도 한다. 오늘 우리의 꿈이 내일 우리 교육의 현실이 될 수 있다고 믿는 당신, 오늘도 99%의 부정적 전망 속에서도 1%의 가능성을 꿈꾸는 당신에게 이 책을 전하고자 한다.

집필진 모두의 생각과 마음을 모아 쓰다

차례

학교의 미래,
전문적 학습
공동체로 열다

1부

전문적 학습공동체?
전문적 학습공동체!

1 전문적 학습공동체, 왜 필요한가?

학교자치 작동 기제로서의 전문적 학습공동체

코로나19는 교육현장에 많은 변화를 가져왔다. 과거에 한 번도 경험하지 못한 상황이 펼쳐지면서 학교는 어떻게 대응해야 할지 무척 당황스러워했다. 이때 빛을 발한 것이 전문적 학습공동체이다. 개별 학교의 교사들이 모여서 학교의 교육과정과 생활교육 등에 대해 늘 협의하며, 해결해야 할 문제에 대해 공동 연구를 통해 공동 실천하는 '전문적 학습공동체'의 시스템이 갖추어져 있던 학교는 코로나19라는 미증유의 사태에 슬기롭고 유연하게 대처할 수 있었다. 위기 상황에 대처하고 대응하는 수준을 넘어 현 상황에서 가장 필요한 조치를 하면서도 변화된 상황에서 놓지 않아야 할 교육의 본질을 지킬 수 있었다.

전문적 학습공동체가 발달한 학교들은 코로나19의 긴급한 상황 속에서도 학교 구성원이 비전을 세우고 공유하였기 때문에 밀집도 최소화를 위한 수도권 지역 등교 인원 1/3 이하 운영 지침이 나오기 전부터 교사들이 자율적으로 등교 수업 운영을 결정할 수 있었다. 만약 코로나19 이전에 학교 비전을 수립하고 공유하지 못했다면 교육부나 교육청의 공문과 지침을 기다리면서 학부모의 민원 전화와 언론 보도로 인해 우왕좌왕하였을 것이다. 그로 인해 정작 중요하게 생각해야 할 기준을 놓치면서 대응 전략을 수립하기 전까지 학생들에게 유의미한 배움과 적응의 시간을 제공할 기회를 놓쳤을 것이다. 풀란Fullan, 2005이 외적인 조건의 변화 때문에 학교개혁을 추진하기 어려울 때 이러한 부분을 방지할 수 있는 최고의 안전망이 전문적 학습공동체가 될 수 있다고 한 것처럼 전학공[1] 이 위기에 대처하는 최고의 안전망이 된 셈이다.

전문적 학습공동체가 잘 작동되는 학교에서 코로나19 상황에 민첩하게 대응할 수 있었던 것은 학교 구성원이 비전을 공유하고 있었고, 해결해야 할 문제에 대해서 논의할 수 있는 문화와 시스템이 자리 잡고 있었기 때문이다. 센게Senge, 1990가 말한 학습 조직의 다섯 가지 원리[2] 중의 하나인 '공유 비전의 구축'이 가능했기 때문에 위기 상황에 재빨리 유연하게 적응하고 변화할 수 있었던 것이다. 해결해야 할 문제 상황이 발생하면 조직의 구성원들이 '무엇'을 기준으로 문제를 파악하고 해결할 것인지가 중요한데, '무엇'에 해당하는 학교의 철학과 비전을 수립하고 있었고 학교 구성원이 그 철학과 비전을 공유하며 내면화하고 있었기 때문이다. 그런 점에서 전문적 학습공동체는 학교자치를 가능하게 하는 기제로 작용한다. 교육자치 강화와 더불어 학교자치가 중요한 이슈로 부각되고 있지만, 실질적으로 학교자치가 안착되게 만드는 현실적이고 구체적인 방안은 전문적 학습공동체 활성화라고 할 수 있다.

각 시도교육청에서는 학교자치를 활성화하기 위한 정책으로 교직

---

1   이 책에서는 '전문적 학습공동체'와 그 줄임 표기인 '전학공' 용어를 병행하여 사용함.

2   이 책의 2부 '3. 학습 조직이 되다'에서 센게가 말하는 학습 조직의 다섯 가지 원리에 대해 잘 설명하고 있음.

원회의 또는 교무회의 학교 운영 결정권 강화, 학교 내 민주적 의사결정 문화 만들기, 학교자치조례 제정 및 추진 등을 제시하고 있지만_{이상철,} ₂₀₁₉, 이러한 정책들은 전문적 학습공동체가 제대로 작동해야만 유의미한 결과에 도달할 수 있다.

코로나19 상황에서 보듯이 이제는 톱-다운_{Top-down} 방식으로 지침과 공문이 교육부-교육청-교육지원청-학교로 하달되면서 정해진 원칙을 따르기만 하는 시대는 지났다. 코로나19와 같은 전염병 등을 비롯한 재난이 일상화되면서 개별 학교 차원에서 재빨리 논의를 통해 결정하고 유연하게 대처해야 하는 상황이 펼쳐진 것이다. 코로나19와 같은 위기 상황은 학교자치가 가능하려면 무엇이 필요한지를 적나라하게 드러내 주었고, 그 '무엇'이 바로 전문적 학습공동체였다. 이제 전문적 학습공동체는 학교현장에 없어서는 안 될 중요한 핵심 조직이 되고 있다.

교사 리더십과 교사 주도성을 발현시키는 기제로서의 전학공

전문적 학습공동체가 학교 운영에서 핵심 조직으로 작용하는 또 다른 이유는 교사의 자발성과 주체성을 함양할 수 있는 중요한 기제 중의 하나가 전문적 학습공동체이기 때문이다_{조윤정·주주자·임현화·박시영·홍석희,} ₂₀₁₆. 앞서 언급한 바와 같이 학교자치가 가능하려면 결국 교사들이 학교의 비전 수립부터 시작해서 학교가 처한 지역적 맥락 및 특성에 적합한 교육과정을 함께 만들어 가야 한다. 그랬을 때 그 교육과정은 문서로만 존재하는 형식적인 교육과정이 아니라 학생들 삶의 구체적인 공간에서 역량으로 발현될 수 있는 살아 있는 교육과정으로 작동하게 된다. 교사의 특성, 학교의 맥락, 학생과 지역의 특색에 맞는 교육이 실현되려면 교사 한 사람 한 사람이 리더가 되어 교육과정을 만드는 주체가 되어야 한다.

이는 비단 교육과정에만 국한되지 않는다. 학교 운영도 마찬가지다. 모든 교사가 리더가 되어 학교 운영의 주체이고 주인이라는 생각을 가져야 한다. 이처럼 모든 교사가 리더십을 발휘하고 교사 주도성을 발휘하여야 학생들에게 의미 있는 배움이 가능하며 학생들은 삶과 배움을 연결하게 된다. 또한 모든 교사가 스스로 교사 리더로 인식할 때 학교에 긍정적인 변화가 일어나게 된다. 그런 점에서 교사 리더십은 학교개혁의 필요 불가결한 조건으로 부각되고 있다.

교사 리더십은 교사들이 학급 차원에서 더 나아가 전문적 학습공동체에서 교육적 실천력을 향상할 수 있도록 영향력을 행사하는 것을 의미한다Katzenmeyer & Moller, 2019. 캐천마이어와 몰러2019는 교사 리더는 학급 안팎에서 리더십을 수행하고, 교사 학습자와 리더들로 구성된 공동체에 소속감을 지니고 헌신하며, 다른 사람의 교수 능력 향상에 영향력을 행사하고, 자신이 발휘한 리더십 결과에 책임을 지는 사람이라고 규정하면서 모든 교사가 리더가 되어야 한다고 주장하였다. 그들은 교사 리더십을 '잠자는 거인'으로 보고 잠자는 거인인 교사 리더십이 살아나면 공교육에 거대한 변화를 가져올 수 있다고 보았다. 또한 교사 리더십이 학교 변화 촉진제로 작용할 수 있다는 점에서 교사 리더십을 희망이라고 보았다. 교사의 질 향상 센터Center for Teaching Quality의 멜리사 라스베리Melissa Rasberry가 "이제는 교사 리더십의 시대이다"Katzenmeyer & Moller, 2019에서 재인용라고 말한 것도 같은 맥락에서 이해할 수 있다.

이처럼 중요한 교사 리더십을 함양할 수 있는 장場이 바로 전학공이다. 교사 리더십은 승진을 통해 교육 행정 전문가가 되는 길과는 다른 지향을 향해 간다. 교사 리더십은 교육행정가가 아니라 '가르치는 자'로서의 전문성을 중시하며 그러한 전문성은 전문적 학습공동체를 통해서 길러질 수 있다. 개인적으로 혼자 학습하는 것이 아니라 사회적 상황에서 서로 배우고, 공유하고, 함께 실천하며 결과에 대해 피드백을 주고받으면서 같이 성장한다. 문제를 함께 해결하면서 공동체성이 살아나게 되고 학교의 주인으로 자리매김하게 된다. 전문적 학습공동체를 통해 교사는 자기 자신의 주인이면서 학교의 주인으로 다시 태어나게 된다. 그런 의미에서 전학공은 교사 리더십을 함양하는 배양터가 되는 것이다.

이처럼 교사가 학교 변화를 위해 주체적으로 의사결정을 하고 실천을 하는 것을 교사 주도성Teacher Agency이라 한다. 학교자치가 정착되어 학교 운영과 관련하여 구성원들 간 논의를 통해 의사결정을 하고 문제를 해결하려고 할 때 중요한 것이 구성원들이 주체로서의 참여하려고 하는 의지와 태도로서의 교사 주도성이다. 그러한 의지와 태도를 바탕으로 주체적으로 의사결정을 하고 실천을 하려면 구성원의 자발성이 살아나야 하고 수평적인 의사결정 구조를 통해 자신의 독립적인 의견을 주체적으로 표현하는 경험이 필요하다. 전학공은 그러한 환경과 맥락을 조성해 주는 플랫폼 역할을 한다조윤정 외, 2016.

특히 최근 교사 주도성은 인본주의적 관점에서 벗어나 생태학적 관점에서 파악되고 있다. 교사 주도성은 개인적 재능이나 역량으로서 행위자가 소유하는 것이 아니라, 개인적·자원적·구조적 요인의 조화를 통해 성취된다. 교사 주도성은 타고나는 것이 아니라 교사 주도성을 잘 발휘할 수 있도록 지원하는 환경과 맥락을 통해 발현된다는 것이다. 그렇다면 교사 주도성과 교사 리더십을 함양할 수 있도록 환경을 조성하는 것이 중요한 과제가 되며 교사 주도성을 함양할 수 있는 가장 효과적인 방법은 전학공을 활성화하는 것이다이창수, 2020. 전학공을 통한 공동체의 경험이 개인적인 혹은 교사로서의 삶에 실천적으로 적용되면서 본래의 자신과 교사로서의 자신을 이해할 수 있도록 하기 때문이다이창수, 2020. 주도성 발현의 출발점은 자신을 이해하는 것이라는 점에서 전학공은 교사 주도성을 길러 주는 중요한 배양터가 된다.

아래 〈행위주체성 형성과정 모델〉에서 나타나는 교사 주도성의 작

동 기제를 살펴보면 왜 전문적 학습공동체를 통해 교사 주도성을 함양

할 수 있는지를 알 수 있다.

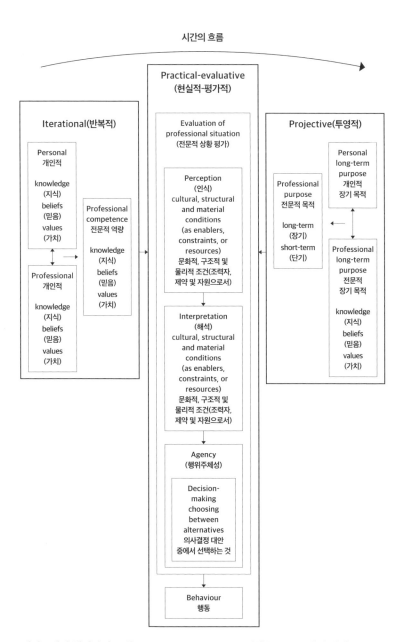

행위주체성 형성과정 모델(Leijen et al., 2019, p. 3. 이창수(2020)에서 재인용)

이 모델의 현실적-평가적 차원에서 나타나듯이 전학공은 전문적 상황에 대해 교사로서 어떻게 인식하고 해석할 것인가에 대한 판단과 인식에 영향을 주는 곳으로서 중요한 역할을 하게 된다. 예컨대 교육청이나 교육부에서 중요한 정책적 결정을 하였을 때 그 정책에 대한 의미 부여, 실현 가능성과 예측되는 결과 등을 바탕으로 어떤 평가를 할 것인지, 또한 그러한 평가를 바탕으로 추후 교사로서 어떤 결정과 판단을 내려서 행동을 취할 것인지에 영향을 주는 곳이 전학공이 될 수 있는 것이다. 다른 배경과 목적을 가진 교사들이 상황에 따라 문화적, 구조적, 물질적 조건조력자, 제약 조건, 자원을 다르게 인식하고 해석하는데 전학공은 그러한 다양한 의견을 바탕으로 교육적 상황에 대해 자신의 인식과 해석을 구성하고 다듬는 데 영향을 주기 때문이다. 이를 통해 볼 때 전학공은 교사가 주도성을 기를 수 있는 중요한 공동의 인식을 형성하는 공간이 된다.

이상에서 살펴본 것처럼 전학공은 코로나19와 같은 재난 상황에서 교육의 본질을 지키면서도 사회 변화의 흐름에 유연하게 적응할 수 있도록 하며, 학교 단위의 문제 해결 능력을 높여 준다는 점에서 학교자치를 작동하게 하는 실질적 기제가 된다. 또한 전학공은 최근 중요한 이슈로 부각하고 있는 교사 주도성을 함양시키는 환경적·생태적 맥락으로 작용하며, 교사 리더십을 함양할 수 있는 배양터로서의 역할을 수행할 수 있다는 점에서 그 중요성이 점점 높아지고 있다.

2 전문적 학습공동체란 무엇인가?

전문적 학습공동체Professional Learning Community는 무엇인가? 전문적
학습공동체는 원래 교사들의 학습공동체만을 의미하는 것은 아니며 전
문가들의 전문성을 함양할 수 있도록 학습하는 공동체를 의미한다. 교
사뿐 아니라 전문성을 함양하기 위해 학습하는 어떤 조직이든 전문적
학습공동체가 될 수 있다.

교육의 장에서 전문적 학습공동체는 교사 전문성을 개발하기 위해
공부하는 자발적인 교사들의 모임을 지칭한다. 그래서 전문적 학습공동
체는 교사학습공동체라고도 불린다.

교사 전문성은 어떻게 함양하는가?

교사들의 전문성을 함양하기 위해 학습하는 모임이 전문적 학습공
동체라면, 전문성은 어떻게 함양하는 것일까? 교수학습에 관한 연수를
개인적으로 수강하고 수업이나 학교 운영과 관련된 전문성을 키우기 위
해 개인적으로 책을 읽는 것도 전문성을 함양하는 것이지만 이러한 학

1부. 전문적 학습공동체? 전문적 학습공동체!

습을 전문적 학습공동체라고 부르지는 않는다. 전문적 학습공동체라는 용어는 최소한 3명 이상이 모여서 함께 전문성을 도모한다는 의미를 내포한다. 그러므로 이때의 전문성은 하그리브스2000가 말한 협업적 전문성을 의미한다.

하그리브스는 교사 전문성의 변천 과정을 전문성 이전 시대, 자율적 전문성의 시대, 협업적 전문성의 시대, 그리고 포스트모던 전문성의 시대로 구분하고 시대의 흐름에 따라 교사의 전문성 및 학습에 대한 개념이 어떻게 변화했는지 논의해 왔다. 그는 전문성 이전 시대 교사의 학습은 도제식 학습으로, 자율적 전문성 시대 교사의 학습은 개인주의적 학습으로, 그리고 협업적 전문성 시대 교사의 학습은 협력학습으로 특징지었다. 하그리브스의 구분에 의하면 지금은 교사 전문성을 혼자서 키우는 시대가 아니라 협력적으로 배우고 탐구하고 실천하면서 전문성을 키우는 협업적 전문성의 시대이다. 더 나아가 포스트모던 전문성의 시대를 맞아 교사 전문성을 학부모 및 지역사회 공동체와 함께 더욱더 개방적이고 상호 교류적인 관계를 발전시킬 수 있는 방향으로 나아가야 한다. 하그리브스는 포스트모던 전문성의 시대를 탈전문화의 위기로 특징지었는데, 이제는 교사의 전문성만으로 교육을 책임질 수 있는 시기가 아니기 때문이다.

풀란과 하그리브스2013는 포스트모던 전문성의 시대를 맞고 있는 지금 학교에서는 지역사회와의 연계, 마을교육공동체 구축 등을 통해 탈전문화의 위기를 극복하고 있다고 하였다. 그들은 해체되어 가는 공동체를 존속, 부흥시킬 수 있는 중심지로서 학교가 역할을 하기 위해서는 협동적 상호 교류를 강조하는 공동체적 전문능력개발주의Interactive Professionalism를 통해 전문적 학습공동체를 형성할 필요가 있다고 하였다. 지식과 정보가 도처에 편재遍在하는 시대적 상황에서 학습이 실천의 영역으로 확장되면서 학부모 및 지역사회 공동체와의 교류와 네트워킹이 교사 전문성의 중요한 부분으로 포함되고 있다.

이 책의 3부에서 학교 밖 전문적 학습공동체를 다루면서 어떻게 학교 간 학습공동체가 연계하면서 학습을 실천으로 확장할 것인지, 개별 학교의 배움과 성장, 혁신을 어떻게 지역사회로 확장하고 강화할 것인지 등을 다루면서 학교 밖 학습공동체의 중요성에 대해 논의하고 있는 것도 같은 맥락이다.

전문적 학습공동체에서는 어떤 전문성을 함양하는가?

전문적 학습공동체를 통해서 무엇을 배우고 어떤 전문성을 함양하는 것일까? 이때 전문성은 무엇을 위한 전문성인가? 교사 전문성을 통해 무엇을 하려고 하는 것일까? 국내외 연구에서는 전문적 학습공동체의 목적으로 수업 개선과 학생들의 학력 증진을 제시하고 있다서경혜, 2009; McLaughlin & Talber, 2006; Sergiovanni & Starratt, 2007. 수업 개선을 통해 학생들의 학력을 증진하는 것이 교사의 전문성이며 그러한 전문성을 함양할 수 있는 기제가 전문적 학습공동체라고 본 것이다. 그런데 여기서 말하는 학생들의 학력 증진이란 무엇을 의미할까? 대입 성적을 잘 받을 수 있는 수업을 해서 흔히 말하는 좋은 대학에 많이 보내는 것을 의미할까? 아니면 학생들이 삶의 맥락에서 역량을 발휘할 수 있도록 하는 것을 의미할까?

이처럼 전문적 학습공동체가 어떤 목적으로 어떤 전문성을 함양할 것인지, 또 전문적 학습공동체가 어떤 특징을 갖는지에 따라서 전문적 학습공동체의 개념과 특징, 기능과 역할 등이 달라진다. 이 책에서 다루는 전문적 학습공동체의 핵심어를 보면 전문적 학습공동체가 어떻게 형성·발전·정착되는지, 무엇을 중시하는지를 알 수 있다. 그리고 이는 이 책에서 드러내고 싶은 전문적 학습공동체의 특징이면서 전문적 학습공동체를 이루는 근간이자 구성 요소임을 알 수 있다.

이 책에서 제시하는 전문적 학습공동체의 특징

비전의 공유로 우리가 되다

앞서 살펴본 바와 같이 '학력 증진'이라는 목표가 달리 해석될 수 있는 것처럼 전문적 학습공동체가 어떤 목적을 지향하는지에 대해서 학교 구성원이 함께 핵심 가치와 철학을 담은 비전을 공유할 필요가 있다. 전문적 학습공동체를 구성하되 무엇을 위한 전문적 학습공동체인지, 왜 전문적 학습공동체를 해야 하는지에 대해 함께 사유하고 공유해야 하는 것이다. 이 책의 2부 '2. 비전의 공유로 우리가 되다'에서 다루고 있듯이 철학과 비전을 공유하는 것은 전학공의 성공 가능성을 높이는 중요한 요소이다. 비전은 교육적 변화와 실천을 이끌어 내는 동력이 된다. 좋은 비전과 철학이 바탕이 되었을 때 좋은 교육과정이 만들어지고 이는 학생의 학습과 삶에 유의미한 영향을 미치게 된다. 전문적 학습공동체를 왜 해야 하는지 인식하지 못하며, 구성원들이 어떤 교육을 꿈꾸는지 공유되지 않는다면, 그리고 공유된 꿈이 실천으로 이어지지 않는다면 그러한 전문적 학습공동체는 알맹이가 없는 조직과 같다. 만약 내가 재직하는 학교에 공유된 비전이 없고 나 자신이 이 학교에서 어떤 교육을 꿈꾸는지 명확하지 않다면 전문적 학습공동체를 통해 비전과 철학을 세워 '우리'가 되어야 할 것이다.

존엄과 환대로 시작하다

그런데 이러한 비전과 철학을 함께 세우고 공유하고 실천하려면 서로의 진심에 가닿을 수 있는 환대와 지지에 기반한 신뢰 관계가 형성되어야 한다. 전문적 학습공동체가 공동으로 연구하고 실천하는 학습공동체 역할을 하려면 동료성을 바탕으로 하는 사람이 모인 조직이라는 점에서 정서적 관계 형성이 중요하며, 교사로서의 나의 삶이 존중받는다는 확신이 있어야 한다. 그래서 2부 '1. 존엄과 환대로 시작하다'에서 말하는 것처럼 전문적 학습공동체의 출발점은 서로를 존엄한 존재로 대우하고 서로의 모습을 있는 그대로 환대하며 서로의 삶에 반응하는 관계를 만드는 것이다. 존엄과 환대가 있는 안전한 공간에서 비로소 교사로 탄생할 수 있으며, 나는 어떤 교사가 되고 싶은지에 대해 얘기하면서 교사의 정체성을 찾아갈 수 있는 것이다.

학습 조직이 되다

존엄과 환대를 바탕으로 전문적 학습공동체의 기반을 다지고, 비전과 철학으로 나아가야 할 방향을 정했다면 전문적 학습공동체는 그 용어에 담긴 의미대로 '학습하는 조직'이 되어야 한다. 학습 조직은 조직 내에서 이루어지는 개인 수준에서의 학습을 집합한 데에서 더 나아가 조직 차원에서 학습이 이루어지는 것을 말한다. 물론 조직 차원의 학습은 개인의 학습을 바탕으로 가능하지만, 조직이 하나가 되어 유기체처럼 움직여야 한다. 그래서 센게1990가 공유 비전, 팀 학습, 시스템 사고를 통해 조직이 전체로 움직여야 한다고 한 것이다. 전문적 학습공동체는 이처럼 학교 구성원을 개개인으로 분리하여 보는 것이 아니라 그들이 유기적인 상호관계를 형성하여 하나의 조직과 시스템으로 움직일 수 있도록 만들어 주는 것이다.

학습이 실천으로 이어지다

학교가 시스템 차원에서 움직일 수 있게 되면 이제 실천을 위한 준비는 다 된 것이다. 공동 연구와 학습을 통해 배운 것을 실천하면 된다. 전문적 학습공동체가 힘을 가지는 것은 공동의 학습이 실천으로 전환

될 수 있기 때문이다. 실천이 따르기에 학교 혁신이 가능하고 학생을 비롯한 학교 구성원이 성장할 수 있다. 만약 교사들이 모여서 어떤 주제를 중심으로 학습과 연구를 하였지만, 그 내용을 실천하지 않았다면 그러한 연구모임은 전문적 학습공동체라고 부르기 어려울 것이다. 기존 선행 연구에도 국내외 학자들이 전문적 학습공동체의 특징으로 공동 탐구 및 공동 실천을 제시하는 것에서도 알 수 있듯이DuFour, 2004; Hord, 2004; Louis, Marks,&Kruse, 1996; Owen, 2014 전문적 학습공동체는 실천을 전제로 한다.

공동의 탐구를 통해 새로운 지식을 창조하는 데에서 실천이 중요한 것은 실천을 전제로 하지 않는 탐구와 연구는 이론과 실제의 괴리를 낳기 때문이다. 쉰Schön, 1983은 전문적 실천가가 실제 상황을 이해하고 다룰 수 있는 것은 이론적 지식을 이해하고 적용하는 과정을 통해서가 아니라 실천 행위 속 앎을 통해서 형성된다고 하였다. 기능적 합리주의The Technical Rationality의 입장에서는 이론을 먼저 익히고 이를 실제에 적용하면서 '이론에서 실제'의 방식을 활용하게 되는데, 이는 실천의 문제를 지식 적용의 기술적·방법적 문제로 환원함으로써 이론과 실제 간 괴리를 낳게 된다. 반면 현실 속에서의 실천과 그에 대한 성찰을 통해 실천적 이론화함으로써 그것을 다시 현실에 적용하는 '실제에서 이론'의 방식에서는 이론적 지식Episteme과 실천적 지혜Phronesis가 통합될 수 있게 된다Korthagen et al., 2007; Schön, 1983.

특정 상황이나 현장에서 문제를 파악하여 그 문제를 해결하기 위해서 학습하는 실행학습Yorks, 2005도 이러한 맥락에서 실천된다고 볼 수 있다. 실행학습을 통해 실천적 맥락 속에서 실제적인 문제 해결을 위해 공동으로 협력하고 실천 속 성찰을 통해 교사 전문성이 개발되는 것이다. 실행학습에서는 학습이 일어나며 동시에 실제 문제에 대한 가능한 해결책도 찾게 되는데, 이는 지식이나 기능은 유의미한 맥락 안에서 제공될 때 효과적으로 학습할 수 있기 때문이다Liberman&Miller, 2009. 프로젝트 수업을 통해 학생들이 실제적인 맥락과 배움을 연결하여 배움을 더 심화하는 것과 같은 이치이다.

이처럼 전문적 학습공동체를 통해 학습이 실천으로 이어질 뿐 아니라 실천하는 과정에서 학습이 이루어지면서 실천적 지식이 생성된다. 실천적 지식은 누구는 전문가이고 누구는 초심자이고, 누구는 가르치고 누구는 배우는 자가 아니라, 초임 교사든 경력 교사든 우수 교사든 상관없이 공동체 구성원 모두가 학습자가 되어 동등하게 탐구에 참여하고 실천하는 과정에서 형성된다Cochran-Smith&Lytle, 2009, 서경혜(2017)에서 재인용. 전문적 학습공동체를 통해 구성원 모두가 실천의 과정 중에 해결책을 찾는 공동의 탐구 과정에서 지식의 생성자이면서 창조자가 될 수 있으며, 수평적인 관계 속에서 교사 전문성을 공동으로 창출할 수 있게 된다. 전문적 학습공동체는 삶과 배움, 배움과 문제 해결로서의 실천이 서로 연결되면서 이론적 지식과 실천적 지혜가 통합되는 장場이 되며, 이를 통해 실질적인 학교 운영의 핵심 조직으로 자리매김할 수 있는 것이다.

개방과 공유로 성장하며, 성찰과 상상으로 날아오르다

이렇게 전문적 학습공동체가 실천의 핵심 조직으로 움직이게 되면 실천한 내용에 대해 서로 개방하고 공유하며 성찰하는 것이 필요하다. 실천한 내용에 대해 서로서로 피드백을 주고받으며 객관적으로 실천한 내용을 성찰하는 것이다. 타인의 관점에서 실천한 내용에 대한 피드백을 받으면 어떤 부분을 잘했는지, 어떤 부분은 좀 더 보완해야 할지에 대해 자기평가와 동료평가를 통해 자신을 객관적으로 파악하게 되고 그 과정 자체가 성장의 과정이 된다. 개방과 공유를 통해 피드백을 받는 것이 중요한 이유는 자신의 객관적인 모습을 스스로 보기 어렵기 때문이다. 우리는 자신의 모습을 거울을 통해서만 볼 수 있다. 전문적 학습공동체에서 동료는 내 모습을 비춰 주는 거울이다. 그 거울을 통해서 자신을 객관적으로 인식하게 되고 그 인식은 때로는 아픔의 과정일 수도 있지만, 자기 성장의 바탕이 되는 것이다.

객관적으로 자신을 인식하고, 우리 학교가 처한 상황을 파악했을 때 한 걸음 더 나아가 새로운 도전을 할 수 있다. 이제 전문적 학습공동체는 미래교육을 위한 새로운 상상과 도전을 위한 실험실이 될 것이다. 전문적 학습공동체를 통해 많은 실험과 실천을 할 수 있으며, 새로운 도전과 상상의 나래를 펴는 실험을 함께할 든든한 동료가 있기 때문이다.

2부

전문적 학습공동체,
핵심어를 찾아라

1 존엄과 환대로 시작하다

달빛고등학교 이야기

"임 선생님, 어떻게 잘 좀 해 보시지 그래요. 애들이 맨날 엎어져 자고 맘대로들 떠들어 대는데, 그걸 어떻게 좀 못합니까."

"죄, 죄송합니다."

"아니, 나한테 죄송할 게 아니라, 애들한테 죄송한 일 아니요. 그렇지 않아요?"

"……."

임 교사의 귓불이 빨갛게 물들어 있었다. 곽 교감은 딱하다는 눈빛으로 임 교사를 한참 올려보더니 긴 한숨을 쉬며 그만 가 보라는 뜻으로 손을 까닥까닥 흔들었다. 임 교사는 주춤주춤 인사를 하고는 자리로 돌아가 앉아 책상 칸막이 안에 푹 몸을 숨겼다.

2년 차 신규 교사인 임 교사는 아이들을 다루는 데 좀 서툰 모양이었다. 게다가 특히 기가 센 반이 있어 그 반에서는 아예 수업이 잘 이루어지지 않는다고 했다.

강 교사는 안쓰러운 마음으로 임 교사의 자리를 건너보았다. 본교무실 안에는 열몇 명의 교사들이 함께 있었지만, 모두 아무 일도 없었다는 듯 조용히 자기 할 일을 하고 있었다. 강 교사는 문득 칸막이 위로 드문드문 솟아 있는 검은 머리통들이 바다 위에 외롭게 뜬 섬 같다고 생각했다.

교직원 백여 명에 학생들도 천오백 명 가까이 되는 빛나고등학교는 거대한 공장처럼 체계적으로 돌아갔다. 교사들은 각자 자기 맡은 바 일을 하고, 자기 교과 수업을 알아서 가르쳤다. 일주일에 한 번 전달 사항이 별처럼 쏟아지는 교직원 회의를 하고, 형식적인 학습공동체 모임을 한 달에 두 번쯤 가졌다. 가끔 외부 강사가 와서 '미래 역량을 기르는 수업 혁신' 이야기를 하고 가기도 했지만, 크게 감흥이 있는 것은 아니었다. 학생들은 크게 속을 썩이는 것은 아니지만 대체로 학습에 의욕이 많지 않고 수업 중에는 무기력한 편이었다. 같은 교무실을 쓰는 교사들은 아이 기르는 이야기라든가, 소개팅 나갔던 이야기라든가 하는 일상의 이야기들은 종종 나누었지만, 교육적 고민이나 수업에 대한 논의를 함께 나누지는 않았다. 하던 대로, 주어진 일만 해내면 학교는 그런대로 돌아갈 수 있었다.

그런데 정말 학교는 그럭저럭 이대로 돌아가도 좋은 것일까. 교사로서의 곤경에 빠진 임 교사에게 개인의 문제이니 스스로 해결하라고 내버려 두어도 좋은 것일까. 임 교사만큼은 아니지만, 강 교사도 사실 수업에 집중하지 않고 무엇을 해도 심드렁한 학생들 때문에 요즘 고민하고 있었다. 그런데 빛나고의 동료 교사들과는 차마 그런 이야기를 나누기가 어려웠다. 교사 경력이 십 년이나 되었는데, 아직도 아이들을 휘어잡지 못하는 거냐고 은근히 자신을 얕잡아 보지 않을까, 그런 걱정이 드는 것도 사실이었다. 그런 이유로 실은 속이 까맣게 썩어 들어가면서도 노련한 교사인 양, 잘해 나가고 있는 양 연기를 하는 순간도 종종 있었다.

아마도 빛나고에서 임 교사는 환대받지 못하는 존재라고 느꼈을 것이다. 그런데 그것은 강 교사도 마찬가지였다. 있는 그대로의 존재가 존중받고 환대받는다기보다는, 정해진 역할을 정확히 수행하기를 요구받는 부품의 하나라고 느껴질 때가 많았다. 학교는 그저 유능한 존재로 역할을 다해야 하는 직장일 뿐, 삶의 공동체가 아니었다.

'함께 관여하고 돕고 고민을 나누며 공동으로 문제를 해결해 나갈 수 있다면, 서로의 약한 부분을 드러내고 서로 의존하면서, 서로를 있는 그대로 환대하고 부족한 부분을 채워 가면서, 서로 함께 성장해 가고 어려움을 헤쳐 나가는, 학교가 그런 공동체라면 참 좋을 텐데.'

강 교사는 고요한 바다와도 같은 교무실에서 곰곰이 생각에 잠겼다.

존엄과 환대의 전학공이란

공동체는 학습과 전문성을 유지하게 하는 벼리다

전문적, 학습, 공동체 이 세 가지 말의 조합이 전문적 학습공동체이다. 이 중에 공동체는 전문성과 학습을 작동하게 만드는 벼리 역할을 한다. 벼리란 그물의 위쪽 코를 꿰어 놓은 줄로, 벼리가 있어야 그물이 만들어진다. 벼리가 있어야 그물이 만들어지듯 공동체가 형성되어야 학습과 전문성이 발현될 수 있다. 공동체는 어떻게 만들어지는가? 공동체는 모든 존재가 존엄한 존재로 실존하며 그 주인공들이 스스로를 그리고 서로를 환대하며 서로의 삶에 반응하는 관계의 경험 축적으로 만들어진다. 인간은 사람과의 관계를 통해 자신을 형성해 가는 존재이다. 서로를 삶의 문맥으로 헤아리는 사람과 사람 사이 따뜻한 시선의 교환이 존재를 펼칠 힘을 주며, 내가 머무는 시공간에서 최선을 다하고 싶은 마음을 깃들게 한다.

존엄과 환대로 우리는 서로를 헤아릴 수 있다

관계를 맺는다는 것은 서로의 삶에 반응하며 관여하는 것을 의미한다. 자신의 삶에 질문을 품고 주체로서 관여하는 것이며, 그러한 존엄한 존재들이 서로를 알아채고 환대하는 것이다. 존엄과 환대에 기반한 관여는 서로의 세상에 공명을 만들고 성숙의 길로 나아가게 해 준다. 삶으로서의 만남이 부재한 자신에 대한 그리고 타자 사이의 관여는 서로에게 불편함과 거부감만을 남길 뿐이다.

존엄과 환대의 관계 맺기는 사람과 사람 그리고 삶과 삶의 만남을 통해 실현된다. 즉 존엄과 환대의 관계 맺기는 스스로를 그리고 다른 이를 존엄한 존재로 대하는 존재들이 서로의 세상을 온전히 환대하며 만들어 가는 세상이라 하겠다. 우리는 이러한 세상에서 서로를 헤아릴 수 있으며 자신을 다시 설계할 수 있고 보다 나은 우리를 함께 형성할 수 있다. 그리고 그 힘으로 우리는 지금과는 다른 삶과 세상을 꿈꿀 수 있다. 존엄과 환대의 관계 맺기가 불가능한 상황 속에서 지속되는 피상적인 스침의 만남은 서로에 대한 헤아림을 불가능하게 한다. 서로를 헤아리는 관계가 효율화라는 명분 아래 사라져 갈 때 교사들은 스스로 존재를 지워 가게 되고 학교는 본래의 역할을 잃어 간다.

다른 사람의 처지를 생각할 줄 모르는

생각의 무능은

말하기의 무능을 낳고

행동의 무능을 낳는다.

- 한나 아렌트, 『예루살렘의 아이히만』

한나 아렌트의 말처럼 서로에 대한 헤아림의 무능은 생각과 말 그리고 행동의 무능을 낳고 그들이 속한 시공간을 무능하게 만들 수 있다. 어쩌면 지금의 학교는 이러한 무능이 켜켜이 쌓여 그 역할에 도전을 받고 있는지 모를 일이다.

서로의 세상을 온전히 내 삶에 맞이하고 서로의 처지를 헤아려 가며 우리의 존재 이유를 찾아가는 모든 과정이 존엄과 환대의 관계 맺기이다. 학교가 존엄과 환대의 관계 맺기가 가능한 시공간일 수 있다면, 우리는 지금과는 다른 방식으로 자기 자신을 만나고 아이들을 만나고 동료를 만날 수 있을 것이다.

"이 학교 왜 이래? 전에 학교는 이랬거든?"

"오자마자 어려운 일 주고… 학교 옮기는 게 두려워."

"조용히 문제없이 있다 떠날 거야."

위의 말들은 자신이 전입 교사일 때 하는 말이며, 전입 교사에게 듣는 말이며, 학교에 머무는 자신도 하는 말이다. 왜 이러한 상황은 늘 반복되는 것일까? 우리에게는 존엄, 환대, 관계의 경험이 너무나 얕다. 안전하지 않은 공간에서는 누구든 자신을 보호하기 위해 회피와 방어 본능을 전면에 내세울 수밖에 없다. 관계가 안전하지 않은 학교에서 교사는 교사로 탄생할 수 없다.

나와 너의 세상이 만나야 만들어지는 교사 우리의 정체성

나의 세상을 환대한다는 것은 무엇을 의미하나? 그것은 자신이 무엇을 하는 사람인지를 찾아가는 정체성 형성의 과정이다. 정체성은 자신이 머무는 시공간에서 주로 고민하는 것으로 형성된다. 교사는 어떻게 교사로 탄생하는가? 교사는 교사가 된다는 말의 무게를 모른 채 학교에 배당된다. 우리는 지금 여기서 교사로 탄생하고 있나? 교사가 된다는 것은 무엇을 의미하나?

크리슈나무르티는 교육계에 몸담으려고 결정할 때 가장 먼저 스스로 던져야 할 질문으로 '나에게 가르침이란 무엇인가'를 들었다. 그런데 이러한 교육의 본질에 대한 질문은 학교에서 사라진 지 오래다. 본질을 이야기하는 것이 낯설어져 버린 학교현장에서 교사가 교사로 탄생하기 위해 우리는 무엇부터 시작해야 할까? 교사를 교사답게 하는 학교를 만들어 가기 위해 우린 어떤 질문을 품어야 할까?

> '사람'으로 읽어도 좋습니다.
> '삶'으로 읽어도 좋습니다.
> 사람의 준말이 삶이기 때문입니다
> 우리의 삶은 사람과의 만남입니다.
> 우리가 일생 동안 경영하는 일의 70%가 사람과의 일입니다.
> 좋은 사람을 만나고 스스로 좋은 사람이 되는 것이
> 나의 삶과 우리의 삶을 아름답게 만들어 가는 일입니다.
>
> — 신영복

나 스스로 좋은 사람이 되어 좋은 사람을 만나 우리의 삶을 아름답게 만들어 가는 일은 성숙의 과정이다. 우리는 이러한 나와 너의 만남의 축적으로 좋은 교사로 탄생할 수 있으며 정체성을 만들어 갈 수 있다. 학교는 사람의 공간이며 우리가 하는 교육은 사람과 사람의 일이기에 어떤 학습보다 우선되어야 하는 것이 사람을 대하는 태도를 배우는 것이다. 즉 삶을 대하는 태도를 배우는 것이다. 교사로서 어른으로서 어떻게 살아가야 하는지 무엇을 지향해야 하는지를 내 곁의 동료를 통해 배워 가는 성숙을 위한 경험의 축적이 필요하다. 이 과정은 사람과 사람의 연결 그리고 그 연결된 존재들의 공유된 경험으로 완성되어 간다. 이 경험이 존엄, 환대, 관계라는 말이 지닌 진짜 의미로 채워질 때 교사는 비로소 교사로 탄생하게 된다. 이는 사람 사이에 존재하며 홀로 존재할 수 없는 말들이다. 사람은 관계적 존재이며 관계 속에서 나를 확인하고 스스로를 형성하며 성숙해 간다. 교사들은 자신의 세상을 교육과정으로 실천한다. 교사의 세상이 곧 교육과정이기에 교사들의 세상을 연결하는 것은 우리 교육의 성숙에 매우 중요한 의미를 지닌다. 존엄, 환대, 관계를 지향하는 전문적 학습공동체를 만들어 가는 것은 우리가 지향하는 학교와 교육을 만들기 위한 원천을 만들어 가는 일이라 하겠다.

우리가 지금 여기에 있는 진짜 이유를 찾아가는 것 그리고 그 실천에 진심을 담을 수 있는 원천을 만들어 가는 것이 전문적 학습공동체의 핵심이다. 이를 위해 '교사'라는 세계 그리고 '우리'라는 세계와의 만남이 필요하다. 그렇게 확장된 만남은 교사를 더욱 교사답게 교육을 더욱 교육답게 인간을 더욱 인간답게 만드는 교육을 탄생시키고 실천으로 이어지게 한다.

> 교육의 목적은
> 세계를 사랑하도록
> 이끌어 주는 것이다.
>
> - 한나 아렌트

우리가 아이들과 함께한 경험이 아이들에게 세계를 사랑하도록 하는 과정이었는지 생각해 볼 일이다. 한나 아렌트의 말처럼 곧 시민이 될 아이들이 세계를 사랑하게 만드는 것 그것이 우리가 할 교육의 전부일지 모른다. 그럼 한 가지 의문이 든다. 우리 교사들은 세계를 사랑하는가? 세계를 사랑하지 않는 교사가 아이들이 세계를 사랑하도록 안내할 수는 없다. 교사의 길에 진심을 낼 수 있도록 서로의 세상과 세계에 대한 호기심을 살려 내는 것, 즉 교사의 학습 지향성을 이끌고 이를 지속할 수 있게 하는 것이 전문적 학습공동체의 관건이다. 학습 자체가 목적이 아니라 학습을 통해 세계, 사람, 삶을 보는 관점과 지평을 넓혀 가는 것이 궁극적 목적이라 하겠다. 학습을 통해 과거의 나로 돌아가려는 나의 관성에 질문할 힘을 키우는 것은 과거의 나로부터 자유로워지는 것이며 우리가 만나는 아이들 그리고 그들과 함께 살아갈 세계를 보다 나은 곳으로 만들어 가는 과정이자 교사인 나를 형성해 가는 과정이다.

존엄과 환대의 관계 맺기는 성숙의 원천을 만든다

눈물꽃/루이스 글릭 (류시화 옮김)

내가 어떠했는지.
어떻게 살았는지 아는가.
절망이 무엇인지 안다면 당신은
분명 겨울의 의미를 이해하리라.

나 자신이 살아남으리라고 기대하지 않았었다.
대지가 나를 내리눌렀기에.
내가 다시 깨어날 것이라고는
예상하지 못했었다.
축축한 흙 속에서 내 몸이
다시 반응하는 걸 느끼리라고는.

그토록 긴 시간이 흐른 후에

가장 이른 봄의

차가운 빛 속에서

다시 자신을 여는 법을

기억해 내면서.

나는 지금 두려운가, 그렇다.

하지만 당신과 함께 다시 외친다.

"좋아, 기쁨에 모험을 걸자."

새로운 세상의 살을 에는 바람 속에서.

매일 매 순간 새로운 세상을 맞이해야 하는 교사라는 삶은 두려움의 연속이다. 하지만 그 길에서 서로의 삶을 환대하며 자신을 여는 법을 기억해 낸다면 우리는 이 길을 기쁨의 모험으로 만들어 갈 수 있을 것이다. 모험은 위험을 무릅쓴다는 것을 전제한다. 위험은 안전하지 못한 상황과 새로운 가능성을 동시에 내포한다. 위험하지만 용기를 낼 수 있는 시공간으로 학교를 변화하게 하는 것은 결국 서로를 이해하는 사람들의 연결이다. 끊임없이 세계와 종적·횡적으로 연결하며 교사로서 어떤 사람이 되어 어떤 삶을 살 것인가를 질문하게 하는 힘은 사람에게서 나온다.

서로의 세상을 만날 때 너무 서두르지도 다른 이를 변화시키려 애쓰지도 말자. 사람은 이해의 대상이지 변화의 대상이 아님을 잊지 말고, 내 앞의 사람에 대한 믿음을 잃지 말자. 그에게 또 나에게 기웃거릴 기회를 머뭇거릴 수 있는 시간을 충분히 부여하자. 그리고 머물고 싶은 마음을 낼 수 있도록 나의 세상부터 환대를 준비하자.

삶의 목적은 풍성하게 존재하기 위해서이다.

- 법정

공동체는 내가 있는 여기가 나를 풍성하게 존재할 수 있는 곳이라는 신뢰에서 시작된다. 신뢰는 서로에 대해 눈을 뜰 수 있을 때 형성된다. 이를 위해 서로를 보는 관점과 태도를 바꿀 수 있는 다양한 다층적 만남이 필요하다. 만남은 우리를 풍성하게 존재할 수 있게 한다. 존엄과 환대의 관계 맺기는 서로의 삶이 선물이 되어 삶을 풍성하게 할 수 있지만, 교환 관계는 마치 거미줄과 같아서 아무리 거미줄을 겹겹이 쳐도 한 번에 무너진다. 선물 관계를 만들어 가는 것은 진정한 공동체를 향해 가는 과정이다. 내가 받고 싶었지만 받지 못한 환대를 다른 사람에게 먼저 베풀 수 있는 용기를 내는 것이며 풍성하게 존재하는 길이자 성숙해지는 길이다. 성숙은 우리 모두가 완전하지 않다는 전제하에 서로의 세상을 만나는 것이다. 완벽주의를 추구하는 학교문화와 교사문화 속에서 성숙은 불가능하다. 성숙은 불완전함을 전제할 때 가능하기 때문이다. 사람은 관계 속에서 성숙해짐을 잊지 말자.

전문적 학습공동체는 단순히 교육과정을 개발하는 장이 아니다. 교사의 과거 현재 미래의 삶이 만나 교사 한 명 한 명의 정체성을 형성하고 집단적 정체성을 만들어 가는 시공간이자 더 나은 사회의 씨앗을 키우는 만남의 터전이다. 이러한 시공간의 역할이 역사로 이어질 때 우리는 성숙의 원천을 확보할 수 있다. 성숙의 원천을 어떻게 확보할 것인가? 서로의 선한 영향력을 어떻게 연결할 것인가? 이를 위한 시스템과 문화는 어떻게 만들어 갈 수 있나?

> 희망은 단순히 바람이나 기도가 아니다. 우리 교육에 대한 문제 제기, 대화 실천을 중단하지 않을 때, 희망은 계속 존재할 수 있는 것이다. 그러한 희망이 지속된다면 분명히 희망은 현실로 이루어지리라고 믿는다.
>
> - 파울로 프레이리

함께 모여 이야기하고 실천하고 서로를 지지하는 수밖에 없다. 서로에 대한 지지만이 무언가를 시도할 용기를 줄 수 있다. 우리가 만들어 낸 이야기 문화가 교육의 희망의 씨앗이다.

존엄과 환대의 전학공, 이렇게 만듭니다

존엄과 환대의 전학공 어떻게 구체화할까

서로를 환대하는 학교문화 만들기

서로를 헤아릴 수 있는 마음을 어떻게 낼 수 있을까? 성숙해질 기회 없이 나름의 방법으로 성장한 교사들은 자신만의 신념과 사회가 주는 통념의 성에 갇혀 자기 자신에게 질문할 겨를도, 다른 이와 함께할 마음의 공간을 만들어 낼 사이도 없이 어른의 역할을 감당해야 했다. 우리는 어쩌다 교사가 되었고 어쩌다 어른이 되어 버렸다. 우리는 여기에 있는 이유와 우리가 하는 일의 중요성을 깨닫기도 전에 수많은 존재들을 만나고 그들의 삶에 관여하는 일을 해내야 했다. 그리고 때로는 감당할 수 없는 순간순간에 어린 나를 드러내며 수없이 무너져 내리고 추스르기를 반복해 왔다.

> 내 마음에 꽃이 있어야 꽃이 보인다.
>
> – 법정

스스로의 삶을 환대하는 자만이 다른 이의 삶도 그렇게 맞이할 수 있다. 교사가 자신을 형성해 가는 과정은 전문적 학습공동체의 중요한 한 축이다. 교사들이 자기 질문을 갖고 교사 저마다의 정체성을 만들어 가는 것은 매우 의미 있는 일이다. 스스로 정체성을 만들어 가기 위해서 먼저 내가 나를 꽃으로 환대하고 스스로를 존엄한 존재로 여기는 것이 필요하다. 그것은 내 마음의 공간을 넓혀 가는 것이며, 내가 지금 여기에 왜 있는지에 대해 스스로 답을 찾아가는 과정이다. 이를 위해 우리가 하는 일에 대해 의미를 부여하는 과정이 필요하다. 교사 한 명 한 명의 삶에 대해 이야기를 나누는 것은 교사 한 명 한 명의 정체성을 찾아가는 과정이자 우리의 정체성을 만들어 가는 과정이라 하겠다.

내가 하는 일이 의미 있다고 느낄 때, 내가 속한 조직에서 자신이 기여하고 있음을 느낄 때, 지금 내가 여기에 있는 이유를 찾았을 때 정체성은 형성된다. 그리고 비로소 주체라는 말이 내 안에서 낯설지 않게 된다. 주체만이 상대를 주체로 대할 수 있다. 주체가 되어 가는 과정은 그래서 지극히 개인적인 동시에 공적이다. 공적인 자리에서 자신의 정체성을 만들어 가는 기회의 축적이 주체를 탄생하게 한다. 진심을 내고 싶은 마음, 최선을 다해 보고 싶은 마음은 어디서 비롯되는가? 그것은 결국 사람으로부터 그리고 사람으로 인해 비롯된다.

> 사람들은 교사가 무엇을 말하고 어떻게 행동하느냐에 관심을 기울일 뿐, 그 교사가 한 인간이자 교사로서 어떤 사람인가가 얼마나 중요한지 잘 모른다.
>
> - 루돌프 슈타이너

존엄과 환대의 관계 맺기를 위한 다각적 모색

어떻게 하면 서로의 마음에 가닿을 수 있을까? 마음은 관계 속에서 형성된다. 관계는 공유된 경험의 축적 속에서 싹이 돋기 시작한다. 하지만 싹이 돋을 때까지 우리는 그것의 실체를 볼 수 없다. 보이지 않기에 중요하다고 생각하지만 간과하는 경우가 많다. 그래서 정성을 덜 들이거나 포기하는 경향이 있다. 서로를 향한 관심과 헤아림으로 구성된 공적인 경험은 공동의 기억을 만들어 내고 '우리'라는 연대를 만들어 낸다. 연대는 정체성을 만들어 낸다. 서로에 대해 보지 못했던 것들을 보게 되고, 서로의 삶을 알아차리고, 서로의 소중함을 직면하는 공적인 경험의 축적이 필요하다. 우리는 그 과정을 존엄과 환대의 관계 맺기라고 부르려 한다. 신념을 갖고 그 길을 지속하는 것은 결국 사람들의 연결된 힘이다. 함께 모여 서로를 소중히 여기고 우리에 대해 말하고 경청하는 힘이다.

> 나로 하여금 공동체 의식을 깊이 느끼게 하는 사람, 자신의 모순과 깨어짐을 나와 공유하는 사람, 그래서 나의 모순과 깨어짐도 공유하게 되는 사람이다. 우리가 우리 자신을 원만하고 매끈한 사람으로 드러낼 때, 우리는 다른 사람이 내 삶에 들어오지 못하게 하고 함께하는 삶에 참여하지 못하도록 한다.
>
> — 파커 파머, 『역설에서 배우는 삶의 지혜』

서로의 모순과 깨어짐을 공유하고 서로의 삶으로 초대할 수 있는 곳을 우리는 공동체라 부른다. 불완전한 우리가 서로에게 기대어 사는 삶의 의존성을 인지하고 서로의 취약함을 안전하게 공유할 수 있고, 서로의 삶을 지지할 수 있는 환대와 지지의 시공간이 전문적 학습공동체이다. 우리는 따뜻한 공동체에서 온전한 나를 드러내고 새로운 나를 발견한다. 그리고 그러한 공동체에서 우리는 새로운 모험을 떠나고 싶어진다.

✓ 이럴 때 이런 워크숍

워크숍 1 나와 너의 세상이 만나야 만들어지는 교사 우리의 정체성

1. [어쩌다 교사]

활동의 의미

우리의 시작점을 돌아보는 활동이다. 우리가 여기에 오게 된 다양한 이유를 나누면서 교사가 된 것이 우연이 아님을 깨닫고, 수많은 우연을 가장한 계획된 운명들이 우리를 교사의 자리로 이끌었음을 깨우치는 순간 우리는 소명과 맞닥뜨리게 된다. 다양한 이유로 교사가 되었지만 교사의 길을 생계를 넘어서는 소명으로, 혹은 숙명으로 받아들일 수 있을 때 우리는 비로소 교사의 길을 사랑할 수 있다. 이 활동을 통해 우리는 과거와 지금의 우리 모습에 대한 성찰의 문을 스스로 열게 된다.

활동 전개의 실제

단계	워크숍 흐름	길잡이
1	'내가 교사가 된 진짜 이유는 무엇인가요?' 이유의 핵심어를 포스트잇에 쓰도록 한다.	• 진짜라는 말을 강조하며 진행자의 이야기로 시작하는 것이 좋다. • 포스트잇에 핵심어만 쓰도록 한다.
2	• 모둠별로 자신이 교사가 된 진짜 이유를 공유한다. • 공유가 끝나면 전체 포스트잇을 공유 칠판에 유목화해 붙인다.	• 발표자의 이야기를 듣고 서로 추가 질문을 하도록 한다. • 공유 칠판에 유목화해 붙이고 제목을 붙여 보게 한다.

단계	워크숍 흐름	길잡이
2	• 진행자는 제목별로 의미 있다고 생각하는 포스트잇에 적힌 핵심어를 공유하고 해당자가 전체 참여자에게 이야기를 공유할 수 있게 한다. • 이야기가 모두 끝난 후 진행자는 우리가 여기에 온 이유를 두 글자로 표현하면 무엇일지 질문한다. • 운명, 사명, 소명 등의 말이 나오도록 이끌어 간다.	
3	• 이야기를 공유하고 자신에게 남은 말을 모둠과 공유하며 마무리한다.	• 인원이 적을 경우 모두가 한 단어씩 말하고 인상적인 말을 발표한 분께 이유를 묻고 마무리한다.

2. [나를 교사답게 만들어 준 말들 샤워]

활동의 의미

'~답다'라는 말은 우리의 지향을 담고 있다. 우리 스스로 찾아가는 '~답다' 앞에 붙일 수 있는 말들에 대한 상상과 되뇜은 성숙과 지속의 동력이 된다. 말의 힘에 대해 생각해 볼 일이다. 언어가 삶 속에 들어와 그 힘을 가질 때 그 언어는 그 사람의 삶이 된다. '~답다'는 말은 자신이 무엇을 하는 사람인지에 대한 선언이며, 선언은 실천을 이끌어 내는 힘이 있다.

활동 전개의 실제

단계	워크숍 흐름	길잡이
1	• 나를 교사답게 만드는 구체적인 말을 포스트잇에 적게 한다.	• 구체적인 경험을 떠올려 보도록 한다.

단계	워크숍 흐름	길잡이
2	• 나를 교사답게 하는 말들에 대한 자신의 경험을 모둠과 공유한다. • 모둠원은 이야기를 듣고 발표자가 말한 말들을 함께 외쳐 준다.	선생님 덕에 ~하게 되었어요. / 롤모델, 닮고 싶다! / 쌤 춘분히 잘하고 있어요 / 선생님 수업 듣고 싶어요, 못들어서 아쉬워요 / 선생님같은 분만 계셨으면 좋겠네요.
3	• '나를 교사답게 살 수 있게 하는 원천은 (　)(이)다'라는 문장을 완성해 공유한다.	• 각자 쓴 문장을 공유한다.

3. [교사 수업 철학 세우기]

활동의 의미

"20년 교사로 살면서 처음 받아 본 질문입니다." 2월 워크숍에서 "선생님이 아이들을 만나는 이유가 무엇인가요?", "선생님은 어떤 교사로 살고 싶으세요?"라는 질문에 대한 전입 교사의 대답이다. 모든 배움은 교사인 나로부터 비롯된다. 존재를 대하는 우리 일의 특성상 우리는 끊임없이 서로에게 물어야 한다. 질문은 내가 만나는 아이들에 대한 나의 책임이 무엇인지 깨우치게 한다. 교사가 교사라는 직업을 책무가 아닌 책임으로 온전히 받아들일 때 교사는 소진되지 않는다. 책무감에 바탕을 둔 교사의 삶은 면피 또는 소진을 낳게 된다. 끊임없이 자신을 돌아볼 힘을 나로부터 발견하고 이끌어 내는 것은 결국 사람과의 만남이며, 이 길을 함께 가는 동료와의 나눔이다.

활동 전개의 실제

단계	워크숍 흐름	길잡이
1	수업 철학, 수업 운영 원리, 교사상과 관련된 질문이 있는 활동지를 배부한다.	
2	• 그림 카드를 배부한다. • 세 가지 질문을 설명할 수 있는 그림을 골라 이야기를 나눈다. 　* 그림 카드 없이 활동지만 활용해 진행할 수 있다.	 • 자신이 맡은 학년 성취기준을 기반으로 핵심어를 정해 교사 철학을 완성할 수 있다.
3	• 모둠과 공유하고 함께 격려한다.	• 환대의 말하기 듣기로 모둠과 이야기를 나누도록 한다.

표:

질문 관련 분야	질문
수업 철학	나는 '내 교과'와 '나'를 통해 아이들이 어떤 존재가 되기를 바라는가?
수업 운영 원리	수업 비전을 실현하기 위해 나는 아이들과 어떤 수업을 만들어 가고 싶은가?
교사상	나는 아이들에게 어떤 교사로 기억되고 싶은가?

• 각자 작성할 시간을 준다.

나의 수업 철학 세우기 활동지

나의 수업 철학 세우기	
학교상 (학교 비전)	
학생상 (교육 목표)	
학교 교사상	

↑

나의 수업 비전	내가 꿈 꾸는 수업을 아이들을 중심에 두고 써 보자.
	예) 자신을 믿을 수 있는 힘을 기르는 수업
나의 수업 운영 원리	수업 비전을 실현하기 위해 나는 아이들과 어떤 수업을 만들어 가고 싶은가?
	예) 대화가 일어나는 수업, 존중하고 경청하는 수업
나의 교사상	나는 아이들에게 어떤 교사로 기억되고 싶은지 써 보자.
	예) 모두의 가능성을 믿고 기다려 주는 교사

워크숍 2 존엄과 환대의 관계 맺기로 성숙의 원천 만들기

1. [교사의 삶, 희로애락 그 감정 속으로]

활동의 의미

학교에서 우리는 수많은 경험을 한다. 학교는 사람의 공간이기에 우리는 그 경험 안에서 희로애락을 경험한다. 그 경험에서 느낀 감정은 무엇인가? 그 감정을 나누고 기억한다는 것은 무엇을 의미하나? 내 생각은 나의 세상의 표현이다. 내 생각은 감정으로 드러난다. 내 생각과 감정은 내가 누구인지 나의 세상이 어떠한지를 알게 해 준다. 그것은 타인에 대한

나의 반응과 타인의 나에 대한 반응으로 확인할 수 있다. 그리고 이 감정에서 그 누구도 자유로울 수 없다. 우리는 그렇게 불완전한 존재이기에 서로에게 기대어 살 수밖에 없음을 느끼게 된다. 주체로 살기 위해 교사의 마음 작동 원리를 이해해 보자.

활동 전개의 실제

단계	워크숍 흐름	길잡이
1	• 교사로서 느낀 희로애락 감정을 하나씩 이야기해 보게 한다. * 희로애락 감정을 채운 활동지를 배부할 수도 있다. • 활동지와 주사위를 배포한다. • 모둠별로 빈 활동지에 공유한 감정을 채워 쓴다.	• 감정과 관련된 카드를 배부하고 그중에 교사들이 느낄 만한 감정을 쓰도록 한다. * 긍정적 감정과 부정적 감정을 각각 이야기하도록 할 수도 있다.
2	• 모둠별로 주사위를 두 번 던져 해당 칸에 나온 감정을 느낀 경험을 구체적으로 이야기한다. • 서로의 이야기를 경청하고 질문하며 모둠활동을 진행한다.	• 발표자 이야기를 듣고 질문을 하도록 제안한다.
3	• 이 활동이 나에게 준 의미를 다섯 글자로 표현해 본다.	

나의 감정 나누기 활동지(예시)

교사 희로애락 감정 나누기

- 감정과 관련된 교사로서의 경험을 모둠 선생님들과 나누세요.
- 비슷한 경험이 있는 선생님도 함께 이야기해 봅니다.

첫 번째 두 번째	1	2	3	4	5	6
1	걱정	뿌듯함	고마움	만족	서운함	미움
2	미안함	분노	설렘	부러움	부끄러움	흐뭇함
3	긴장	기쁨	괴로움	짜증	홀가분함	두려움
4	신남	절망	당황스러움	희망	외로움	불안
5	편안함	용기	회의감	슬픔	즐거움	답답함
6	후회	놀람	사랑스러움	벅차오름	자신감	기대감

2. [교직 생애사 나누기]

활동의 의미

교사의 삶을 지지받은 경험이 있는 교사는 그리 많지 않다. 교사로서의 삶을 돌아보고 나누는 것은 나의 삶에 대한 기억을 만드는 일이며, 이러한 과정은 내가 어떤 교사로 살아왔는지를 되돌아보게 한다. 우리가 이 과정을 통해 찾아낸 기억은 내가 누구였는지를 알게 해 준다. 교사로서의 지난 삶을 돌아보고 나누는 것은 서로에 대한 지지를 만들어 내고, 앞으로 어떤 교사로 살아가야 하는지 방향을 설정해 준다. 이런 의미에서 교직 생애사 나누기는 서로의 삶과 스스로의 삶을 환대하는 과정이다.

활동 전개의 실제

단계	워크숍 흐름	길잡이
1	• 지금의 나의 교사로서의 모습을 계절에 비유한다면 어떤 계절에 비유할 수 있는지 질문한다. • 그렇게 비유한 이유를 모둠 안에서 이야기 나눈다.	• 1분 말하기로 진행하며 한 사람이 너무 길지 않게 이야기하도록 안내한다.
2	• 활동지를 배부하고 자신의 교직 생애를 5기로 나누어 생각해 보도록 한다. • 해당 시기 나의 교직 생애를 -10점에서 10점 사이의 점수로 표시하고 그렇게 생각한 이유의 핵심어를 적도록 한다. • 개별 활동지를 모둠과 공유하도록 한다.	• 개인 활동을 할 시간을 10분 정도 제한적으로 줄 필요가 있다. • 상호 질문하며 이야기를 풍부하게 나눌 수 있도록 한다. 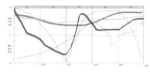
3	• 모둠 선생님의 교직 생애사를 듣고 느낀 점을 나눈다.	• 소감을 나눌 때는 나의 오른쪽 선생님을 3개의 키워드로 표현하기 활동을 하면 좋다.

나의 교직 생애 돌아보기 활동지

"나의 교직 생애 돌아보기"

1. 선생님의 교직 생애를 5등분으로 나눠 가로축 '( )년 차'에 적으세요.
2. 시기별로 **나의 교사로서의 행복도(기쁨, 긍정) 점수**에 해당하는 곳에 점을 찍고, **점을 찍은 위치에 점수(+10점에서 -10점 사이의 어떤 점수도 가능, 소수점 가능)**와 그렇게 점수를 부여한 이유의 핵심어를 적으세요.
3. 현재의 교사로서의 실천 혹은 교육(수업, 학생)에 대한 관점의 형성에 **영향을 끼친 정도에 따라서 점의 모양을 다르게 표시하세요. (● > ◎ > ○)** 점을 연결하세요.

+10	1기	2기	3기	4기	5기
행복 기쁨 긍정					
불행 슬픔 부정					
-10	( )년 차	( )년 차	( )년 차	( )년 차	( )년 차

3. 학창 시절 나의 학습 경험 나누기

활동의 의미

사람은 자신의 경험을 벗어난 이야기를 하기 힘들다. 그리고 그 경험 너머를 보기도 힘들다. 우리의 많은 생각과 태도는 우리의 경험에서 비롯된다. 경험한 것이 삶을 만들어 가기 때문에 사람과의 만남은 서로의 삶에 흔적을 남기기 마련이다. 지금 나의 교사로서의 삶에 내가 만난 교사들은 어떤 영향을 끼쳤을까에 대해 이야기를 나누며 삶의 성숙의 계기를 마련할 수 있다. 또한 자신이 경험한 교육을 돌아보며 미처 인식하지 못했던 상처와 자신의 성장에 기여한 교사들을 떠올리며 지금 자신의 모습을 돌아보는 계기를 마련할 수 있다. 이 과정을 통해 한 아이가 어른으로 성장하는 과정에 긍정적이든 부정적이든 교사는 막대한 영향을 끼치는 존재임을 자각하게 된다.

활동 전개의 실제

단계	워크숍 흐름	길잡이
1	• 초·중·고 학창 시절을 떠올려 보도록 한다.	• 눈을 감고 초·중·고 학습 경험을 떠올리도록 한다.
2	• 학창 시절의 학습 경험 중 긍정적인 경험, 부정적인 경험을 하나씩 떠올려 보도록 한다. • 떠오른 경험의 핵심어를 포스트잇에 적게 한다. • 모둠별로 이야기를 나눈다. • 긍정적인 학습 경험과 부정적인 학습 경험을 유목화해 본다.	• 처음에 생각이 안 난다고 할 수 있다. 그런 경우 모둠원과 이야기를 나누며 생각나는 것을 이야기하면 됨을 알려 준다.
3	• 유목화해 긍정적 학습 경험의 특징과 부정적 학습 경험의 특징을 나눈다.	• 교사로서 나는 아이들에게 어떤 경험을 주고 있는지 생각해 보도록 한다.

이런 어려움, 이렇게 해결합니다

❓ 존엄 환대, 좋은 말이지만 학교는 그럴 겨를이 없습니다.

존엄과 환대의 관계라는 말이 말이 멀게만 느껴집니다. 학교는 해낼 일로 가득한 공간입니다. 관계 맺기가 자칫 이벤트로 끝나 버리는 건 아닌지 그리고 모두 바쁜 와중에 관계 맺기를 제안하는 것도 참 난감합니다.

❗ 관계는 관계라는 말을 해서 만들어지는 것이 아닙니다. 존엄과 환대의 관계는 스며듦으로 만들어집니다. 그래서 관계 맺기라 이름 짓고 따로 모여 무언가를 할 필요는 없습니다. 다만 모든 것에 존엄과 환대의 관계를 만들어 간다는 철학이 바탕이 되어야 합니다. 예를 들어 워크숍을 시작할 때 서로의 이름을 불러준다든지, 서로의 이야기를 듣고 다음과 같은 환대 말하기·듣기로 워크숍을 진행한다든지 할 수 있습니다.

서로를 환대하는 말하기, 듣기

> "**선생님 소개 중 인상 깊은 말은 ~~입니다.
> **선생님은 ~한 분이시네요. ~이(가) 궁금합니다."

관계 맺기 워크숍 활동 사례

일상에서 서로의 삶을 알아차리고 맞이하는 환대가 지속될 때 문화가 만들어집니다. 서로를 남으로 대하지 않는 것, 서로에게 너라는 존재로 존재하도록 나부터 마음을 내는 것이 중요합니다. 그렇게 서로에게 선물과 같은 관계가 될 때 지속가능한 문화가 만들어질 수 있습니다.

❓ 구성원이 계속 바뀌는 상황에서 존엄과 환대의 관계 맺기가 지속될 수 있을까요?

해마다 구성원이 바뀌는데 문화가 이어질 수 있을지 의문이 듭니다. 전입 교사들과의 괴리감을 어떻게 극복해야 할지 걱정입니다. 본인이 있던 학교와 끊임없이 비교하는 전입 선생님들과 어떻게 문화를 만들어 갈 수 있을지 모르겠습니다.

❗ 환대가 있는 2월 워크숍이 좋은 첫 시작이 될 것입니다. 많은 학교가 2월 워크숍에서 전입 교사 환영회를 하고 있습니다. 중요한 건 환영회 후의 우리의 태도입니다. 환대받았다는 느낌은 노래 부르고, 박수치며 선물을 주었다고 해서 느껴지는 게 아닙니다. 환대의 관계 맺기는 이벤트가 아니라 일상적 삶의 모습이 되어야 합니다. 전입 교사의 삶 자체를 온전히 환대해야 합니다. 그래서 '우리 학교는 이러니 따라오세요'라는 신호가 가는 워크숍을 지양해야 합니다. 함께 새 학기를 고민하고 전입 교사의 의견을 경청해야 합니다. 무엇보다 업무분장에서 힘든 일을 전입 교사에게 떠넘기는 것부터 멈춰야 합니다. 존중받고 배려받은 교사가 다른 사람도 그렇게 대합니다. 즉 환대받은 교사가 동료를 환대할 힘이 생깁니다. 이러한 관계를 선물 관계라고 합니다. 환대는 선물처럼 그렇게 이어져 문화를 만들어 갑니다. 특히, 환대는 일방적인 개념이 아닌 상호 주고받는 개념임을 잊지 말아야 합니다. 환대는 다른 이를 환대하는 과정에서 서로에게 일어나는 공명을 의미합니다. 다른 이의 삶을 환대함으로써 스스로 삶을 환대하게 됩니다. 환대받은 자만이 다른 이를 환대할 수 있습니다.

누구에게나 뜸을 들일 시간은 필요합니다. 변화는 타인에 의한 것이 아니라 스스로 선택하는 것이기에 우리가 할 수 있는 건 서로의 세상을 기쁘게 맞이하는 것뿐입니다. 삶과 삶이 만날 때 서로의 삶이 성숙할 수 있기에 서로에 대한 정성이 필요합니다.

2   비전의 공유로
       우리가 되다

아람중학교 이야기

아람중학교는 한창 한 해의 계획을 세우는 2월 워크숍을 진행하는 중이었다. 학교장이 심각한 표정으로 마이크를 잡았다.

"선생님들, 2회 지필평가를 꼭 할 수 있도록 협조 바랍니다. 학력 저하에 대한 학부모님들의 우려가 상당히 큽니다. 학부모님들의 요청이 많이 들어오고 있다는 것 잘 알고 계시리라 생각합니다."

회의실 분위기는 무겁게 가라앉았다. 대부분의 교사들이 이미 한 학기에 1회 지필평가를 하기로 교과별 협의를 한 터였다. 김 교사가 손을 들고 일어났다.

"일부 학부모님의 요구가 있다고 해서 교과 수업이나 평가까지 바꿔야 하는지요?"

교사들 사이에서 수런수런 동요가 일었다. 50대 초반의 강 교사가 손을 들었다.

"학부모님의 요구가 일면 타당한 점이 있습니다. 지필평가를 안 보면 학생들 학력이 떨어지는 게 사실 아닙니까?"

"그 학력이란 건 시험을 잘 보는 능력에 국한된 것 아니겠습니까?"

연구부장인 오 교사가 말했다.

"그 능력을 길러 주는 것도 학교가 해 주어야 할 중요한 책무라고 생각합니다."

일부 교사들이 고개를 끄덕였고, 또 일부 교사들은 고개를 갸웃거렸다. 그때 윤 교사가 손을 들고 일어났다.

"우리가 길러 주고자 하는 학생들의 역량에 대해 합의한 바가 있나요? 우리 학교의 진짜 문제는 대체 우리가 왜 지필평가를 한 번 보고 두 번 봐야 하는지, 평가로 무엇을 측정할 것인지 비전이나 철학이 없다는 것 아닐까요?"

김 교사는 윤 교사의 말에 일리가 있다고 생각했다. 평가를 어떻게 할 것인지의 문제는 단순한 것이 아니었다. 왜 평가를 하는지, 학교가 학생들에게 길러 주어야 하는 능력이 무엇이라고 생각하는지부터 합의를 해야, 그다음에 구체적인 평가의 방법이 결정될 수 있다. 그런데 사실 학교는 "해 왔으니 그냥 한다"는 관성에 의해 움직여 왔다. 평가를 바꾸라는 정책들이 내려오고, 또 일부 혁신적인 교사들이 그런 정책을 뒷심 삼아 새로운 평가를 시도해 보기도 했지만, 단단한 기반이 없다 보니 외부의 압력이나 민원에 쉽게 흔들리기 일쑤였다.

김 교사는 생각했다. 대체 왜 평가를 하는 것일까? 교육은 왜 하는 것일까? 우리 학교는 그에 대해 합의된 공동의 그림이 없었다. 그 그림에 기반해서 구체적인 교육과정과 수업

2부. 전문적 학습공동체, 핵심어를 찾아라

과 평가를, 교육활동을 해야 하는 게 아닐까. 그걸 '비전'이나 '철학'이라고 하는 게 아닐까. 그런데 비전이나 철학은 대체 어떻게 만들어야 할까? 아, 너무 막막하다!

저만치 산책 중인 윤 교사의 모습이 보였다. 김 교사는 걸음을 빨리하여 윤 교사 옆으로 다가섰다. 두 사람은 살짝 눈인사를 주고받았다.

"아까 선생님께서 회의 때 하셨던 말씀에 크게 공감했어요. 우리 학교의 교육에 대한 비전이나 철학이 있어야 한다는 말씀이요. 그런데 그걸 대체 어떻게 만들어야 할까요?"

윤 교사는 쓴웃음을 지었다.

"사실 우리 학교에 비전이 없는 건 아니에요. 다른 학교들 못지않은 비전이 있죠."

김 교사는 고개를 갸웃거렸다.

"그런가요?"

윤 교사는 운동장 구령대를 가리켰다. 구령대 위에는 "세계로 나아가는 글로벌 인재 양성"이라는 고딕체 글씨가 선명하게 박혀 있었다.

"저게 우리 학교 비전이죠. 우리 학교 교육과정 첫 장에도 그렇게 명시되어 있어요. 아마 아무도 신경 쓰지 않겠지만요."

그랬다. 김 교사도 매일 저 글씨를 보며 출근했지만, 막상 뭐라고 쓰여 있는지 얘기해 보라고 하면 생각이 잘 나지 않을 듯했다.

"세계로 나아간다는 게 무슨 뜻일까요? 글로벌 인재란 어떤 사람일까요? 우리 선생님들은 저 비전에 합의한 것일까요?

저 비전엔 우리 학교가 추구하는 교육의 방향이 담겨 있을까요? 애초에 저 비전은 누가 만들었을까요?"

"아마도… 어느 일잘러 연구부장님?"

두 사람은 함께 웃음을 터뜨렸다.

비전을 공유한다는 것은

교육적 변화와 실천을 이끄는 동력은 비전

어떤 교육이어야 하는가, 어떤 삶과 사회를 만들어 갈 것인가. 교육을 향한 지향을 학교마다 구체화한 것이 학교의 '비전'이다. 학교의 비전은 그 학교의 교육이 어디로 가고자 하는가를 총체적으로 요약한 이정표이자 나침반이다.

좋은 비전은 교육적 변화와 실천을 이끄는 동력이 된다. 돛단배를 미는 것은 작은 노가 아니라 바람이다. 비전이 그런 역할을 한다. 모든 교사의 마음 안에 깃들어 있으나 잠자고 있거나 억지로 잠재운 교육에 대한 희망들을 깨우고 함께 다듬어 가는 것, 그것을 사회적 맥락으로 연결하여 보편적 정의로 만들어 가는 것, 그 과정을 우리는 '비전 만들기'라 한다.

어떤 이는 무수한 부정적 경험으로 인해 낙담하고 좌절하여 애당초 그런 희망을 품어 보지 않을지도 모른다. 또한 낯선 새로움보다는 아는 괴로움이 낫다며 현행의 유지만을 바라고 있을지도 모른다. 변화라는 쓰나미를 어떻게 피해 갈까 궁리하는 이도 있을 것이다. 그런 이들의 마음마저도 뒤흔들며 설레게 하는 것, 거기에 비전의 힘이 있다.

우리 학교에는 비전이 있나?

모든 학교에는 비전이 있다. 그것을 명료하게 제시한 것이 바로 학교 교육과정이다. 그런데 많은 학교의 교육과정들은 그저 있어야 하니 만들어 두는 형식적 문서로 존재한다. 특히 가장 첫 장의 학교 비전이 그렇다. 멋져 보이는 말들로 채워 두면 그만이다. 아무도 돌아보지 않는 가장 큰 글씨로 쓰인 공백이 된다.

이런 경우 비전이 채워 가야 할 자리를 대체로 '관성'이 채운다. 여태껏 그래 왔으니 하고, 문제가 없었으니 하며, 다른 학교들이 그렇게 하니까 한다. 학부모들이 원한다고 하니 그렇게 한다. 그러다 보면 우리가 하고자 하는 교육이 아니라 하라는 교육을 하게 된다. 그렇게 떠밀려 가는 일상들 속에서 교사는 자신이 교육의 주체가 아니라 말단에서 돌리는 대로 돌아가는 자그마한 부품에 지나지 않는다고 느끼게 된다. 비전 없는 교육은 나침반 없이 떠도는 난파선 같은 존재가 된다. 파도가 치는 대로 어디론가 떠밀려 가는 것이다.

어떤 교사든 마음 안에 지니고 있는 교사로서의 진정성이 있다. 그것을 어떻게 펼쳐 내는지가 관건일 뿐이다. 우리에게는 아이들이 있다. 매일매일 아이들과 만나 그들의 눈을 마주치는 사람이라면, 그들이 우리에게 부여하는 무언의 명령에 자석에 끌리듯 따라갈 수밖에 없다. 아이들은 우리에게 '오늘보다 더 나은 교사가 될 것을', '그리고 우리를 위해 최선의 교육을 해 줄 것을' 때로는 명랑하고 따뜻하게, 때로는 준엄하고 날카롭게 요청한다. 그래서 아이들을 위한 교육을 고민하기 시작한 교사는 그 인력에 끌려 들어가며 변화할 수밖에 없다.

혁신학교가 지속가능한지, 더 깊어지고 넓어질 수 있을지를 묻는다면, 답은 지금도 어디선가 학생과 교육을 고민하고 있을 교사들에게 있다. 비전은 우리 안에 있다. 그것은 학생들을 경유하여 우리에게 요구와 책무의 형태로 온다. 그러한 비전을 구체화할 힘 역시 우리 교사들이 아니라면 어디에서 생겨날 수 있을까.

대체 그 비전이란 어떻게 만들어지나?

막상 비전을 만들려 하니 참 막막하다. 요즘은 많은 학교에서 워크숍 등을 통해 학교 비전을 만든다. 포스트잇에 쓰고 전지에 작성해서 멋진 문구를 만들어 낸다. 그런데 그렇게 만든 비전은 종종 '그저 거기 있는 멋진 문구'로 효용을 다하기도 한다.

비전은 학교 구성원들이 계속해서 함께 만들어 가는 역동적인 것이다. 멋진 광고 문구로 끝나지 않고 학교의 모든 교육활동들 속에 맥박으로 살아나는 교육활동의 근간이자 샘물 같은 것이다. 그러므로 비전은 학교 학습공동체의 모든 순간에서 다시 고민되어야 한다. 매 순간의 교육활동이 즉흥적인 것이 아니라 비전을 기준으로 하여 선정되고 진행될 수 있도록 하며, 교육활동이 끝난 후에는 비전을 거울삼아 되짚어 보고 새로이 할 것과 버릴 것을 구분해 가는 것이다.

그렇다면 이제 비전을 학습공동체의 중심으로 삼아 학교를 운영하는 사례들을 들여다보고, 어떤 문제나 어려움과 만나게 되는지, 어떻게 해결할 수 있을지 이야기해 보자. 이 장의 마지막에는 우리 학교에서 비전을 중심으로 학습공동체를 만들어 가면서 그 첫걸음을 쉽게 내디딜 수 있도록 비전 만드는 과정을 구체적 단계로 나누어 워크숍 활동으로 제시하였다.

이우학교의 사례: 학교의 실핏줄 하나하나 비전으로 잇는다

이우학교의 비전은 '21세기 더불어 사는 삶'이다. 2003년 이우학교가 설립될 때 설립 주체들이 함께 모여 만든 이 비전은 학교의 교육활동 곳곳에 구체화되어 반영되고 있다.

학교에 뚜렷한 비전이 있다는 것은 매우 중요한 성장 동력이 된다. 개교 이래 이우학교를 지탱해 온 가장 큰 힘은 이우의 강력한 비전에서 나온다 해도 과언이 아닐 것이다. 이우학교의 비전은 미래 사회의 변화 속에서 가장 절실하게 요구되는 교육적 역할이 무엇인가에 대한 성찰을

기반으로 만들어졌다. 2003년 설립 당시의 비전은 2014년에 다양한
교육 주체들의 논의를 통해 다음과 같이 새로이 설정되었다.

이우학교의 비전, 미션, 핵심 가치

비전	21세기 더불어 사는 삶을 실현하는 미래교육공동체		

↑

미션	실험과 상상의 배움터		

↑

핵심 가치	자율과 자치	협력과 연대	열정과 도전

공교육 혁신의 모델 학교가 되고자 하는 이상적 목표를 가지고 출
발했기에 이우학교는 분명하고 힘 있는 비전에 의해 움직이고 있다. 새
로 설정된 비전에서는 학교가 '실험과 상상의 배움터'가 되어야 함을 제
안하고 있다. 이때 '실험과 상상'은 개별 학생들의 고유성과 잠재력을
존중하며 학습의 방법과 내용, 결과에서의 다양성과 새로움을 추구하고
자 하는 교육적 지향을 담고 있다. 학교의 비전과 미션, 핵심 가치는 다
시 중학교, 고등학교 각 학년별 교육 목표로 구체화되고, 교과 및 교육과
정 등과 연결되며 체계화된다2020 이우학교 교육과정.

이우고등학교에서 학교 비전과 학년별 교육 목표 및 교육과정은 다
음과 같이 맥락적으로 연결되어 있다.

이우학교 비전과 학년별 교육과정

학교 비전 : 21세기 더불어 사는 삶을 실현하는 미래교육 공동체

1학년 교육 목표 : 더불어 사는 능력 - 타자와 더불어 사는 힘을 기르는 시기
- 교과수업: 자기 생각을 만들어 가는 수업
- 동아리: 가치, 흥미, 능력, 동기를 협동을 통해 발견해 가기
- 자치 활동: 자율성과 민주성 기르기
- 한여름 밤의 꿈: 학급별 창작 뮤지컬 공연
- 진로활동: 주제탐구 프로젝트

2학년 교육 목표 : 사회와 나 - 다양한 사람들과 협업하며 자기주도적 프로젝트 기획하고 실행하기
- 교과수업: 실험과 상상의 프로젝트, 주제탐구 보고서
- 사회문제 탐구: 학교 밖 사회와 연결된 활동
- 인턴십: 진로 탐색 및 직업 체험을 통한 사회적 삶의 모색
- 주제 기행: 사회적 관심을 바탕으로 한 주체적 체험활동
- 자치 활동: 민주적 소통과 협의를 통한 문제해결 능력 향상
- 학생 활동: 다양한 프로젝트 및 행사의 자기주도적 기획

3학년 교육 목표 : 새로운 배움의 기획 - 경험을 성찰하고 새로운 배움을 기획
- 교과 수업: 심화된 지적 탐구
- 진로 탐색: 자기성장 보고서
- 자치 활동: 이우 가치를 일상에서 실현

이우중학교 교육과정 역시 학교 비전을 구체화하면서 1학년에서는 '관계 능력 향상'을, 2학년에서는 '자기 발견하기'를, 3학년에서는 '자립과 공공'을 교육 목표로 삼고 각각의 교육 목표를 구체화하는 방향으로 구성되어 있다. 이러한 교육 목표들은 각각 1학년에서는 '공감 캠프'와 '농촌봉사' 교육활동으로, 2학년에서는 '도보 기행', '그림자극', '농촌봉사', '자기주도 탐구학습'으로, 3학년에서는 '졸업작품 발표'와 '농촌봉사' 등으로 연결되어 실행된다.

이우학교에서는 비전과 실제 교육 경험 및 교육 결과 사이의 괴리를 메워 가기 위해 함께 되묻고 토론하는 과정을 지속적으로 수행하고 있다. 2020년에는 비전과 교육과정, 학교문화 전반을 성찰하는 학교 종합평가를 진행했다. 학교 구성원들 간의 토론과 설문뿐 아니라 외부 교육 관련자들을 종합평가단으로 초빙하여 여러 차례 교사, 학생, 학부모 심층 면담, 토론 등을 거치면서 "과연 우리 학교의 비전은 시대적으로

적절하게 설정되어 있고, 그것이 교육활동으로 잘 구현되고 있는가"를 3개월에 걸쳐 진지하게 성찰하는 과정을 거쳤다. 그 과정에서 이우학교의 교사와 학생들은 현재의 비전이 시대적으로 교육적으로 의미 있는 것이긴 하지만 구성원들에게 좀 더 체화될 수 있도록 공유의 노력을 해야 한다는 성찰을 서로 주고받았다.

특히 '생태주의'는 설립 초기부터 이우학교의 가장 큰 가치로 강조되었다. '더불어 산다'는 비전은 타자와의 소통과 협력을 의미하며, 이때 타자는 인간뿐 아니라 자연과 생태계 전체를 아우르는 개념이다. 이우학교는 과학기술에 대한 성찰과 함께 공동체적이고 생태적인 가치를 추구해 나가는 것을 미래교육을 위한 학교의 역할로 설정하고 이를 비전으로 삼았다. 그러한 생태적 전환의 관점은 중학교의 '농촌봉사' 교육활동이나 고등학교의 '노작 과제 연구' 등의 교과로 드러나기도 한다.

그런데 생태적 전환의 비전은 우리 삶의 구체적 일상들과 종종 충돌하며 삶의 근원적 기반 전체를 뒤흔들 것을 요청한다. 이우학교의 교사와 학생들은 학교 종합평가 과정에서 '생태적 전환'이라는 비전이 구성원들 모두의 마음 안에 인지되고 있기는 하지만, 당위적인 비전에서 더 나아가 좀 더 실질적으로 구체화되어야 한다는 성찰에 이르기도 하였다._{이우학교 종합평가 보고서, 2020.}

비전은 우리가 다다르고 싶은 최고의 목표치를 담고 있으므로, 그것이 실제로 얼마나 구현되었는가를 따져 물을 때면 "부족함"이라는 결론에 이를 수밖에 없을 것이다. 그러나 종종 '세상에 없는 곳'을 일컫는 '유토피아'에 대해 말하고 유토피아를 그리는 일은 현재의 문제를 비판하고 해결하고자 하는 마음과 의지를 불러일으키는 역할을 한다. 비전이란 그런 것이 아닐까. 계속해서 비전에 대해 되묻고 그것에 비추어 교육활동을 수행하는 과정에서 이미 이우학교는 "더불어 함께"라는 비전을 향해 성큼 다가가고 있다.

전학공을 통한 비전의 공유, 이렇게 합니다

비전의 공유 어떻게 할까

학교의 비전은 학교 공동체가 나아갈 방향을 담은 교육적 이정표이다. 학교 공동체가 합의와 성찰을 통해 비전을 설정했다면 그 비전은 지속성을 가지고 계속해서 유지되어야 한다. 비전은 매년 새로이 설정하는 것일 수 없다. 학교의 비전을 구현하는 방법이나 세부적 내용은 달라질 수 있겠으나 학교가 가고자 하는 큰 방향은 흔들림 없이 지속되어야 비전의 기능을 제대로 수행할 수 있다.

우리 학교에 제대로 된 비전이 없다고 생각된다면 일단 비전을 만드는 것이 출발점이다. 모두의 생각과 마음을 모아 비전을 만들었다면, 그 후에는 학교의 모든 교육활동이 비전으로부터 나오고, 비전에 비추어 되짚어지며, 다시 비전을 비추며 비전의 의미를 재정립할 수 있는 순환적인 흐름을 만드는 것이 필요하다.

비전과 연동된 전문적 학습공동체 계획 및 학교 일정의 수립

전문적 학습공동체 연간 일정을 기획할 때 학교의 비전과 연동될 수 있도록 구조화하는 것이 중요하다. 비전을 교육활동으로 구체화하고 실천할 수 있도록 하는 협의의 장이 전문적 학습공동체 활동에 포함될 수 있도록 한다. 특히 비전 실행을 위한 교과나 학년 단위의 활성화가 매우 중요하다. 비전과 연계된 교과 교육과정 협의회나 학년 교육과정 협의회 등을 연간 일정에 정례화하고 실질화하는 일이 무엇보다 중요하다. 학교가 비전을 기반으로 지속적으로 수행하고자 하는 교육활동이 있다면 학년별, 교과별로 체계화하고 구조화하여 교사의 이동에 따라 의미 있는 교육활동이 휘발되거나 생명력을 잃어버리는 일이 없도록 해야 한다. 작은 단위의 모임들을 활성화하고 이를 다시 전체 단위에서 공유하는 흐름이 반복되도록 전문적 학습공동체 일정을 기획한다.

공유와 성찰을 통해 살아 있는 비전 만들기

비전은 계속해서 구성원들에게 공유되고, 매 순간 새로이 성찰의 대상이 됨으로써 생명력을 얻게 된다. 모두가 마음을 모아 만든 의미 있는 비전이라 하더라도 한번 만들어진 비전을 당연한 것으로 여기고 절대화한다면 어느 순간 '모두의 비전'이 아니라 '그들의 비전'이 되어 버리기도 한다.

학기 말 또는 연말에 대토론회 및 교육과정 나눔회 등의 자리에서 "우리 학교 비전에 비추어 볼 때 우리의 교육활동은 어떠했나"라는 질문을 반드시 하고, 그에 대한 성찰 과정을 통해 다음 학기 또는 다음 해의 교육활동 계획을 수립하도록 한다.

특히 2월 워크숍에서는 "우리 학교의 비전은 무엇이며, 이 비전은 우리 학교 교육의 지향점으로서 적절하고 합당한가"라는 질문을 다시 던지고, 비전을 다시금 성찰하는 과정도 반드시 수행하도록 한다. 이러한 과정을 거치면서 새로 합류한 구성원도 학교 비전을 공유할 수 있고, 비전의 생명력도 강해질 수 있다.

✓ 이럴 때 이런 워크숍

비전 설정하기

활동의 의미

다음에 제시하는 워크숍은 비전을 처음 수립할 때 유용하게 활용될 수 있다. 비전 수립은 보기 좋은 문구 만들기에 그치는 것이 아니다. 교육이란 무엇이고 우리는 왜 교육을 하는지, 무엇보다 우리는 어떤 교육을 하고자 하며 어떤 삶과 사회를 꿈꾸는지 우리의 소망과 꿈을 담는 일이다. 큰 질문에서 시작해서 실제 우리 학교의 일상을 만들 구체적인 계획들까지 담아 학교의 비전도를 만들어 보도록 한다.

069

활동 전개의 실제

단계	워크숍 흐름	길잡이
1	1. 시대 속의 학교 성찰하기 1) 우리가 그려 가고 싶은 '좋은 삶'과 '좋은 사회'의 모습을 함께 이야기해 봅시다. 2) 좋은 삶과 사회를 만들어 가기 위해 학교는 어떤 역할을 해야 할까요? 3) 사회는 학교에 어떤 역할을 요구하고 있습니까? 선생님은 그러한 역할에 동의하십니까? 학교는 학교의 역할을 잘 수행하고 있다고 생각하십니까?	• 모둠별로 이야기를 나눈 후 포스트잇, 전지 등을 사용해 모둠 이야기를 정리하도록 한다. • 모둠별로 나눈 이야기를 전체가 함께 공유하며 서로 공통된 지점을 찾아보도록 한다. • 모둠별 포스트잇을 전체 칠판에 모두 붙이게 하거나, 모둠별 대표가 발표하며 공유하도록 한다.

단계	워크숍 흐름	길잡이
2	2. 우리 학교 진단하기 1) 우리 학교의 교육은 어느 지점에 있는지 진단해 봅시다. • 지역적, 사회적 현황은 어떻습니까? • 교사문화와 학교 분위기는 어떻습니까? • 우리 학교는 감당해야 할 교육적 소임을 충분히 수행하고 있습니까? • 우리 학교가 대면하고 있는 어려움은 무엇입니까? 2) 학생 진단하기 • 우리 학교 학생들의 사회, 경제, 문화적, 정서적 상황, 학습 능력 등은 어떤가요? • 우리 학교 학생들의 장점과 부족한 점은 무엇인가요? • 우리 학교 학생들에게는 어떤 교육이 필요한가요?	• 모둠별 이야기 및 전체 공유를 번갈아 가면서 진행하고, 공통적으로 제시되는 의견들을 수렴하여 모두가 함께 우리 학교의 상황 맥락 및 학생의 특성을 공유할 수 있도록 한다. • 학교 진단이나 학생 진단 등을 전체가 함께 공동화의 방식으로 그림을 그려 표현하거나 진단 그래프 등을 활용하여 도표화하도록 하는 것도 좋다.
3	3. 학교 비전 구체화하기 1) 학생이 학교에서 키워야 할 삶의 역량을 떠올리며 우리 학교의 비전에 꼭 들어가야 할 단어를 각 항목에 2~3가지씩 떠올려 봅시다. (예_존엄, 배려, 성찰, 협업, 꿈) 2) 위에서 나열한 단어를 바탕으로 하여 우리 학교의 철학을 몇 개의 문장으로 정리하여 적어 보고 다른 사람들과 공유해 봅시다. (예_우리는 구성원 모두를 존엄한 존재로 환대하는 학교 공동체를 만들어 간다.)	• 모둠 작업과 전체 작업을 교차해 가며 진행하도록 한다. • 여러 학교의 비전 사례 등을 제시하고, 우리 학교에 가장 알맞은 비전을 우리 학교 구성원의 말로 표현해 보도록 한다.

단계	워크숍 흐름	길잡이
3	3) 위의 내용들이 반영된 학교 비전을 한 문장으로 압축하여 표현해 봅시다. (예 배움과 돌봄으로 행복한 학교 공동체 / 위대한 평민을 기르는 학교 / 자유와 평등을 지향하는 삶의 공동체 / 더불어 살아가는 행복한 자유인들의 학교) 4) 학교 비전을 합의하여 정한 후 앞에서 떠올린 단어 및 문장을 활용하여 우리 학교의 철학 및 우리 학교의 핵심 가치를 3~4가지로 정해 봅시다.	
4	4. 학교 비전도 만들기 • 모두가 합의하여 설정한 우리 학교의 비전을 구체화하여 교육활동으로 연결해 봅시다.	• 모둠별로 다양한 교육활동을 자유롭게 펼쳐 보도록 하고, 이후 학년별, 교과별 소그룹 활동을 통해 그 가운데 실제로 교육활동으로 구현할 것과 구체적 실천 계획 등을 수립해 보도록 한다.

워크숍 2 비전 공유와 성찰하기

활동의 의미

우리 학교 비전은 적절한가? 새로 합류한 구성원들에게 우리 학교의 비전은 아직 낯설다. 우리 스스로 만들었지만 일상의 교육 속에서 비전은 또 잠시 뒷전으로 밀려나기도 한다. 매해 비전을 설정할 필요가 없지만 비전을 공유하고 성찰하는 과정은 매해 또는 매 순간 이루어져야 한다. 2월에 주로 실시하는 새 학년 준비 워크숍의 시작에 비전 공유와 성찰하기 활동을 넣는 것을 제안한다.

활동 전개의 실제

단계	워크숍 흐름	길잡이
1	1. 우리 학교 비전은? • 학교 비전을 다시 한번 공유하고, 그것에 담긴 의미를 함께 이야기해 봅니다.	• 학교 비전을 제시하고 함께 다시 읽어 보며 음미해 보도록 한다. • 모둠별로 비전에 담긴 의미를 이야기해 보고, 재확인한다.
2	2. 학교 비전 성찰하기 • 우리 학교 비전은 우리가 나아가야 할 교육의 방향성을 잘 담아내고 있는가? • 우리 학교 교육과정은 비전을 잘 반영하고 있는가? • 수정하거나 추가할 부분이 있는가? 우리 학교 비전 이런 점이 좋다! / 우리 학교 비전 이런 점은 더 보완하자!	• 모둠별로 이야기를 나눈 후 커다란 칠판이나 전지에 모둠별로 나눈 이야기를 정리하여 포스트잇 등으로 붙이도록 하고, 왜 그런 의견을 제시했는지 전체가 함께 공유하도록 한다. • 논의 결과를 종합하여 비전을 재정립하고 확정한다.
3	3. 우리 학교 비전을 기반으로 한 구체적인 교육과정을 재정비해 보자. 계속해 나갈 것 / 보완할 것 버릴 것 / 새로 하고 싶은 것	• 비전을 중심으로 구성한 우리 학교 교육과정을 새롭게 성찰하며 새 학년의 교육과정을 만들어 보도록 한다.

이런 어려움, 이렇게 해결합니다

② 비전을 만들어 보려 하는데 막막하기만 합니다.

담당 부장을 맡게 되어 학교 선생님들과 비전을 만들어 보려 합니다. 그런데 그 비전이란 것이 뜬구름 잡는 이야기 같기도 하고, 다른 학교의 멋진 비전을 보면 좋아는 보이는데, 그것을 우리가 그것도 모두 함께 어떻게 만들까를 생각하면 막막할 따름입니다.

❗ 거창하고 멋진 언어가 아니어도 좋습니다. 아주 소박하고 단순하고, 어쩌면 다른 학교의 비전과 크게 다르지 않아도 좋습니다. "배움과 행복이 있는 학교", 이런 정도도 참 좋지 않나요? 함께 고심하여 만들었다면 그 모든 비전이 다 참 좋은 비전입니다. 모든 구성원이 모여 어떤 학교여야 할까, 어떤 교육철학 위에 교육활동을 만들어 갈까 생각하는 과정에서 이미 교육을 위한 좋은 힘이 생겨납니다. 그 힘을 말로 굳힌 것이 비전인데, 이렇게 해서 만든 비전은 구성원들이 직접 만들었기 때문에 학교를 운영하는 과정에서 구성원들 스스로 목표를 환기하고 지원하는 든든한 수호자가 됩니다.

② 비전은 만들었지만 모두가 잊고 삽니다.

2월 워크숍에서 모두가 열심히 포스트잇을 붙이며 토론을 통해 "깊은 성장과 환대가 있는 배움 공동체"라는 학교 비전을 만들었습니다. 하지만 허울뿐인 비전이라고 할까요? 비전은 비전이고 수업은 수업일 뿐, 이전과 다를 바 없이 그냥 바쁜 학교의 일상을 보낼 뿐입니다.

❗ 아무리 좋은 비전이라도 그것이 실제로 구현되지 않으면 아무 소용이 없지요. 급박한 학교의 일상에서 매일의 과제를 수행하다 보면 2월에 만든 비전 이야기는 까마득히 멀게 느껴지기도 합니다. 그래서 학교의 일상적 모임들에서 비전이 중요한 역할을 하도록 구조화하는 것이 필요합니다. 3월 입학식에서 함께 비전을 담은 학교 헌장을 낭독한다든

지, 학년 및 교과 협의회에서 비전과 연결된 교육활동 계획을 세우고 이를 실행하고 있는지 성찰하는 토의 주제를 정기적으로 제시하는 등의 방식으로 모두가 늘 학교 비전을 염두에 두도록 할 수 있습니다. 또 대토론회나 학교 평가, 수업 돌아보기 모임 등에서 비전을 다시 한번 돌아보고, 그것을 평가의 기준으로 삼는 일도 중요합니다.

❓ 비전은 매해 새로 만들어야 하나요?

비전은 매해 새로 만들어야 하는지 궁금합니다. 새로 전입해 오신 선생님들은 기존 구성원이 만든 비전을 따라가야 하는 입장이 되니, 결국 '우리의 비전'이 되지 못하는 경우도 있으리라고 생각됩니다.

❗ 이미 비전이 설정되어 있다면 2월 워크숍에서 비전을 다시 한번 점검하고, 비전을 그대로 가져가도 좋을지 동의를 구하는 것으로 충분합니다. 매해 비전을 다시 설정할 필요는 없고, 학교 교육의 지속성을 위해서는 오히려 비전이 자주 바뀌는 것은 바람직하지 않습니다.

공립학교의 경우 구성원이 대부분 바뀌어 비전을 수립할 당시 참여했던 사람들이 거의 학교를 떠나간 상황이라면 비전을 새로이 수립하는 것도 학교의 분위기 쇄신에 도움이 됩니다.

3 학습 조직이 되다

참꿈초등학교 이야기

박 교사는 오늘도 빈 교실에 혼자 남아 깊은 한숨으로 하루를 마무리하고 있었다. 이 학교에 계속 있어야 하나? 언제까지 있어야 하나? 내신을 내야 할까…. 그때까지 어떻게 견디나…. 박 교사의 한숨은 깊게 깊게 계속 이어져 갔다.

박 교사가 5년간 근무했던 아름초등학교는 전문적 학습공동체가 매우 활성화된 학교였다. 학교에 있으면 일부러 배우려고 하지 않아도 저절로 성장해 있는 자신을 발견하게 되었다. 그만큼 다양한 배움의 시간과 공간이 마련되어 있고, 내가 마음의 문을 열고 한 발짝 다가가기만 하면 언제나 배움과 성장의 장은 그에게 기꺼이 문을 열고 환대해 주었다. 신기한 것은 교육과정 협의회에서 나눈 이야기가 그대로 실행되는 것이었다. 아름초등학교에서는 함께 모여서 책도 보고, 필요하면 연수도 듣고, 둘러앉아 교육과정을 작성하는 일이 일상적으로 일어났다.

처음에는 이런 모습이 낯설고 신기했다. 학습공동체의 날에는 학년별로 모두 모여서 2시간 동안 그날 계획된 주제를 같이 공부하고 토론하고, 포스트잇을 붙여 가면서 서로의 생각을 나누고, 그것을 정리해서 재구성계획서와 수업안을 작성했다. 그리고 그것을 수업으로 실천하게 되니까 학습공동체 시간에 꼭 참석하게 되고, 그 시간이 가장 중요한 시간이라는 생각이 들었다. 박 교사는 아름초등학교에서 계속 근무하고 싶었지만 순환 전보 시스템 때문에 다른 학교로 옮겨 가야만 했다. 학교를 떠나려니 몹시 아쉽고, 교직 생활에서 이런 학교에 다시 근무할 수 있을까 하는 생각이 들었다.

그러다 박 교사가 옮겨 온 곳이 참꿈초등학교였다. 박 교사가 전근 와서 제일 궁금한 것은 학년 배정과 학습공동체 운영이었다. 학년 신청서를 작성하려고 보니, 3학년과 6학년은 텅 비어 있고 나머지 학년은 빈자리가 없었다. 기존에 계시던 선생님들이 먼저 학년을 선택하다 보니, 3학년과 6학년은 대부분 새로 오신 선생님들로 채워졌다. 그렇게 해서 박 교사는 6학년을 맡았다.

새로 전입한 교사들로만 구성되다 보니 교육과정의 연계성은 상상하기 힘들었다. 학교의 시스템을 몰라 우왕좌왕하기 일쑤였다. 업무분장도 문제였다. 기존에 계시던 선생님들이 학년도 먼저 선택, 업무도 먼저 선택하다 보니, 힘든 학년과 힘든 업무만 남아 있었다. 박 교사는 6학년에다 부담이 큰 업무까지 맡게 되었다. '올 한 해 어떻게 살아야 하나?' 한숨만 나왔다. 그래도 교육과정 협의회와 학년 학습공동체만 잘 운영된다면 얼마든지 잘 할 수 있다고 생각한 박 교사는 2월 교육과정 수립 워크숍을 잔뜩 기대하며 연구부장에게 물었다.

"학년 교육과정 수립 워크숍은 언제부터인가요?"

그런데 연구부장으로부터 돌아온 대답은 이러했다.

"우리 학교는 그런 거 안 하는데요. 학년부장님이 작년 교육과정 보고 대강 수정해서 학년 선생님들께 뿌려 주면 그거 받아서 각자 학급에 맞게 수정하시면 됩니다."

학년의 비전에 대한 논의도 없고, 중점 교육활동을 무엇으로, 어떻게 운영할지에 대한 논의도 없었다.

그렇게 학급 교육과정을 작성해서 제출한 박 교사는 3월이 되자 전문적 학습공동체는 어떻게 운영되는지 궁금했다. 언제 모여서 계획서를 작성하려나 기다렸는데, 모이라는 이야기가 없다. 알고 보니 학년부장 혼자 작년 계획서를 대강 수정해서 제출했다고 한다. 그리고 일 년 동안 전문적 학습공동체 시간에는 잠깐 모여서 사인하고 사진 찍고 각자 교실로 흩어졌다. 사진은 왜 찍느냐고 물으니, 증거를 남기기 위해서란다. 학년이 모여서 협의하는 시간은 종종 있었지만, 학교 측에서 학년의 의견을 수렴해 오라는 지시사항이 있을 때뿐이다. 각자 교육과정을 작성하고, 각자 수업 자료를 만들고, 수업 자료 공유는 거의 이루어지지 않는다.

이 학교는 전문적 학습공동체 운영을 위한 시간이 확보되어 있지 않았다. 학년별로 운영 요일이 다를 뿐만 아니라 학습공동체 운영일에 다른 회의를 소집하기도 한다. 학습공동체 운영을 위한 예산은 책정되어 있었으나, 교사들이 원하는 주제 연수를 운영하기보다는 담당 부장과 교감 선생님이 의논하여 초빙한 외부 강사가 와서 단발성 강의를 하고 가는 식으로 운영되었다. 학년별로 도서 구입 예산이 책정되어 있었으나, 함께 책을 읽고 토론하는 시간이 있는 것도 아니었다. 심지어 주식 투자나 부동산 관련 책을 사는 교사도 있었다.

박 교사는 날이 갈수록 성장보다는 뒷걸음질 치고 있다는 생각이 들어 심란해졌다. 학교가 진짜 학습공동체인가 아닌가에 따라 교사의 삶이 얼마나 달라질 수 있는지를 실감하는 나날이었다.

학습 조직이 된다는 것은

학교 안의 교사 어떻게 살고 있나?

학교란 어떤 곳인가? 교사는 학교의 역할을 어떤 관점에서 인식하고 있나?

학교 교육의 역할을 단순히 교과 지식을 효과적으로, 치밀하게 전달하는 곳으로 인식한다면 이를 명시화한 매뉴얼을 만들고 그대로 따르도록 하면 된다. 근대 학교가 출범한 뒤 학교에서 배우는 존재는 학생이고, 교사는 체계적으로 지식을 전달하는 전달자의 역할을 하면 되었다. 이 과정에서 교사에게 요구되는 것은 좀 더 효과적으로 전달하는 능력과 학생들을 효율적으로 통제하는 능력이었다. 그래서 학교에 발령을 받고 선배로부터 배우는 첫 번째가 효율적으로 학생들을 통제하는 방법이기도 했다. 그러나 학교를 끊임없이 배움과 성장이 일어나는 곳으로 인식하고 교사 또한 학교 안에서 함께 배우고 성장해야 한다고 인식한다면 교사의 삶은 달라질 것이다.

교사로서 나는 학교를 어떻게 바라보고 있나? 서로 배우는 공간으로 인식하나? 여전히 가르치는 존재와 배우는 존재가 구분되어 있다고 인식하나?

학교를 바라보는 교사의 이해 수준, 관점의 차이는 학교 안에 사는 교사들의 삶에 직접적으로 영향을 미친다. 서로 배우는 관계라고 인식할 때 그는 학교 안에서 어떻게 살아가야 하는지, 학교 안에 어떤 시스템을 만들어야 하는지를 생각하게 된다. 공동체의 다양성을 존중하는 동시에 동일한 목표를 공유하고, 경쟁보다는 협력과 협업을 중시하게 된다. 학교 안에 교사들의 협력과 배움을 지원하는 시스템과 문화를 만들기 위해 동료들과 함께 학교를 진단하고, 토론하고, 설계하는 일에 자신들의 목소리를 내고, 그 일에 동참하게 된다. 배우는 사람으로서 자신을 인식하는 교사는 그동안 교사의 역할이 다른 사람의 생각과 계획을 그대로 학생들에게 전달하는 역할로 강제되었던 것을 비판적으로 사고하게 된다. 교육과정에 대한 결정권, 교육 내용에 대한 선택권이 교사에게 있음을 인식하고, 학교 안에서 자신의 전문성을 확장하기 위한 권리를 주장한다.

교사가 전문성을 심화시킬 권리를 온전히 가지려면 서로 배우는 공동체를 만들어 가기 위한 시스템이 학교 안과 밖에 고르게 형성되어야 한다. 그런데 지금까지의 학교는 '학습하는 조직'으로 존재하는 것이 아니라 '행정업무를 처리하는 조직', '관료제적인 조직'으로 존재해 왔다. 그런 상황에서 교사들은 그들의 배움과 성장의 욕구를 조직 밖에서 각개 약진하며 찾고자 할 수밖에 없었다.

학습 조직화의 필요성

데이비드 허친스David Hutchens, 2001는 왜 학습하는 조직이 되어야 하는가를 다음과 같은 우화를 통해 은유적으로 전달한다.

"우리는 끊임없이 배우는 양 떼가 되어야 해."

이 말에 쉐프는 조금 화가 난 듯 이렇게 말한다.

"하지만 우리는 이미 배우고 있잖아?"

"며칠 전 난 발에 박힌 가시를 이빨로 뽑는 법도 배웠다구."

그때 오토가 말한다.

"이런 것들을 배우는 건 좋은 출발이야. 우리 모두 이런 아이디어들을 함께 나누어야 해."

"하지만 늑대의 위협 아래서 살아남기 위해서는 아직도 부족해. 우리가 진정으로 배우는 양들이 되기 위해서는 새로운 종류의 학습이 필요해."

늑대에게 잡아먹히는 것을 운명이라고 생각했던 양들이 오토의 질문을 통해 늑대를 막아 내야 한다는 공동의 목표를 갖게 된다. 공동의 비전을 갖게 된 양들은 함께 모여 개인적 학습 경험을 나누고, 더 나아가 '새로운 종류의 학습'을 하게 된다. 비전을 공유하고, 함께 팀이 되는 학습, 조직을 이루는 학습을 꾸준히 이어 나간다. 그리고 그들은 공동의 목표, 늑대를 뛰어넘고 평화를 찾는다.

학교는 어떠한가? 학교 안에 학습을 제도화하여 우리가 원하는 미래를 함께 창조해 가는 학습 조직화를 얼마나 구축하고 있는가?

피터 센게는 조직을 학습 조직화하기 위해서는 개인적 숙련, 정신 모델, 공유 비전, 팀 학습, 시스템 사고의 다섯 가지 규율이 필요하다고 말한다. 다음에서 각각의 내용을 개괄적으로 살펴보기로 한다.

개인적 숙련 교사는 자신이 지향하는 가치를 위해 배우고 익히는 일을 멈추지 않는다. 개인이 학습을 멈추면 조직의 학습도 멈추게 된다. 따라서 학교는 교사가 스스로 배움을 끊임없이 이어 갈 수 있도록 학교 안에 지원 시스템을 구축하고, 교사 개인의 성장이 조직의 성장으로 이어질 수 있도록 지속적으로 지원해야 한다.

정신 모델 학교 안에서 살면서 우리 안에 깊이 각인된 학교에 대한 가정, 이미지를 떠올려 보자. '말해도 소용없어. 나만 다치거나 힘들어질 뿐이야, 시키는 일만 하면 되는 거야'라는 인식이 우리의 사고를 지배하고 있지는 않은가? 이런 사고를 갖고 살아갈 때 학교는 파편화되고, 성장을 멈추게 된다. 모든 사람은 신뢰할 만하다는 인식을 바탕으로 문제를 새롭게 바라보아야 한다. 문제를 회피하기보다는 함께 해결할 수 있다는 정신 모델을 세우고 반성적 성찰과 문제 해결의 과정을 통해 조직이 지속적으로 학습하고 성장할 수 있다.

공유 비전 비전의 공유는 강한 유대감을 갖게 하고, 자발성을 이끌어 내는 힘이 있어 사람들을 스스로 학습하고 능력을 발휘하게 하며 창조적 실험에 도전하게 한다. 구성원이 함께 비전을 세우고, 공유해 나가는 조직은 문제에 직면했을 때 비전을 중심으로 함께 해결 과정을 모색하는 모습을 보인다. 그런 의미에서 구성원이 둘러앉아 학교의 존재 이유를 묻고, 우리가 그리고 싶은 '행복한 삶'과 '바람직한 사회'의 모습을 그려 보는 과정은 매우 중요하다.

팀 학습 우리는 함께 세운 비전을 어떻게 실현하고 있나? 비전을 중심으로 팀이 함께 학습하고, 연구하고, 실천하고 있나? 조직의 목표 달성을 위해서는 개인의 학습을 넘어 팀 단위의 학습이 필요하다. 팀 학습을 통해 구성원들은 공동의 목표를 해결해 나갈 역량을 기르고, 협력적 관계를 형성하게 된다.

시스템 사고 이것들에 더하여 학교를 살아 움직이는 유기체적 관점으로 보고 학교를 구성하는 부분들이 상호작용하면서 영향을 주고받는 조직으로 바라보아야 한다. 학교 조직을 바라보는 단편적이고 편협한 사고방식에서 탈피하여 모든 요인이 서로 영향을 주고받는 원인과 결과로 작용한다는 순환적 관점에 기반하여 학교를 총체적으로 바라보아야 한다.

학습 조직으로서의 전학공, 이렇게 만듭니다

학습 조직 만들기 어떻게 구체화할까

학교가 학습 조직화된다는 것은 학교를 유기적 관계로 연결된 조직으로 인식하고 교육활동 중심으로 학습지원 시스템을 구축한다는 것을 의미한다. 학습 조직화된 학교에서 교사들은 개인적 성장 및 집단지성을 통한 성장을 함께 추구할 수 있다. 이를 위해서는 교사들의 교육활동을 최대한 촉진하는 학습지원 환경을 구축하고, 교무업무 중심의 학교 조직을 교육과정 중심의 업무 조직으로 전환할 필요가 있다. 또한 분업적인 업무분장에서 팀 중심의 협업적인 조직으로 만들어야 한다. 교사가 시대적·사회적 맥락 속에서 우리 사회와 학교 교육을 바라보고, 교사 전문성의 범위를 확대해 나갈 수 있도록 각종 연구모임을 지원하고 활성화해야 한다.

구성원 하나하나가 최선의 교육활동을 할 수 있도록 학교 조직과 시스템을 바꾸는 학교 조직의 학습 조직화가 우선되어야 수업과 교육과정의 변화를 넘어 학교를 총체적으로 변화시키는 학교 혁신이 가능하다.

1. 교육활동 중심의 학교 시스템과 문화 형성하기

교사들의 교육활동은 교육과정과 수업을 설계하고 학생들과의 관계 속에서 배움을 만들어 가는 창조적 활동이다. 이와 같은 창조적 활동에는 교사들의 자발성과 비전의 공유, 협력적 문화가 바탕이 되어야 한다. 교사들은 학교의 비전을 중심으로 교육과정과 수업을 함께 설계하고 실천함은 물론 반성적 성찰을 통해 교육활동을 돌아보며 새로운 도전을 시도할 수 있다. 이를 위해 학교는 교사가 교육활동에 전념할 수 있도록 학교 조직을 교육과정 중심으로 재조직해야 한다.

1) 업무 정상화 및 업무 재배치

학교 조직을 교육과정 중심으로 재조직하려면 업무 정상화 및 업무 재배치가 필요하다. 학교에서 이루어지고 있는 업무 중 불필요하다고 판단되는 일들을 우선적으로 없애기, 지나치게 복잡한 행정업무 처리 과정 간소화하기, 교무실과 행정실을 지원실로 전환하여 행정실과 교무실로 이관할 수 있는 일들 찾아서 이관하기 등을 통해 교사들에게 부여된 업무를 줄이고 교사들의 관심과 노력을 수업과 생활교육, 교육과정 연구와 개발에 집중할 수 있도록 해야 한다. 그래야만 교사들이 둘러앉아 교육과정을 함께 연구하고, 실천할 수 있는 공간이 만들어진다. 이때 바탕이 되는 것은 민주적 의사소통 시스템에 기반을 둔 충분한 토론 시간이다. 초등의 경우 규모가 큰 학교에서는 업무 정상화 논의 과정에서 고학년 교사의 업무 배정에 대해서도 함께 논의해 보면 좋다. 고학년 교사는 수업 부담과 함께 생활교육에 대한 부담이 다른 학년에 비해 클 수밖에 없다. 고학년 교사의 업무 경감은 교사가 학생들의 생활교육과 교육과정 운영에 좀 더 집중할 수 있게 하기 위한 배려 인사 시스템이라고 할 수 있다. 중등의 경우 학년 중심 체제를 시스템화해 업무와 교육활동을 효율적이고 유기적으로 연결되도록 업무분장을 재배치하고 있다.

신규 교사에 대한 업무 배정에도 배려가 필요하다. 신규 교사는 처음 학교현장에 나왔으니 학교라는 공간이 낯설고 서툴고, 두려울 수밖에 없다. 낯선 업무를 처리하느라 학생들을 바라보지 못하고 수업에 집중하지 못한 경험을 우리 모두 갖고 있다. 신규 교사에게는 동료 교사와의 협업과 멘토링을 통해 학급을 세우고, 자신의 수업 철학을 세우고, 교사로서의 자신을 세워 나갈 수 있는 충분한 여백의 시간을 주어야 한다. 이런 배려를 경험한 신규 교사는 자신이 선배 교사가 되었을 때 다시 신규 교사를 배려하는 배려의 순환을 이어 가게 된다.

2) 교육활동 업무의 확대 및 팀 중심의 협력적 학교문화 강화

업무 정상화 및 업무 재배치를 통해 교사에게 생긴 여백의 시간에는 교육활동 업무가 들어온다. 일부 학교에서는 업무 경감이라는 용어에 매몰되어 이후에 교육활동 업무 확대 및 강화로 나아가지 못하고 교육활동 중심의 학교 조직에 실패하는 사례가 종종 발생하기도 한다. 학교 교육과정을 바탕으로 학생들에게 의미 있는 배움을 위해 학년군, 교과군, 주제별 협의체를 구성해서 그 안에서 다양한 교육활동을 깊이 논의하고, 연구하고, 공동 실천해 나가는 팀 중심의 문화가 필요하다. 팀 중심의 협력 체계로 전환할 때 교사의 새로운 상상과 도전이 살아나고, 학생들의 배움에 공동 책임을 갖게 된다.

3) 민주적 의사소통 시스템 구축

학습 조직화에서 민주적 의사소통 시스템 구축은 매우 중요하다. 교사들은 민주적 의사소통 시스템이 구축된 학교에서 비전을 중심으로 일상적으로 교육과정을 협의, 운영함으로써 자신에게 부여된 교육과정 운영의 권한과 책임감을 높여 나간다. 민주적 의사소통 시스템은 구성원의 주체적 참여를 이끌며, 적극적으로 의사결정에 참여하게 하고, 협력적 실천을 이끌어 낸다.

4) 교육과정 중심의 인사 시스템 구축

학교는 교육과정을 운영하는 곳이다. 학교 교육과정과 학년 교육과정이 맞물려 작동되어야 하고, 학년 교육과정이 지속성을 갖고 운영되어야 한다. 그러기 위해서는 그동안의 학교 인사 시스템을 다시 한번 들여다보고, 교육과정의 지속성과 연계성을 지원하는지, 학교 전체의 성장을 이끌어 내고 있는지를 성찰하고 개선 방안을 모색해야 한다.

첫째, 학년 안에 다양한 능력을 지닌 교사들이 배치되도록 함으로써 서로의 능력을 나누고, 서로를 보완하며 함께 성장할 수 있어야 한다.

고경력 교사와 신규 교사를 함께 배치함으로써 고경력 교사가 신규 교사의 멘토 역할을 할 때, 배움은 신규 교사에게만 일어나는 것이 아니다. 고경력 교사 또한 신규 교사에게서 많은 것을 배우고 도움을 받게 된다. 무엇보다 이 과정에서 단지 서로 무언가를 배우게 되는 것을 넘어 세대 간 소통이 강화되고, 서로를 이해하는 긍정적인 효과를 얻을 수 있다.

둘째, 교육과정의 지속성과 교사의 학년 교육과정 운영의 전문성 신장을 위해 중임제 선택이 필요하다. 학교 조직은 공적 조직이다. 그러므로 학교 인사에서 학교 교육력을 강화하는 공공성이 우선되어야 한다. 학교의 비전을 중심으로 학교 교육과정이 운영되고, 학년 교육과정의 지속성을 위해서는 학년별로 몇 명의 교사는 중임을 해야 할 필요가 있다. 소위 가르치기 힘든 학년의 경우, 기존의 교사들이 모두 다른 학년으로 가 버려서 새로 전입한 교사로 채워지는 경우가 발생하지 않도록 시스템을 보완해야 한다.

셋째, 인사 규정에 대한 대토론회를 통해 구성원들의 인사에 대한 관점 전환이 필요하다. '학교의 인사는 무엇을 지향해야 하는가?'라는 주제로 서로의 생각을 이야기하다 보면 그동안 우리가 일반적으로 공유했던 '희망대로 배정, 점수대로 배정'이라는 인사 배정 원칙이 얼마나 교사 중심이었는가를 발견하게 된다. 구성원들이 인사제도에 대한 토론으로 학교 교육력 강화와 교육과정의 지속성이라는 관점을 공유하고, 서로 공감하고 지지하는 문화를 형성해 나가야 한다. 소통과 공감의 민주적 의사소통 시스템을 통해 만든 새로운 인사 시스템은 구성원들의 지지를 받게 되고, 구성원이 계속해서 바뀌는 우리나라의 전보 인사 시스템 속에서도 흔들리지 않고 지속적으로 유지될 수 있을 것이다.

넷째, 인사 협의체 구성을 통해 인사를 세밀하게 논의하고 투명화해야 한다. '인사가 만사다'라는 말이 있다. 이는 알맞은 인재를 알맞은 자리에 써야 모든 일이 잘 풀린다는 말이다. 학교에서 인사를 어떻게 하느냐에 따라 학교가 전체적으로 고르게 성장하기도 하고, 어느 학년에

쏠림 현상이 나타나기도 한다. 학교의 인사는 학교를 총체적으로 바라보고 학교 교육과정의 성장뿐 아니라 조직 문화 개선, 리더의 양성을 고려해야 한다. 각 교사가 지닌 리더십과 역량, 관계 맺기와 소통 능력 등을 중요하게 살피고, 이를 적재적소에 고르게 배치하는 것이 중요하다. 대부분의 학교에서 하는 것처럼 교사의 희망을 받고, 교감과 교장이 인사 배정을 하다 보면 이런 부분들을 다 고려하기 어렵다. 그래서 인사 협의체 구성이 필요하다. 인사 협의체를 구성해서 다양한 관점에서 인사를 고려하고 배정해야 교사가 지닌 역량을 교육과정의 설계나 협력적인 학년 문화를 조성하는 데 발휘할 수 있다. 우리에게 필요한 것은 서로에게 지지와 격려를 해 주고 서로를 보면서 배울 수 있는 관계의 인사, 서로의 부족한 부분을 채우고 이끌어 주는 리더십의 인사, 각자의 교사 전문성을 충분히 펼칠 수 있도록 하는 전문성 강화의 인사이다. 이를 위해서는 인사 협의체 안에서 충분한 토론과 협의가 이루어져야 한다.

5) 교육과정에 대한 권한 위임

교육과정에 대한 문제를 교사 스스로 진단하고 해결해 가는 과정에서 자율적 결정 권한의 위임은 자발성과 동력을 일으키는 핵심 요인이다. 교육과정 운영에 대한 결정이 위로부터 번복되거나 제한을 받게 되면 교사들은 더 이상 교육과정에 대한 고민과 해결책을 내놓지 않을 것이다. 또 위로부터의 결정을 기다리는 수동적 움직임을 보이게 된다.

학교 교육과정과 학년 교육과정은 구성원들의 수평적 참여와 협력적 연구, 민주적 의사결정 시스템을 통해 완성된다. 여기에는 운영할 주체들의 철학과 실천 계획이 담겨 있고, 교육과정 운영에 대한 스스로의 신뢰와 책무성이 담겨 있다. 교사의 교육과정 전문성을 신뢰하고 교육과정 운영에 대한 권한 위임이 이루어질 때 교사들의 참여가 확대되고, 교육과정 운영에 대한 책무성 또한 높아진다.

하지만 학교의 문화와 시스템이 충분히 갖춰지지 않은 상황에서의 권한 위임은 오히려 학교 교육력을 저하시키고, 학교 안에 혼란과 불신을 초래할 수 있다. 교육과정에 관한 권한 위임 체제를 구축하려면, 먼저 학교 교육과정 운영에 대해 구성원 간에 충분한 공유의 시간이 있어야 한다. 또한 학년 및 학년군 단위의 협의 체제가 마련되고 팀 중심의 협력적 문화가 충분히 작동되어야 한다.

6) 교육활동 중심의 학습지원 환경 구축

학교는 교사의 팀 연구 활동, 자료 공유 활동, 멘토 활동 등의 교사 학습공동체 활동과 협력적 교육과정 운영을 위해 학습지원 환경을 구축하고 공간을 재배치해야 한다.

최근 들어 학교 공간을 새로운 시각으로 바라보고 재배치하는 공간 혁신에 많은 관심이 집중되고 있다. 공간이 사고를 지배한다고 한다. 학교 공간이 학생들과 교사의 배움과 안전을 고려한 공간으로, 수평적 소통을 촉진하는 공간으로, 창의적 발상을 가능케 하는 공간으로 재구조화되어야 한다. 이를 통해 고립성, 배타성으로 평가받아 왔던 학교문화가 개방적·수평적·협업적 문화로 자리매김할 수 있다.

2. 일상적 학습공동체 조직과 지원 시스템 구축하기

교사의 교육과정과 수업 전문성, 생활교육 전문성 강화를 위해서는 학교 안에서 일상적으로 학습이 일어날 수 있도록 다양한 형태의 학습공동체를 활성화하고 공유하는 팀 학습의 장을 만들어야 한다. 학교 단위 학습, 학년 단위 학습, 교과 단위 학습, 주제별 연구회, 교육활동 또는 주제 중심 월례회, 수업 공개 및 수업 나눔, 콘퍼런스 등 다양한 형태의 학습공동체를 통해 학교는 다양한 영역에서 고른 성장을 꾀할 수 있게 된다. 학습공동체가 원활하게 작동하려면 정기적인 시간의 확보, 리더 교사 양성, 예산 및 공간 확보 등이 지원되어야 함은 물론 각각의 학습공동체를 통해 연구되고 실천된 교육과정과 수업을 일상적으로 공유하고, 성찰하는 시간을 가짐으로써 학교 교육이 나아가야 할 방향을 공유하고, 학교 조직이 고르게 성장할 수 있도록 해야 한다.

1) 학교 단위 학습공동체 만들기

학교 단위 학습공동체는 학교의 구성원 모두가 참여하여 학교의 철학과 비전을 설계하고, 공유하며, 비전 실현을 위한 교육활동을 설계하는 학습공동체이다. 전체 구성원이 모여 학교가 당면한 과제를 찾고 해결 방안을 협력적으로 찾아가는 과정을 함께한다. 또한 학교 교육과정 운영을 반성적으로 성찰함으로써 학교 교육과정을 평가하고, 학교문화 진단을 통해 학교 교육의 현재 모습과 미래의 모습을 새롭게 구상하게 된다. 구성원이 학교 철학을 공유하고, 공통의 교육과정 운영을 위한 연수, 워크숍, 공개와 공유의 콘퍼런스 등을 포함하고 있다.

작은 학교에서는 학교 구성원이 하나의 학습공동체를 조직하는 경우가 많다. 이들은 학교가 추구하는 가치, 전통적으로 지켜 가는 교육활동, 학교의 당면 과제 등을 중심으로 학습공동체의 주제를 선정하고, 공동으로 학습하고 연구하고 실천한다.

다음은 운산초등학교의 학교 교육과정 설계와 실현을 위한 로드맵이다. 학교 단위 학습공동체를 통해 학교 교육과정을 설계, 실천, 성찰하는 과정과 학교 교육과정이 어떻게 학년 교육과정으로 녹아들어 가는지를 보여준다.

운산초등학교-함께 묻고 답하는 학교 교육과정 로드맵

순	단계	내용	활동 내용	비고
1	1. 학교 교육과정 수립	교육과정 중심 학교문화 진단	민주적 운영체제, 전문적 학습공동체, 윤리적 생활공동체 이해와 진단 및 대안	학교문화 조직 진단 워크숍, 교육공동체 대토론회
2		학교 교육과정 철학과 비전 세우기 또는 공유하기	• 역량의 필요성과 흐름 공유 • 학교 교육과정 핵심역량 추출 • 운산 미래형 혁신학교 비전 공모 • 학년 역량과 학습자 상 추출	
3		학교 교육과정 제안	• 교육과정 덜어내기. 제안하기 • 교육과정 평가 자료 개선	업무부장 부서별 평가 자료 분석 및 제안서 자료
4	2. 부장 워크숍	학교 교육과정 제안서 및 수정안 최종 협의	• 리더십 워크숍 • 관계 형성 • 학교 교육과정 최종 협의 • 공간사용 협의 • 교육과정 중심 예산 편성	
5	3. 학년 교육과정 수립	학년 교육과정 설계	• 전입 교사 혁신학교 설명회 • 학교 교육과정 공유 • 학년 비전 수립과 핵심역량 공유 • 학년 교육과정 설계도 작성 • 학년 교육과정 재구성	
6	4. 학년 교육과정 공유	학년 교육과정 공유	• 학교 학년 교육과정 제출 • 학년 교육과정 최종 공유	

2) 학년 단위 학습공동체 만들기

학교 교육의 철학과 비전은 학년 교육과정을 통해 구체화되고 구현 된다. 학교 교육철학과 비전을 중심으로 학년 비전과 학년 교육 목표를 설계하고, 학년의 중점 교육활동, 구체적 실행 방안을 공동으로 설계해 야 한다.

교사가 공동 설계한 학년 교육과정이 일상의 수업으로 구현되려면 학년 학습공동체가 활성화되어야 한다. 한 달에 한 번 모이거나, 격주로 모이는 것만으로는 교육과정을 충분히 연구하고 수업을 설계하기 어렵 다. 적어도 매주 1회 이상 학습공동체의 날을 운영하는 것이 좋다.

학년 학습공동체의 운영은 주제 연수, 독서토론, 교육과정 재구성, 공동 수업 개발, 평가 문항 개발, 수업 개방 및 참관, 연구 결과 공유 등 다양한 형식으로 구성될 수 있다.

학년 학습공동체 만들기 1: 첫 만남의 어색함을 관계 맺기로 풀어 가기

처음부터 학년 교육과정 설계로 들어가기보다는 서로에 대해 마음을 열고 알아 가는 관계 맺기의 시간을 갖는 것이 좋다. 나와 만나는 사람들과 깊게 연결됨을 느낄 때 우리는 더 열정적으로 조직의 목표를 이루기 위해 힘쓰게 된다. 동물유형 리더십 진단 워크숍, DISK 검사 워크숍으로 서로가 어떤 성향을 지닌 존재인지 탐색하고 이해하기, 씨앗 카드를 이용하여 서로의 리더십 발견하기, 가치 단어를 중심으로 자기소개하기, 나의 교사 인생 그래프 나누기, 12달 버킷 리스트 함께 만들기 등을 통해 교사 각자의 철학이나 삶을 공유함으로써 한 해 살이 만남을 열어 가면 좋다.

학년 학습공동체 만들기 2: 학교의 비전, 교육 목표를 중심으로 학년의 비전, 교육 목표 설계하기

학교 교육과정 공유를 바탕으로 우리 학년의 비전을 세워야 한다. 학년의 비전을 세운다는 것은 우리 학년이 1년 동안 실천할 교육의 방향을 함께 고민해 본다는 의미다. 학교의 비전과 구성원이 중요하게 여기는 가치를 중심으로 이야기를 나누는 과정에서 학년의 비전을 수립하고, 이를 바탕으로 학년 교육 목표를 수립한다. 이때 다음과 같은 질문을 바탕으로 이야기를 나눠 보는 것이 좋다.

- 학교는 왜 존재하는가? 교육하는 목적은 무엇인가?
- 우리 아이들이 어떤 삶을 살기를 원하는가?
- 아이들에게 키워 주고 싶은 것은 무엇인가? 우리는 궁극적으로

어떤 사람을 키우기 위해 교육하는가?

• 어떤 삶이 좋은 삶이며, 어떤 사회를 만들어야 하는가?
• 그래서 우리 학교 교육과정의 중요한 철학적 가치와 방향은?
  그리고 우리 학년의 철학적 가치와 방향은?

다음은 핵심 가치를 중심으로 만든 학년의 비전과 교육 목표 예시이다.

핵심 가치를 중심으로 함께 만든 학년 비전과 학년 교육 목표

나를 보고, 마주 보고, 함께 보자		
자기관리와 자존감	**경청과 즐거움**	**협동과 평화**
탄탄한 기초학력과 자기관리 능력을 토대로 성장하는 어린이	다른 사람 이야기에 귀 기울이고, 교감하며, 즐거움을 찾는 어린이	서로에 대한 예의를 지키며, 평화를 사랑하는 어린이

학년 학습공동체 만들기 3: 학교 중점 교육활동과 학년 교육 목표를 바탕으로 학년 교육활동 설계하기

학년 교육 목표는 교과를 비롯해 창의적 체험활동, 학급 운영, 현장체험학습, 체육대회 등 다양한 교육활동을 통해 구현될 수 있다. 학년의 교육 목표를 어느 시기, 어떤 교육활동을 통해 구현할지 구체적인 계획을 수립하는 단계이다. 이때 놓치지 말아야 하는 것은 학년의 교육 목표는 단기적 교육활동을 통해 구현되기보다는 지속적으로 교육과정화할 때 구현 가능성이 높아지므로 학습자의 '현재 경험'과 '학교생활' 전 시기에 걸쳐 구체적이고 지속적인 교육활동으로 전개되어야 한다는 것이다.

다음은 초등학교와 중학교에서 학년 교육 목표를 교육활동으로 구현해 내기 위한 계획의 일부 예시이다.

학교 핵심 가치 중심 학년 교육활동 계획 예시(초등학교)

핵심 가치	삶을 위한 역량	중점 교육활동	세부 실천 내용	시기	교과/창체/ 행사
주체적 삶	자기관리 능력	건강관리 (성교육)	• 자기 몸 존중하기 • 손 씻기 교육 • 성평등교육	연중	창체
		기본생활습관 교육	• 스스로 할 일 정하고 정기적으로 성찰하기 • 스마트폰 사용 시간 조절하기	연중	창체
	자기주도 학습력	기초기본 학습	• 배움공책 정리하기 • 수학 연산 교재 • 생활공책 정리하기 (자기관리＋독서＋배움공책)	연중	교과
		학습자주도 프로젝트	• 화성 프로젝트 • 한글 프로젝트 • 교실 공간 재구성	9월 6월 9월	교과
		깊이 있는 배움	• 온책읽기 • 조사·발표 활동 • 컴퓨터 활용 능력 향상	연중	교과
	자존감	진로교육 (자존감교육)	• 기본생활 프로젝트 (자기 이해, 타인 이해, 명상) • 에니어그램 심리검사	6월	교과

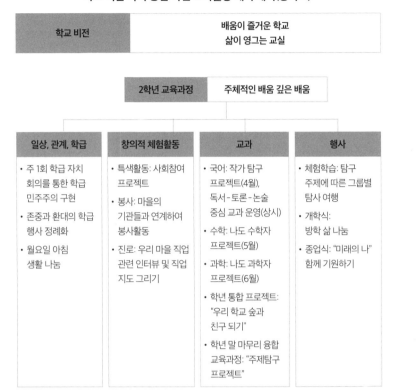

학교 핵심 가치 중심 학년 교육활동 계획 예시(중학교)

학교 비전	배움이 즐거운 학교 삶이 영그는 교실

2학년 교육과정	주체적인 배움 깊은 배움

일상, 관계, 학급	창의적 체험활동	교과	행사
• 주 1회 학급 자치 회의를 통한 학급 민주주의 구현 • 존중과 환대의 학급 행사 정례화 • 월요일 아침 생활 나눔	• 특색활동: 사회참여 프로젝트 • 봉사: 마을의 기관들과 연계하여 봉사활동 • 진로: 우리 마을 직업 관련 인터뷰 및 직업 지도 그리기	• 국어: 작가 탐구 프로젝트(4월), 독서-토론-논술 중심 교과 운영(상시) • 수학: 나도 수학자 프로젝트(5월) • 과학: 나도 과학자 프로젝트(6월) • 학년 통합 프로젝트: "우리 학교 숲과 친구 되기" • 학년 말 마무리 융합 교육과정: "주제탐구 프로젝트"	• 체험학습: 탐구 주제에 따른 그룹별 탐사 여행 • 개학식: 방학 삶 나눔 • 종업식: "미래의 나" 함께 기원하기

학년 학습공동체 만들기 4: 교육과정 개발하기-학년 교육활동과 성취기준 연결하기

학년 교육활동이 교육과정 안에서 지속적이고 체계적으로 구현되려면 학년군별 성취기준과 연결하여 운영되어야 한다. 교사는 학년 교육활동과 성취기준을 면밀히 살펴보고, 교육활동별, 주제별로 성취기준을 배분하고 재구조화해야 한다.

학년 교육활동-성취기준 배분 사례

순	주제	학년 교육활동	프로젝트	교과	창체	성취기준
1	관계 맺기	새 학년 프로젝트	○	○	○	
2	생태	생태 프로젝트	○	○	○	
3	진로	진로 프로젝트	○	○	○	
4	자치	학급자치			○	
5	동아리	학교 축제	○	○	○	
6	체육대회	학년 체육대회		○		
7	독서	온작품 읽기	○	○	○	

3) 주제별 연구회

교사에게 요구되는 전문성이 교육과정 전문성과 수업 전문성만 있는 것은 아니다. 학교 교육과정 운영을 위해 다양한 영역의 전문성이 요구되는 만큼 학교 교육과정에서 중점적으로 운영하고자 하는 주제와 교육활동 또는 교사의 관심 영역을 바탕으로 학교 안에 다양한 주제별 연구회를 조직하고 학년 학습공동체와 유기적으로 연결하여 운영될 수 있도록 지원할 필요가 있다.

다음은 경기도 운산초등학교에서 자발적으로 조직, 운영되고 있는 주제별 연구회 사례이다.

운산초등학교 주제별 연구회 사례

연구회명	세부 운영 계획	
생활교육 연구회	• 생활교육 패러다임의 변화 • 교사-학생 관계 세우기 • 학생-학생 관계 세우기	• 생활교육 중심의 학급 운영 • 생활교육 중심의 교육과정 재구성
수업 전문성 연구회	• 주제 관련 독서토론 • 수업 성찰 나눔 • 성찰 에세이, 수업 코칭, 수업 나눔	
협동토론 연구회	• 공동체 놀이와 관계 • 인문학과 독서 • 토론 수업 디자인	• 토론 교육과정 개발 • 질문이 있는 수업 • 연습 모임
성평등 연구회	• 기대 나눔, 도서 목록 작성 • 책 나눔 • 전문 강사 초빙 연수	• 교과서 분석 • 인권 수업안 계획 • 학년 선정 온작품 도서 분석

4) 학습공동체 운영을 위한 시간 확보

학습공동체가 일상적인 공동 연구와 공동 실천이 되려면 학습공동체 운영을 위한 정기적인 시간이 확보되고 지켜질 수 있도록 시스템화해야 한다. 다음은 운산초등학교의 학습공동체 운영 시간 확보 계획이다. 이를 통해 우리는 이 학교가 전문적 학습공동체를 학교 변화의 중심축으로 인식하고 학습공동체 활성화를 위해 많은 노력을 기울이고 있음을 알 수 있다.

운산초등학교 학습공동체 운영을 위한 시간 계획 사례

요일	월	화	수	목	금
일정	월례회, 부장 교실 나들이, 기획 위원회, 기타 각종 협의회	학년 학습공동체	동아리	학년 학습공동체	주제별 연구회

✓ 이럴 때 이런 워크숍

워크숍1 학년 교육과정 중심의 학습공동체 운영 계획 설계하기

활동의 의미

학습공동체가 잘 운영되려면 계획 단계부터 모두의 합의와 마음 씀이 이루어져야 한다. 함께 설계한 학년 교육과정은 실천력을 지니고 개별 교사에 의해 각 교실에서 역동적으로 움직이게 된다.

교사로서 무엇을 알기를 원하는가? 함께 연구하고 실천하고 싶은 주제는 무엇인가? 등의 질문을 통해 학습공동체의 주제를 선정하고, 구체적인 학습계획을 세운다.

활동 전개의 실제

단계	워크숍 흐름	활동 길잡이
1	• 키워드로 자신을 소개하기	• 형용사, 동사, 의성어, 의태어 카드 등 활용
2	• 관계와 돌봄을 위해 무엇을 할까? - 올 한 해 동료들과 함께 하고 싶은 것은? - 각자 포스트잇에 떠오르는 대로 적기 - 돌아가며 이야기 나누기, 유목화하기 - 12달 버킷리스트로 정리하기	

단계	워크숍 흐름	활동 길잡이
2	• 우리 학교(우리 학년) 전문적 학습공동체 주제와 실행 방법 찾기 　- 함께 연구하고 실천하고 싶은 주제 포스트잇에 적기 　- 돌아가며 이야기 나누기 　- 유목화하기 　- 주제 정하기 　- 주제별 실행 방법 찾기 (주제 탐구, 공동 연구, 공동 실천, 공유와 성찰) • 전문적 학습공동체 운영 계획 수립하기 　주제와 실행 방법 선택, 연간 계획에 배치하기 • 실천 약속 정하기 　- 전문적 학습공동체 운영, 참여 약속을 포스트잇에 적기 　- 유목화하고, 약속 문장으로 정리해서 연구실에 게시하기	
3	• 전문적 학습공동체에 대한 기대 나누기 　- 돌아가며 서로의 기대 나누기	

이런 어려움, 이렇게 해결합니다

❓ **교사가 함께 학습하고 실천하는 교육활동 중심의 학교를 만들고 싶어요.**

교사들이 일상적으로 함께 모여 학습하고, 교육과정을 설계하고, 수업을 통해 실현하고 싶은데, 각자가 맡은 업무가 너무 많아 모일 시간이 없어요. 가끔은 내가 교사인지, 행정 직원인지 나의 정체성이 혼란스럽기까지 합니다. 함께 모여 교육활동 중심의 학교를 만들기 위해 무엇을 어떻게 해야 하는지 이야기하고 싶은데, 어디서부터 시작해야 할지 막막합니다.

❗ **교육활동에 전념할 수 있는 학교 조직으로 전환하기**

인식의 전환이 가장 중요합니다. 그리고 그 전환이 구조적으로 실행되도록 시스템을 구안하는 작업이 이어져야 합니다. 학교는 교육과정을 운영하는 곳이라는 인식을 바탕으로 학교에서 이루어지고 있는 모든 업무를 구성원이 함께 살펴보면서 버리기, 이관하기, 지속하기, 개선하기 등으로 분류해 봄으로써 업무의 다이어트와 개선이 필요합니다. 그 후에 교육활동에 전념할 수 있도록 무엇을 지원해야 하는지를 모두의 이야기를 바탕으로 만들어 가야 할 것입니다.

❓ **학년 배정과 업무 배정을 교사 희망에 따라 하다 보니, 학년 교육과정의 지속성을 유지할 수가 없고, 학년 편차가 큽니다.**

해마다 학년 말이 되면 교사들의 주요 관심사는 새 학년도에 몇 학년을 할 것인가입니다. 이때의 기준은 철저히 교사 개인에게 맞춰져 있습니다. 그 이유가 대부분 그 학년 아이들이 좀 더 가르치기 편해서입니다. 초등학교에서는 소위 힘들다는 아이들이 많다고 소문난 학년이나 가르치기 힘든 1학년과 6학년은 교사들의 선택을 받지 못해 새로 전입한 교사들로 채워지곤 합니다. 구성원이 함께 공동체를 형성해 나가는 데도 걸림돌이 되고, 무엇보다 학년 교육과정의 지속성을 유지할 수가 없습니다.

❶ 교육과정의 전문성과 지속성을 강화하기 위한 인사 시스템 마련하기

교사의 희망대로 학년과 업무를 배정하거나, 점수화해서 배정하면 민주적이라고 생각할 수 있습니다. 또한 그것을 불만을 최소화하는 방법이라고 여겨서 대부분의 학교에서 인사 규정으로 선택했을 것입니다. 그런데 문제는 참꿈초등학교의 사례에서 보았듯이 기존의 교사들이 자신의 기득권을 사용해 소위 편하다는 학년으로 몰리면 전입 교사로만 채워지는 학년이 생기게 됩니다. 어쩌면 민주적이라고 생각하기 쉬운 이 규정을 따르는 과정에서 놓치는 부분이 생기는 것이지요. 그것은 바로 교육과정의 지속성과 학년 간 고른 교육과정 운영, 교사의 전문성입니다. 학교의 인사 시스템은 교육과정을 중심으로 각각의 교사들을 교육의 전문가로 성장시키는 방향으로 만들어져야 합니다. 즉 인사 시스템의 핵심은 인사의 투명성을 바탕으로 학년 교육과정의 지속성, 학생 지도, 수업, 협력성을 고려한 편성입니다. 인사 시스템에 대한 대토론회를 열어 구성원의 인식을 공유하고 하나로 모아 가는 과정이 도움이 될 것입니다.

❷ 꼭 함께해야 하나요? 혼자서 공부하고 실천하는 것이 더 좋아요.

학습공동체의 필요성을 느끼지 못하는 교사들도 많습니다. 혼자 연구하고 실천하는 것이 더 효과적이라고 생각하기 때문입니다. 어떤 선생님은 그런 게 다 무슨 소용이냐고 말하기도 합니다. 학년부장으로서 학년의 학습공동체를 통해 교육과정을 공동 연구·공동 실천하고 싶은데 모이기를 싫어하는 선생님들 때문에 눈치를 보게 됩니다. 교사의 자발성을 어떻게 이끌어 낼 수 있을까요? 그리고 혼자 가려는 선생님을 어떻게 함께하는 시스템 안으로 끌어들일 수 있을까요?

❶ 그동안 교사 전문성 향상의 방향은 주로 현직 연수를 통해 이루어졌습니다. 그러나 현직 연수 후 교실로 돌아온 교사들이 연수에서 배운 지식이 별 도움이 되지 않는다고 느끼는 경우도 많습니다. 각 교실이 지닌 특수성이 고려되지 않은 탈맥락적이고 일반화된 지식은 다시 한번 교사의 재구성이 필요한데, 이때 대부분의 교사가 교실과 학생을 고려한 재구성을 포기하게 됩니다. 물론 혼자 공부하고 혼자 시행착오를 거치며 연구를 이어 가는 교사들도 있지만, 그 경우에 교사 개인의 전문성은 향상될 수 있으나 교사 집단의 전문성 향상에는 미치지 못할 때가 많습니다. 또한 학교 공동의 문제 해결에도 도움이 되지 못합니다.

어떤 교사들은 배우려고 하지 않기도 합니다. '하던 대로 하자. 시키는 것만 하자'는 말을 쉽게 하곤 하는데요. 배우기를 멈춘 교사들, 혼자 가려고 하는 교사들을 끌어안고 함께하는 문화, 서로에게 배우는 문화를 만드는 것은 쉽지 않은 일일 것입니다. 하지만 아마도 한 번의 좋은 경험, 학습을 함께 공유하며 나아갔던 성장의 경험이 생긴다면 그로 인해 새롭게 자발성을 갖게 되는 교사들이 생겨날 것입니다. 리더 교사의 역할은 바로 그런 경험의 순간들을 학교의 일상 속에 공들여 만들어 보는 것이 아닐까 싶습니다.

4   학습이 실천으로
이어지다

꿈결초등학교 이야기

　"이 샘! 오늘 우리 학년 전학공 있는 날인 거 알지요? 이 따 학년연구실에서 뵈어요!"

　"아, 네! 알겠습니다!"

　그렇지! 오늘은 학년 전문적 학습공동체가 있는 수요일이었다. 복도에서 학년부장 선생님을 만나지 않았더라면 깜빡 잊을 뻔했다. 한창 바쁜 3월, 꿈결초의 선생님들은 참 자주도 만났다. 매주 수요일마다 정기적으로 만나는 것은 물론이고, 프로젝트 운영 협의를 하자며 번개 모임도 잦았다. 꿈결초는 학교의 가장 중요한 일정을 전문적 학습공동체라 여기는 듯했다. 자기 교실은 각자 알아서 해결하며 사는 것이 미덕이라고 생각했던 이전 학교와는 너무나도 문화가 달라서, 이 교사는 아직 문화 충격에서 벗어나지 못하고 있었다.

　아니 그런데, 이렇게까지 열심히 함께 모여서 공부할 일인가? 사실 좀 의아한 마음이었다. 경력 7년 차인 이 교사도 공부 좋아하는 걸로는 둘째가라면 서러운 사람이었다. 교육대학원에도 3학기째 다니고 있고, 놀이 연수, 프로젝트 연수, 토론 연수 등 좋다는 연수가 있으면 주말에도 스스로 시간을 내어 찾아다니는 편이었다. 대체로 교사들은 공부를 좋아하는 사람들이 아닌가. 그런 이 교사가 보기에도 꿈결초의 '공부 공부' 분위기는 참 낯설었다. 대학에서 이미 공부를 할 만큼 했고, 또 각자 알아서 공부 모임이나 대학원도 다니고 연수도 할 텐데, 교사로서의 역량이야 각자 알아서 쌓아 가고 있는데, 학교에서까지 없는 시간을 쪼개고 쪼개어 공부를 또 해야 한다니, 그건 좀 과하지 않은가 말이었다.

이 교사는 만나기로 한 시간보다 조금 일찍 연구실에 도착했다. 이 교사와 동년배인 정 교사가 먼저 와 앉아 무언가를 열심히 보고 있다가 반갑게 손을 흔들었다.

"샘! 어서 와요!"

정 교사는 새로 전입해 아직 마음 붙일 데 없이 쓸쓸한 처지인 이 교사를 살뜰히 챙겨 주었다. 이 교사로서는 너무나 고마운 사람이었다.

"뭘 그렇게 열심히 보고 있어요, 샘?"

"4월에 시작할 생태적 전환 프로젝트 수업에 도움이 될까 싶어서, 새로 나온 지구 온난화 관련 책을 읽고 있어요. 내용이 조금 어렵긴 한데, 아이들이 이해하기 쉽게 잘 다듬어 볼 수 있을 것 같아요. 오늘 프로젝트 협의를 같이 할 거니까 미리 보고 있었어요."

정 교사도 전학공에 열심히 참여하는 '공부쟁이' 중 한 명이었다. 정 교사는 대학원도 이미 졸업했고, 학교 밖 연구회 같은 것에도 열심히 참여하고 있었다. 그런 데다가 학교에서의 전학공 활동에도 그야말로 진심이었다.

"샘도 진짜 늘 열심이네요. 근데, 왜 그렇게 열심인 거예요? 공부야 정말 우리 대학 때부터 할 만큼 했고, 생태 프로젝트 같은 것도 샘 경력이면 여러 번 다뤄 봤을 텐데요. 그런 걸 또 굳이 이렇게 매주 모여서 같이 공부를 해야 하나 싶은데요."

정 교사의 눈이 잠깐 둥그렇게 커졌다가 이내 평소처럼 반달 모양의 웃는 눈매로 돌아왔다.

"우리 학교 선생님들이 좀 자주 모이는 편이죠?"

이 교사는 이때다 싶어 3월 한 달 동안 마음에 품었던 이야기를 털어놓았다.

"그러게 말이에요. 사실, 혼자서도 스스로 그렇게 늘 연구하시고 또 잘하시는데, 굳이 이렇게 모여서 매번 같이 의논하고 해야 하나요? 없는 시간 쪼개서 회의만 자꾸 한다 싶기도 하네요."

"잠깐만요. 마침 제가 이걸 가져왔어요."

정 교사는 책 밑에 깔린 파일을 펼쳐 뒤적뒤적하더니 이 교사 앞에 주르륵 펼쳐 놓았다.

"이게 작년에 우리 학년에서 함께 만들었던 생태 프로젝트 수업이에요. 꽤 괜찮았죠?"

정 교사가 보여 준 파일에는 프로젝트의 구상부터 교사들이 함께 모은 참고 자료, 협의 과정의 마인드맵, 학습지, 수업에 대한 교사들의 성찰 기록지, 학생들의 활동 결과물 사진까지가 차곡차곡 정돈되어 있었다.

"와, 훌륭하네요! 아니 올해는 그냥 이대로만 하면 되겠는

데요?"

정 교사는 웃으며 고개를 내저었다.

"이 수업을 꿈결초에 와서 3년째 선생님들과 함께 만들고 있는데, 갈수록 점점 더 훌륭해지고 있어요. 우리 아이들의 반응과 학습 속도 같은 것도 되돌아보고, 새로운 자료가 나오면 더 추가하면서 계속 다듬고 있거든요. 이런 수업을 혼자 구상하고 실행했다면 참 힘들었을 거예요. 한계도 있었을 거고. 그런데 같이 하니까 좋은 아이디어도 쉽게 나오고, 일을 나누기도 쉽더라고요. 올해도 또 같이 준비하는 과정을 거치면 좀 더 아이들에게 도움이 되는 수업이 될 수 있을 거예요."

이 교사는 말없이 고개를 끄덕였다. 정 교사를 비롯해 꿈결초 선생님들이 왜 그렇게 모이기를 즐기고 함께 공부하기를 좋아하는지 조금은 알 듯도 싶었다. 그건 그냥 고담준론의 이야기를 나누거나 학구열을 만족시키려는 개인적 욕구 같은 게 아닌 거였다. 정 교사는 반달 모양의 눈매를 더욱 구부리며 말을 이었다.

"학교에서의 공부는 그냥 공부가 아니라고 생각해요. 이게 바로 진짜 내일의 수업으로 이어지니까, 책상머리에서 끝나는 게 아니라 그야말로 우리가 나눈 공부가 바로 수업이 되고, 학습이 곧 실천이 되는 거죠. 그런 과정에서 함께하는 선생님들로부터 진짜 많이 배워요. 같이 공부하고 같이 실행해보고 나면, 또 다 같이 더 깊어지더라고요. 그런 의미에서 전 동료 선생님들이 다 제 스승님이라고 생각해요. 학교 밖에서는 찾기 어려운 실전 스승님이랄까요?"

마침 연구실 문이 열리고 동료 교사들이 우르르 함께 들어왔다. 정 교사는 그들을 향해서 반갑게 손을 흔들었다.

"어서 와요~ 나의 스승님들!"

학습이 실천으로 이어진다는 것은

함께 학습하고 실천해야 하는 이유

처음 교사가 되었을 때 우리는 잘 가르치는 전문가가 되기를 바란다. 그래서 수많은 방법에 심취하곤 한다. 그리고 시간이 지나면서 모든 아이들, 모든 반, 모든 수업에 통하는 만능의 방법은 없다는 것을 체감한다. 아이들이라는 존재를 만나는 교사의 일은 홀로 감당할 수 없는 영역이다. 아이들 한 명 한 명을 존재로 대하는 것과 아이들과 세상에 대한 호기심을 놓지 않는 것이 교사의 길을 지속할 수 있는 원동력이다. 하지만 아이들을 사랑하는 마음과 세상에 대한 호기심을 유지하기가 쉽지는 않다. 이 마음을 품고 이 길을 사랑하며 실천할 수 있는 원천이 필요하다. 그 원천은 동료 교사와 함께하는 학습과 실천의 과정으로 만들어질 수 있다. 교사의 길을 사랑하고 그 삶을 잘 살아가기 위해 우리는 동료와 함께 무엇을 해야 하고 무엇을 지향해야 할까? 다음 노래는 이러한 질문에 대해 우리에게 길을 안내해 주는 노래이다.

샘과 샘은 쌤쌤이야
- 작사, 작곡: 경희대 성열관 교수

키 큰 나무에도 촉촉이

키 작은 나무에도 촉촉이
한 곳도 빠짐없이 촉촉이
비가 내리면
살아갈 힘을 주고 흘러들어 샘이 된다
살아갈 힘을 주는 선생님도 샘이 된다.

높은 가지에도 하얗게
낮은 가지에도 하얗게
한 곳도 빠짐없이 하얗게
눈이 내리면
허물을 감싸주고 녹아내려 샘이 된다
실수를 감싸주는 선생님도 샘이 된다.

세상은 꽃밭 같지만은 않아
그렇다고 정글 같은 곳도 아냐
그곳은 너희가 만드는 정원이야
그러려면 꿈과 힘이 있어야 해

남의 꿈을 뺏지 않는 꿈 말야
남의 힘을 뺏지 않는 힘 말야
너의 꿈을 지키는 꿈 말야
너의 힘을 지키는 힘 말야

언제나 샘이 언제나 샘처럼
살아갈 힘을 키워줄게
그러니깐 샘과 샘은 쌤쌤이야
그러니깐 샘과 샘은 쌤쌤이야

그러니깐 샘과 샘은

살아갈 힘을 주고 흘러들어

허물을 감싸주고 녹아내려

그러니깐 샘과 샘은 쌤쌤이야

그러니깐 샘과 샘은

살아갈 힘을 주고 흘러들어

허물을 감싸주고 녹아내려

살아갈 힘을 주고 흘러들어

그러니깐 샘과 샘은 쌤쌤이야

지금 우리가 여기서 아이들을 만나는 이유는 너무도 자명하다. 우리가 만나는 아이들에게 살아갈 힘을 키워 주기 위해서다. 교사는 공교육 시스템 안에서 학생, 학부모, 지역사회, 국가와 관계를 맺음으로써 제역할을 할 수 있는 사회적 존재이다. 그렇기 때문에 우리가 하는 일은 협력을 전제로 하며 끊임없이 세상에 대해 깨어 있기를 요구한다. 아이들에게 살아갈 힘을 주는 교육을 실천하기 위해 우리는 끊임없이 서로의 세상 그리고 세상 너머를 만나는 학습을 지속해서 해 나가야 한다. 세상이 주는 질문에 교사와 교사, 교사와 학생이 연결되어 학습하고 실천하는 경험의 축적이 학습을 실천으로, 삶으로 이어지게 할 수 있다.

'아이들을 왜 만나고, 어떻게 만나야 하고, 무엇으로 만나야 할 것인가?'에 대한 교사들의 진심 어린 응답에서 비롯되는 공동 연구와 공동 실천은 관성으로 돌아가려는 굳은 감각을 깨워 우리가 사유하고 실천을 지속하게 한다. 사유하는 교사들의 연대가 아이들에게 삶의 힘으로 작동하는 교육을 경험하게 할 수 있다.

교사의 전문가적 자존심은 학력이나 학벌에서 나오는 것이 아니라 학교와 교실의 현장에서 학생들과의 만남에서 확보된다. 교사의 전문성은 현장에서 축적한 경험, 반성과 자각, 새로운 시도 등에 의해 축적되며 다른 교사들과의 교류를 통해서 향상될 수 있다.

-오욱환, 『교사 전문성』

학교현장에서 축적하는 경험, 반성과 자각 그리고 새로운 시도는 학교와 아이들의 상황과 맥락에 따라 다르게 고민하고 실천해야 한다. 그래서 교사는 영원히 현역일 수밖에 없다. 교사 개개인의 실천 한계와 소진을 우리는 이미 경험했다. 홀로 성장하는 문화와 시스템에서 교사들이 소진될 수밖에 없는 이유를 정리해 보면 다음과 같다.

첫째, 우리가 하는 일은 매우 예측 불가능하다불확실성.
둘째, 복잡한 얼개로 이루어져 있어 명확하게 나누어 분업화할 수 없다모호성.
셋째, 창의적인 활동을 요구한다창의성.
넷째, 학생, 학부모, 지역, 국가와의 사회적 관계 속에서 해낼 수 있다관계성.

불확실성, 모호성, 창의성, 관계성을 전제로 해낼 수 있는 교사의 일은 숙명적으로 협력을 요구한다. 지금 우리가 당면한 현장을 읽고 시대와 사회의 맥락 안에서 질문하고, 그 질문에 교육과정과 수업으로 답하며, 그렇게 한 걸음씩 함께 나아가는 것이 우리가 할 수 있는 최선이며 교사의 길을 지속할 수 있는 방식이다. 협력은 함께하자는 외침만으로 이루어지지 않는다. 실천을 통해 우리가 하는 일의 의미와 영향을 확인할 수 있을 때 그리고 우리의 실천이 삶과 사회에 기여함을 확인할 수 있을 때, 교사들은 협력을 동기화할 수 있으며 실천을 지속할 수 있다.

아이들의 삶을 지원하는 수업과 교육과정을 위해 우리는 내 옆의 동료와 함께 지금 우리가 만나고 있는 아이들을 중심으로 고민하고 실천하고, 그 실천을 함께 성찰할 필요가 있다. 방향을 공유하며 우리 학교 아이들을 중심에 둔 학습-실천-성찰의 선순환이 집단적 경험으로 축적될 때 교육과정이 우리 아이들에게 삶의 힘을 키워 주는 경험의 장이 될 수 있으며, 아이들 모두 저마다 삶의 역사에 주인공으로 등장할 수 있다. 교사가 교육과정이므로 학교에서 교사가 함께 공부하는 것은 그냥 공부가 아니다. 그것은 교육과정의 창조이며 성찰이고 축적이며 삶의 역사이다. 이러한 일련의 과정이 교사의 전문성과 자존감을 높여 주고 전문가를 넘어서 교사로 살게 한다.

공동 연구 공동 실천이 다음과 같은 원칙에 맞게 운영될 때 비로소 교육과정이 행사에 그치지 않으며, 교사들이 진심을 낼 수 있으며 아이들의 삶을 지원할 수 있다. 아이들과의 만남에 진심을 품은 교사는 온몸으로 온 말로 아이들의 삶에 영향을 미친다.

> 첫째, 다른 교사와 일상적으로 함께하는 경험이 필요하다.
> 둘째, 교사의 전문 능력 개발은 교육과정의 개발과 동시에 이루어져야만 한다.
> - 마이클 풀란&앤디 하그리브스, 『학교를 개선하는 교사』

이러한 일상적인 경험이 우연적인 사건이 아니라 실천으로 이어질 때 삶이 바뀔 수 있다. 이를 위해 학교에서의 일상적인 경험을 바꿔 내는 것이 필요하다. 교사들이 협력을 동기화할 수 있는 환경, 조건, 문화를 만들어 가는 것이 중요하다. 이런 의미에서 전문적 학습공동체는 학교, 교육, 교사의 본질을 찾아가기 위해 학교를 통째로 바꿔 가는 과정이다.

자기 질문 없이 교과서를 성전처럼 여기고 전달하는 자로 사는 교사는 함께하는 학습과 실천의 필요성을 느끼지 못한다. 학습은 세상에 대한 질문에서 시작되기 때문이다. 교과서, 교실, 학교를 넘어 시대·사회적 맥락에 대해 질문을 품어 보자. 우리가 함께 품은 질문은 아이들에게 교육과정과 수업으로 경험되며, 어쩌면 그 경험이 아이들에게 지금과는 다른 삶을 꿈꿀 수 있는 씨앗이 될지도 모를 일이다.

학습과 실천의 연계, 이렇게 합니다

학습 조직 만들기 어떻게 구체화할까

아이들에게 살아갈 힘을 키워 주기 위해 함께 학습하고 실천할 것은?

아이들에게 살아갈 힘을 키워 주기 위한 학습과 실천은 무엇인가? 우리는 무엇을 함께해야 하고 무엇을 함께할 수 있을까? 이 질문에 대한 해답은 시대에 따라 그리고 학교가 처한 상황에 따라 다르다. 각자의 해답을 찾아내는 힘은 시대·사회적 맥락 속에서 본질을 질문하는 데서 비롯된다.

전문적 학습공동체는 학교 구성원 모두가 관계의 질적 변화를 통해 교사, 학교, 그리고 교육의 존재 이유를 찾아가는 과정이다. 그럼 그 과정에 어떤 내용을 담을 것인가? 다음은 전문적 학습공동체에서 공동 연구, 공동 실천하고 있는 내용이다. 임의로 세 영역으로 분류했을 뿐 그 경계가 분명하지는 않다. 중요한 것은 교사들이 함께 학습하고 실천하는 내용이 우리가 살아가는 삶과 세상과 분리되어 있지 않다는 것이다. 교육은 가장 인간다운 행위이자 삶을 가꾸어 가는 과정이기 때문이다.

전문적 학습공동체의 공동 연구, 공동 실천 영역

영역	공동 연구, 공동 실천 내용
학교문화 및 시스템 조성	정서적 관계 맺기, 교사 리더십, 교사 자신에 대한 이해, 내면의 교사 만나기, 학교 및 교사의 정체성, 조직 진단, 업무 경감, 민주적 회의 문화 조성(다양한 소통 방법), 학교 평가, 대토론회, 학교자치 등
교육과정-수업-평가	비전 세우기, 교사 철학 세우기, 비전 공유하기, 학교 교육과정 만들기, 학년 교육과정 만들기, 학습자 주도 수업 실천, 학생 중심 수업, 개별화 교육, 보편적 학습 설계, 미래 사회 이해, 미래 사회에 필요한 역량, 시대적·사회적 맥락, 프로젝트 수업, 퍼실리테이션, 디자인 싱킹, 체인지 메이커, 연극 수업, 비경쟁토론, 생태 수업, 평가에 대한 이해, 피드백이 있는 과정 중심 평가, 교육과정-수업-평가-기록 일체화 등
생활교육	민주시민교육, 인권교육, 상담, 학생 심리 이해, 회복적 생활교육, 대화법, 비폭력대화, 공감대화, 감정 코칭, 학급긍정훈육, 평화교육, 학생 이해, 학생 발달 단계, 인문학, 심리학, 생활 협약 만들기 등

다음은 공동 연구, 공동 실천 예시이다.

학교문화 및 시스템 조성을 주제와 연결한 공동 연구 공동 실천 사례

주제 1	교육에 집중할 수 있는 학교 만들기
주제 탐구 및 공동 연구 활동 내용	• 우리 학교 업무 꺼내 놓고 공유하기 • 덜어내기 워크숍 운영하기 • 선택과 집중 결정하기
공동 실천	각 부서 업무 조정 및 조율하기
주제 2	철학과 성찰에 기반한 학교 조직 진단 워크숍
주제 탐구 및 공동 연구 활동 내용	• 우리 학교 민주적 운영체제 그래프 진단 워크숍 • 전문적 학습공동체 6각형 진단 워크숍 • 윤리적생활공동체 핵심 키워드 찾고 진단하기
공동 실천	영역별 강점, 약점 찾기와 실천 방안 브레인스토밍
주제 3	교사 리더십 워크숍
주제 탐구 및 공동 연구 활동 내용	• 교사 리더십 주제 강연 듣기 • 리더십 관련 독서토론 • 나의 교사 리더십 이해하기 워크숍 • 수업을 통해 동료의 리더십 발견하기
공동 실천	• 나의 교사 리더십을 발현하는 수업 실천하기 • 나의 실천 사례 나누기

교육과정 - 수업 - 평가를 주제와 연결한 공동 연구 공동 실천 사례

주제 1	삶을 위한 교육과정 만들기	
주제 탐구 및 공동 연구 활동 내용	• 삶을 위한 교육과정 이해 주제 강연 • 삶을 위한 교육과정 사례 나눔 • 삶을 위한 교육과정 수업 공동 구상	
공동 실천	• 삶을 위한 교육과정 수업 공개 • 삶을 위한 교육과정 수업 연구회	
주제 2	학교 교육과정 공동 연구와 설계	
주제 탐구 및 공동 연구 활동 내용	• 우리 학교 교육과정 비전 공유하기 • 비전을 바탕으로 학교 교육과정 진단하기 • 교육과정 제안서 쓰기	
공동 실천	학교 교육과정 실천 방안 브레인스토밍하기	
주제 3	성평등 프로젝트	
주제 탐구 및 공동 연구 활동 내용	• 성평등 독서토론하기 • 성평등 프로젝트 교육과정 개발하기 • 온작품 도서 선정하기	
공동 실천	• 성평등 프로젝트 블렌디드 러닝으로 수업하기 • 수업 개방하기	
주제 4	독서토론	
주제 탐구 및 공동 연구 활동 내용	• 독서토론에 대한 연수 및 워크숍(동학년 교사 강의) • 독서토론 방법을 적용하여 교육과정 개발	
공동 실천	학년 초 국어 교과 연계 독서토론 방법 교육	
주제 5	인권 프로젝트	
주제 탐구 및 공동 연구 활동 내용	『인권수업』 읽고 토의 • '그림책 인권을 말하다' 연수(외부 강의) • 인권 프로젝트 재구성 • 인권 프로젝트 공동 수업안 작성 • 개인별 인권 관련 주제 탐구 학습	• 그림책, 온작품 연계 • 인권에 대해 알기 • 인권 감수성 기르기 • 인권 수업 워크북 개발
공동 실천	• 생활 속 인권 침해 사례 알아보고 개선하기 • 프로젝트 평가 및 성찰	
주제 6	수학 교재 및 교구 개발	
주제 탐구 및 공동 연구 활동 내용	• 원리와 개념 중심의 수학 수업에 대한 이해 연수(동학년 교사 강의) • 원리와 개념 중심의 수학 수업 재구성 • 수학 수업 판서 계획 • 수학 수업 자료 제작	
공동 실천	원리와 개념 중심의 수학 수업 실천 후 수업 협의	

주제 7	온라인 수업에 대한 이해
주제 탐구 및 공동 연구 활동 내용	• 『교실이 없는 시대가 온다』 읽고 토의 • 온오프라인 병행 수업에 대한 연구
공동 실천	온오프라인에 적절한 수업 방법으로 수업 구성
주제 8	성교육 프로젝트
주제 탐구 및 공동 연구 활동 내용	• 『사춘기 내 몸 사용 설명서』 읽고 토의 • 『예민함을 가르칩니다』 읽고 토의 • 성교육 프로젝트 재구성 • 성교육 프로젝트 공동 수업안 작성 • 그림책, 온작품 연계
공동 실천	• 학생 맞춤형 성교육 구성(질문의 해답을 찾아가는 수업) • 학부모 교육 연계 • 프로젝트 평가 및 성찰
주제 9	보편적 학습 설계에 대한 이해
주제 탐구 및 공동 연구 활동 내용	• 『학습격차 해소를 위한 새로운 도전 보편적 학습설계 수업』 읽고 토의 • 보편적 학습설계 적용을 위한 공동 수업 연구
공동 실천	• 보편적 학습설계를 적용한 공동 수업 개발 • 보편적 학습실계를 석용한 공동 수업 콘퍼런스 공유
주제 10	연극 낭독극
주제 탐구 및 공동 연구 활동 내용	• 교육연극, 낭독극에 대한 연수 및 워크숍(동학년 교사 강의) • 역사 프로젝트 재구성 • 역사 수업과 교육연극을 위한 공동 수업안 작성
공동 실천	• 교육연극을 통한 역사 속 인물 되어 보기 • 교육연극을 통한 역사 수업 공개
주제 11	선사시대 프로젝트
주제 탐구 및 공동 연구 활동 내용	• 선사 시대 관련 그림책 읽기 • 프로젝트 수업을 위한 자료 수집, 토론 • 그림책 만들기 연수 듣기 • 선사시대 프로젝트 재구성 • 선사시대 프로젝트 공동 수업안 작성 • 프로젝트 워크북 제작
공동 실천	• 그림책을 통해 선사시대 알아보기 • 다양한 선사시대 유물 만들어 보기, 실제 생활 모습 상상해 보기 • 나만의 선사시대 그림책 만들기
주제 12	생태환경 프로젝트
주제 탐구 및 공동 연구 활동 내용	• 생태환경 프로젝트 재구성 • 생태환경 프로젝트 공동 수업안 작성 • 그림책 연계
공동 실천	• 삶을 바꾸는 생태환경 수업 구성 • 수업 후 학생, 가정, 학교 모두 실천으로 연결하기 • 프로젝트 평가 및 성찰

생활교육을 주제와 연결한 공동 연구 공동 실천 사례

주제 1	평화로운 공동체 만들기
주제 탐구 및 공동 연구 활동 내용	• 집단상담 관련 독서토론 • 교사 말공부 실습(NVC 실습) • 교사로부터 시작하는 평화로운 공동체 내면의 아이 만나기 • 집단상담 실습하기
공동 실천	• 소규모 집단 상담 및 개별 상담 운영 • 운영 후 상호 공유 및 피드백
주제 2	회복적 생활교육 시스템 만들기
주제 탐구 및 공동 연구 활동 내용	• 우리 학교 생활교육 진단하기 • 생활교육 철학 세우기 • 생활교육 협의체와 시스템 구축하기 • 공동 실천 약속 세우기
공동 실천	• 사안 발생 시 회복적 생활교육 함께 적용하기 • 공동의 약속 함께 실천하고 성찰하기
주제 3	생활교육에 대한 이해
주제 탐구 및 공동 연구 활동 내용	• 『교실 속 자존감』 읽고 토의 • 『애착교실』 읽고 토의 • 『보편 문화 나누기』 읽고 공동생활 협약에 대한 이해 • 학생을 바라보는 관점에 대한 토의
공동 실천	• 모든 교사가 같은 언어로 생활교육 실천 • 스쿨별 공동생활 협약 세우기 • 학급별 생활 약속 정하기
주제 4	평화로운 학급 세우기
주제 탐구 및 공동 연구 활동 내용	• 버츄 프로젝트 연수(30시간 원격연수) • 버츄 프로젝트 독서토론 • 생활교육 프로젝트 개발 • 생활교육 수업 자료 공동 개발 • 온오프라인 병행 수업안 작성
공동 실천	• 버츄 프로젝트 수업을 통해 나의 미덕 찾기 • 학급 미덕 울타리 세우기 등

학교마다 교육 3주체가 만든 3행 3무나 존중의 약속이 복도에 걸려 있다. 그리고 해마다 3월이면 기본 생활 습관을 위한 프로젝트를 진행하는 학교들도 많다. 하지만 3행 3무와 존중의 약속은 게시판으로만 남아 있고, 학년 초 약속은 학생들이 스스로 회의를 통해 만든 것이지만 때로는 학생들에게 지우는 의무처럼 느껴지기도 한다.

해마다 지켜지지 않는 약속을 반복적으로 만드는 것이 효율적인가? 꼭 지켜야 할 학교 수준의 약속을 함께 세우고 일관성 있게 지속적으로 지켜 갈 수는 없을까? 이런 질문을 갖고 사문화된 교사 약속과 보호자 약속을 점검하고 협약의 형태로 다시 만들어 볼 것을 제안한다. 협약은 공동체를 위해 함께 지키기 위해 만드는 것이다. 서로 질문하고 소통하며, 지속적으로 실천하는 과정에서 개선점을 찾고, 우리 안에 스며들도록 하는 것이다. 다음 예시는 운산초등학교에서 3주체가 함께 생활협약을 세워 가는 과정이다.

운산초등학교 3주체 생활 협약 세우기 과정

1. 교사 생활 협약 만들기	• 『학교 규칙은 관계 중심인가』 저자 특강(전문적 학습공동체 전체 연수) • 교사 생활 협약 TF팀 구성 • 교사 생활 협약 만들기 1차 연수 및 협의(운산 공동체가 꿈꾸는 수업과 이를 위한 교사 약속 의견 수렴) • 동학년 협의(1차 협의에서 모은 교사 약속 조정) • 교사 생활 협약 만들기 2차 협의(모두 함께 실천할 수 있는 약속을 위한 생각 나누기) • 구글 투표(무기명 투표/ 3단계: 함께 할래요·노력할게요·불편해요/ 불편해요가 1명이라도 있으면 제외하기로) • 교사 약속 영상 제작(교사TF팀 제작)
2. 학생 생활 협약 만들기	• 학생 생활 협약 의견을 모으기 위한 공동 수업안 만들기 (4학년 공개수업용 초안 마련 - 교사 협의체에서 검토 - 공동 수업 자료 완성) • 공동 수업안을 바탕으로 2~6학년 수업 진행 • 학생 생활 협약을 위한 학생자치 협의체 구성(4~5학년 중심) • 학급별 협의체 학생들이 모여 학년 생활 협약안 문구 정리 • 5학년 협의체를 중심으로 학생 생활 협약안 최종 정리 • 학생 약속 영상 제작(학생 협의체 제작)
3. 보호자 생활 협약 만들기	• 학교 이야기 나눔터에서 1차 의견 수렴 • 보호자 생활 협약 협의체 구성 • 구글로 보호자가 학생 수업을 지원하기 위해 지킬 약속 의견 수렴 • 학년별 보호자 생활 협약 협의체에서 의견 유목화 • 구글 투표(무기명/ 3단계: 함께 할래요·노력할게요·불편해요/ 전체 가구 기준 과반수 참여·투표 참여자 2/3가 함께 할래요에 투표) • 보호자 약속 영상 제작(보호자 협의체 제작)
4. 3주체 공유와 약속	• 2월 교사 워크숍에서 교사 생활 협약이 만들어지는 과정 및 협약 공유, 교사 약속 선언 • 3월 기본 생활 습관 학생 프로젝트에서 학생 생활 협약 공유 • 보호자 총회에서 운산 생활 협약의 의미와 보호자 약속 공유

전문적 학습공동체에서 함께 학습하고 실천할 것은 교사로서 우리가 해야 할 중요한 일들이다. 이 중요한 일들은 아이들을 만나 아이들의 삶을 돕는 것으로 모아진다. 만약 이 일에 집중할 수 없다면 그런 학교가 될 수 있도록 시스템과 문화를 만드는 것도 전문적 학습공동체에서 함께 학습하고 실천할 과제이다. 학교마다 처한 상황이 다르므로 동료들과 고민을 나누고 올해 함께 학습하고 실천할 화두를 정하는 것이 좋다. 어떤 화두를 정해 어디에 초점을 둘 것인지는 학교 구성원과 함께 논의할 일이다.

다음은 응곡중학교 전문적 학습공동체 화두의 변천사와 성장 질문이다.

응곡중학교 전문적 학습공동체의 화두

연도	공동 연구, 공동 실천 주된 화두	이 시기의 질문	성장을 위한 성찰 질문
2011~2013	수업 바꾸기	어떻게 하면 수업이 바뀔까?	우리는 왜 수업을 바꾸려 했나? 그리고 왜 바뀌지 않고 있나?
2014~2015	교육활동 중심 학교 만들기	교사들의 마음을 어떻게 얻을 것인가?	모두의 자발성이 살아나는 학교는 어떻게 만들어지나?
2016	교사로 산다는 것, 가르친다는 것	교사의 자발성과 자존감을 어떻게 높일 수 있을까?	생활교육의 간극을 어떻게 극복할 것인가?
2017~2018	회복적 생활교육 시스템 만들기	생활교육의 철학과 실천의 최저점을 어떻게 확보할 것인가?	응곡중의 혁신은 지속가능한가?
2019	기꺼이 따르는 발걸음	응곡중의 혁신 어떻게 지속할 것인가?	모두가 스스로를 리더로 인식하고 리더로 성장하고 있는가?
2020	관계 중심의 교사 리더십	모든 교사의 리더십을 어떻게 발견하고 연결할 것인가?	우리 교육과정은 아이들의 삶에 어떤 도움을 주고 있는가?
2021	삶을 위한 교육과정 만들기	우리가 하는 교육과정은 아이들에게 어떤 삶의 힘을 키워 주고 있는가?	우리가 키워 주고자 하는 삶의 힘은 아이들 한 명 한 명의 행복에 기여하는가?

2011~2013년은 따라 하기 시절이었다. 수업이 바뀌기를 바라는 막연한 꿈을 품고 좌충우돌하며 몇 해를 보내고 응곡중이 찾은 질문은 '우리는 왜 수업을 바꾸려고 했나?'와 '우리는 왜 수업을 바꾸지 못하고 있나?'였다. 이를 해결하기 위해 2014~2015년은 교육활동 중심인 학교를 만들기 위해 업무 경감에 중점을 두었다. 하지만 여전히 교사들의 자발성은 살아나지 않았고 교사들의 마음을 얻지는 못했다.

2016년 교사로 산다는 것, 가르친다는 것의 의미에 대해 본질을 함께 탐구하며 우리가 무엇을 하는 자인지에 대한 정체성 형성에 중점을 두었다. 본질적 질문의 주인이 된 선생님들의 자발성이 살아나기 시작했다. 하지만 아이들을 대하는 태도 면에서 많은 차이가 있었다. 이를 해결하기 위해 2017~2018년에는 아이들과 따뜻한 관계를 만들기 위한 회복적 생활교육 시스템 만들기에 중점을 두었다. 이 시기에 비전을 공유하며 실천하는 최저점이 어느 정도 확보되어 갔다. 2019년에 선생님들의 입에서 응곡중의 혁신이 지속되었으면 좋겠다는 말이 나오기 시작했고, 이에 2019년에는 응곡중의 혁신학교 역사를 돌아보며 지속가능한 혁신학교에 대해 함께 고민하고 실천했다. 모두가 주인으로 사는 학교를 만들어 가기 위해 교사 리더십의 필요성에 대해 논의했고, 2020년 화두를 관계 중심 교사 리더십으로 정해 모두의 리더십을 발견하고 연결하기 위한 활동에 중점을 두었다.

그리고 10여 년의 실천으로 만들어 가고 있는 교육과정을 돌아보자는 성장 질문을 품고 2021년을 준비했다. 코로나 상황에서 아이들의 삶을 지원하는 교육과정을 어떻게 구현할 것인가에 초점이 맞춰졌고 2021년 이후에는 화두를 '삶을 위한 교육과정'으로 정해 운영했다. 전문적 학습공동체의 화두는 주제 연수, 독서토론, 수업 공동 구상과 수업 공개, 수업 연구회, 대토론회, 교육과정 만들기, 교육과정 나눔회, 학교 평가, 독서토론의 주된 질문이 된다. 응곡중이 공동 연구, 공동 실천해 온 내용은 응곡중이 처한 상황과 고민에서 비롯된 실천이었다. 학교와 교육의 주인이 된 교사들이 자기 질문을 갖고 고민을 나누고, 저마다의 개인적 고민이 집단의 고민과 실천으로 이어질 때 교사들의 자발성을 기대하고 지속성을 담보할 수 있다. 우리 학교 선생님들의 주된 고민과 질문이 무엇인지를 나누며 우리 학교의 성장 화두를 나누는 과정은 매우 중요한 의미를 지닌다. 이 과정을 통해 우리 학교를 함께 들여다보고 학교의 주체가 되는 경험을 축적할 수 있다. 우리 학교의 성장 화두가 전문적 학습공동체뿐 아니라 학교 전체를 관통하는 질문으로 작동할 때 개인뿐 아니라 학교의 교육력까지 함께 성장할 수 있다.

학습이 실천으로 이어지려면 우선 교사의 학습 지향성을 살려 내야 한다. 그리고 우리가 함께 학습하는 과정이 성숙의 과정으로 이어질 때, 학습이 자연스럽게 교육과정과 수업에 그리고 잠재적 교육과정에 스며들며 꽃을 피운다.

✓ 이럴 때 이런 워크숍

워크숍 실존적 질문에 기반한 공동 연구, 공동 실천 주제 찾기

활동의 의미

내가 속한 시공간에서 우리는 실존하고 있는가? 사전에서는 실존을 "실존 철학에서 개별자로서 자기의 존재를 자각적으로 물으면서 존재하는 인간의 주체적인 상태"라고 정의 내리고 있다. 주체가 되어 깨어 있는 자로 살아가기 위해 우리는 교사로서 어떤 질문을 품고 아이들을 만나고 있는가?

우리가 살아가는 세계와 연결된 삶의 방향에 대한 고민은 끝이 없다. 공론화된 자리에서 교사에 관한 질문에 대해 생각을 나누는 것은 깨어 있는 주체로서의 삶을 지속하는 원동력이 된다. 다음에서는 실존적 질문을 통해 공동 연구 및 공동 실천 주제를 찾는 과정을 워크숍으로 제안해 보았다.

활동 전개의 실제

단계	워크숍 흐름	길잡이
1	• 오늘 함께 나눌 본질적 질문의 필요성에 대해 이야기한다.	• 워크숍의 기본 전제가 되므로 충분히 이야기를 나누면서 왜 이러한 워크숍이 필요한지 모두 공감할 수 있도록 한다.
2	• 첫 번째 질문 '교사는 누구인가?'를 제시하고 모둠과 자유롭게 이야기를 나누도록 한다. • 두 번째 질문 '교사는 무엇을 하는 자인가?'를 제시한다. • 한 명을(모둠장) 제외하고 모둠을 옮기도록 한다. 모둠장은 지금까지 나온 이야기를 공유하고 의견을 보태 주기를 제안한다. • 세 번째 질문 '교사는 무엇을 알아야 하는가?'를 제시한다. • 한 명을(모둠장) 제외하고 모둠을 옮기도록 한다. 모둠장은 지금까지 나온 이야기를 공유하고 의견을 보태 주기를 제안한다. • 본 모둠으로 돌아와 우리가 함께 알아야 할 것을 유목화한다. • 유목화한 것 중 함께 학습하고 싶은 것을 3개 정한다.	• 전지를 준비해 흔적으로 남기도록 한다. • 모둠을 옮길 때는 우리 모둠 사람을 만나지 않을 수 있는 곳으로 가도록 안내한다. • 월드카페 형식으로 진행한다. • 그림 카드를 이용해 생각을 더욱 쉽게 나누도록 운영할 수도 있다.
3	• 모둠별로 제안한 내용을 유목화한다. • 올해 우리 학교에서 함께할 주제를 선정한다.	• 유목화한 내용을 세부 내용으로 하고 전체 주제를 크게 잡을 수도 있다.

이런 어려움, 이렇게 해결합니다

❓ 공동 연구, 공동 실천을 하고 싶으나 시간이 없습니다.

공동 연구 공동 실천이 좋다는 건 알겠습니다. 하지만 현실적으로 시간이 잘 나지 않습니다. 학교는 늘 바쁜 곳이고, 교사에겐 늘 시간이 없습니다.

❗ 학습 조직을 만들기 위해서는 학습이 가능한 시공간을 확보하는 시스템 구축이 필수입니다. 초기 이러한 환경을 구축하기 위한 내용으로 전문적 학습공동체의 내용을 구성해도 좋습니다. 공동의 워크숍을 운영해서 버릴 것은 버리고 우리가 더 힘을 실을 것을 선택해 집중해야 합니다. 그리고 무엇보다 이 과정에서는 교사들에게 수용의 경험이 필요합니다. '열심히 회의하면 뭐 하나? 어차피 받아들여지지 않을 텐데'라는 학습된 좌절을 멈출 수 있는 수용의 경험 축적이 교사들의 자발성을 살아나게 합니다. 이런 의미에서 민주적 학교를 만들어 가는 것이 중요합니다.

❓ 공동 연구, 공동 실천은 모두 같은 주제로 하나요?

교사마다 각자 상황에 따라 연구하고 싶은 주제가 다를 수도 있지 않을까요?

❗ 학습공동체는 주제, 학년, 교과별 등 다양하게 구성할 수 있습니다. 하지만 전체가 함께 고민하고 실천할 공통 주제는 함께 정해서 함께 학습하고 실천하는 것을 권장합니다. 우리 학교 비전을 중심으로 함께 학습하고 실천하면서 만들어지는 연결점이 공동 기억을 만들어 내고 공동체적 감각으로 이어지며 이러한 일련의 과정이 우리 학교의 정체성을 형성하게 합니다. 그리고 그렇게 연결된 사람들이 진심이 담긴 창의적 교육과정을 만들어 냅니다.

❓ 우리 학교 선생님들과 공동 연구, 공동 실천 함께하고 싶은 마음이 안 납니다.

모여서 뭔가 하자고 하면 부정적인 반응을 보이기 일쑤이고, 어떻게든 빨리 끝내거나 건성인 태도로 임하는 분들도 있습니다. 꼭 함께 뭔가를 해야만 하는 걸까 회의감이 들기도 합니다.

❗ 전문적 학습공동체의 성공을 위해서는 교사라는 세상을 연결하는 것이 중요합니다. 연결을 위해서는 서로의 세상을 만나야 합니다. 동료 교사에 대한 호기심을 살려 내는 것, 그것을 서로의 수업에 대한 호기심으로까지 연결하는 것이 중요합니다. 수업 공개를 부담스러워하는 이유 중 하나는 자신을 드러내는 것에 대한 두려움 때문입니다. 이 두려움의 바탕에는 완벽하게 해내야 한다는 압박이 있고, 이 압박의 근원은 그동안 경험한 부정적인 학교문화에 있습니다. 함께 기대어 가면 힘이 된다는 경험의 축적이 필요합니다. 이를 위해 교사 상호 간의 관계 맺기에 정성을 들여야 합니다.

5 　개방과 공유로 성장하다

푸른고등학교 이야기

"아무튼 전 안 하겠어요."

"그렇다고 신규 선생님이나 전입 선생님께 바로 공개수업 맡기는 건 좀 그렇지 않나요?"

"다들 그렇게 많이 하지 않나요? 신규 때 그런 거 많이 하면서 성장하는 거죠."

수학 교과부장인 신 교사는 난감한 표정으로 입을 다물었다. 그렇게 싫다는 데야 별수 없었다. 작년에는 신 교사가 교과 대표로 공개수업을 했고, 다섯 명의 수학 교사 중 세 명이 전출하여 우 교사와 신 교사만 남았다. 전입한 두 교사와 신규 교사 한 명, 이렇게 다섯 명 중 누군가가 올해의 공개수업을 해야 했다. 교과별로 한 사람씩 대표 공개수업을 하고, 그 수업을 주변의 다른 학교에도 개방해야 하는 것이라 부담스러운 상황인 것은 맞았다.

"그럼, 죄송해서 어쩌지요? 혹 선생님들 중에 공개수업을 해 주실 분이…."

침묵이 흘렀다. 이런 순간이 낯선 것은 아니었다. 조금만 버티면 일 년이 편하다. 2월의 교과 협의회에서 꿋꿋이 잘 버티면 된다…. 누군가 힘겨운 역할을 감당해야 하는 상황을 어떻게든 극복하기 위해, 교사들은 이런 식의 '삶의 지혜'를 터득해 왔다.

어떻게든 수업 공개를 피하려 하는 동료 교사들의 마음이 이해되지 않는 바는 아니었다. 수업 공개를 해 봐야 그저 그런 주례사 같은 형식적인 칭찬들만 주고받고 끝이다. 간혹 누군가가 성취기준과 수업 내용이 안 맞는다거나 하는 입바른 소리를 하기라도 하면 수업에 도움이 되지는 못하고 마음만 팍 상한다. 도마 위에 날 생선으로 올라간 기분으로 자신의 수업을 드러내야 하는 상황을 맞는 것이 달갑지 않은 것이다. 그래서 서로서로 수업 공개는 빨리 나가 주는 게 도와주는 것이라는 농담을 주고받으며, 한 시간 내내 수업을 지켜본 교사에게 눈치를 주면서, 그렇게 교사들은 서로의 수업을 감추며 살고 있었다.

서로의 수업을 열고, 교실을 열고, 따뜻한 관계를 기반으로 서로의 훌륭한 점을 배우고 부족한 점을 메꾸어 주면서, 함께 성장하는 학교는 그야말로 세상에 존재하기 어려운 몽상인 것일까. '정말 지루하군!' 신 교사는 속으로 생각했다.

그때였다.

"… 그럼 제가 공개수업을 해도 될까요?"

전입 교사인 양 교사가 수줍은 얼굴로 입을 열었다.

"학생들이 주도적으로 만들어 가는 수업을 해 보고 싶은

데, 어떻게 주도성을 만들어야 하는 건지 고민이 많아요. 수업을 열고 선생님들께 많이 가르침을 받고 싶네요.”

신 교사는 잠시 말문이 막혔다. 그랬나. 너무 쉽게, 현실이 그러니 할 수 없다고 생각했었나. 그냥, 하면 되는 것을!

“어어… 그럼요, 그럼요! 선생님, 정말 감사한데요!”

“그럼 선생님들, 수업 지도안 만드는 것을 같이 의논해도 될까요?”

“네, 네! 그럼요 그럼요!”

“네! 그럼 제가 생각해 본 것을 먼저 말씀드리면요….”

교사들의 이마가 서로를 향해 가까워졌다. ‘오호, 이건 신선한데!’ 신 교사는 생각했다. 위에서 이 장면을 내려다보자면 마치 꽃잎이 피어난 것 같겠다고, 신 교사는 또 문득 생각했다.

개방과 공유로 성장한다는 것은

개방에 대한 두려움은 함께하는 힘으로 극복 가능하다

교사는 각자의 교실에서 혼자 학생들을 가르치기 때문에 개인주의 성향에 빠지기 쉬운 직업 중 하나라고들 한다. 하지만 급변하는 시대를 사는 아이들 한 사람 한 사람에게 적합한 교육을 하기 위해서는 교사 개인의 지식과 경험으로는 한계가 있다. 개인적으로 아무리 능력이 뛰어나거나 좋은 교육을 하고 싶은 열정이 넘치는 교사라 하더라도 혼자 힘으로 시대 변화를 온전히 따라가는 것은 불가능에 가깝다. 때로 교사는 고립된 교실 속에서 교육적 곤경에 빠지거나 무력감에 젖기도 한다. 그러면 어떻게 해야 할까?

학교 안에서 답을 찾아야 한다. 내 가까이에 있는 동료 교사들과 손을 잡아야 한다. 그런데 실제로는 일상적인 교실을 개방하는 것, 수업을 개방하는 것에 많은 교사가 두려움과 거부감을 느끼곤 한다. 교실이나 수업 개방을 동료들의 비판 앞에 서는 것이라고 생각하거나, 굳이 개방과 공유에 대한 필요성을 느끼지 못하기 때문일 것이다. 하지만 교실은 교사만의 사적 공간이 아니라 교육의 공공성을 구현해야 할 공적 공간이다. 교실을 열고 수업을 여는 것은 공동체의 힘으로 공동의 지향을 만들어 가며 가장 적절한 해결 방안을 함께 찾아 문제를 풀어 가는 협력과 연대의 과정이다. 학교 안에서 동료 교사들과 함께하는 데 적절한 방법이 전문적 학습공동체이다.

서로 다른 이들이 함께 무언가를 해 나가는 것은 저절로 이루어지지 않는다. 동료성을 기반으로 한 관계가 먼저 형성되어야 한다. 관계 위에서 소통이 이루어지고, 공유가 생겨나며, 그로부터 성장이 이루어진다.

초등학교에서 '교실 나들이'는 관계와 소통으로부터 공동의 연구와 실천을 이끌어 내는 유용한 방법으로 활용되고 있다. 교사들은 각자의 교실을 열고 자신들이 교실에서 겪고 있는 문제와 어려움을 나눈다. 그 과정에서 자연스럽게 문제의 해결책을 공동으로 논의하고, 그것이 교육과정이나 수업의 설계로 이어진다.

중등에서는 교과별 연구회, 독서회, 학년별 연구회, 교내 포럼, 소모임 등을 통해 개방과 공유의 힘을 학교에 불러들이려고 노력하고 있다.

이처럼 교사들이 함께 협력하고 교육 내용을 나누다 보면 질적으로 높은 교육활동들이 나타나고, 자연스럽게 그 안에서 교사도 성장하게 된다. 교사들은 기본적으로 배움에 대한 욕구가 강하고 끊임없이 성장하고 싶어 하는 사람들이다. 이렇게 함께 연구하고 실천하다 보면 두려움이 설렘으로, 무기력이 신나는 열정으로, 고립감이 단단한 연대감으로 바뀌는 행복한 경험을 하게 될 것이다.

개방과 공유의 공동체, 이렇게 만듭니다

개방과 공유의 공동체 어떻게 구체화할까

1. 교실 나들이(초등의 경우)

초등학교에서의 교사 학습공동체는 주로 학년 단위로 진행된다. 한 학년이 한 팀으로 공동 운명체가 된다. 교사들이 자기 교실의 이야기를 할 수 있도록 자리를 마련하는 것이다. 교실에서 있었던 문제와 어려움을 서로 나누면서 함께 해결하는 과정을 통해 동료성이 형성되고 교육활동의 질적 발전이 이루어진다.

수업 공개를 통한 개방은 교사에게 많은 부담을 안겨 준다. 수업 공개보다 좀 더 쉬운 방법으로 일상적 교실 개방을 통해 함께 모여 서로의 교실 이야기를 하고 수업 경험을 나누는 것이 교실 나들이다. 교실 나들이로 시작하는 개방과 공유는 부담이 적어 교사들이 적극적으로 참여할 수 있다.

교실 나들이의 시작은 생활인으로서 서로에 대한 이해이다. 일상의 모습을 공유하고 서로를 지지하고 격려하는 분위기에서 서로 신뢰하는 관계가 형성된다. 또 신뢰 위에서 교사들이 교육에 대한 고민을 부담 없이 드러내고, 교육과정을 이야기하고, 수업을 개발하면서 교사로서 자존감을 찾게 된다. 자연스럽게 수업을 개방하고 공유하는 데까지 나아가기도 한다.

보평초등학교에서는 학년별 교실 나들이가 활성화되어 있다. 교실 나들이는 주 1~2회 정도로 진행된다. 모임이 있을 때마다 돌아가면서 교실을 방문하고 그 교실의 주인이 호스트가 되어 모임을 진행한다. 서로의 삶과 교실의 이야기를 함께 나누면서 인간적인 유대감을 형성하고, 수업을 함께 구성하고 실천하면서 교육적 성취를 맛보게 된다. 그 과정에서 동료 교사들과 느끼는 '감동적인 경험', '즐거운 경험'을 통해 교육을 더 잘할 수 있도록 교사가 되어 간다. 교실을 열고 함께 실천하면서 자연스럽게 교사 개인주의가 극복된다. 서로 개방하고 공유하는 문화가 일상으로 자리 잡게 된다. 모두가 주인이 되는 학습공동체가 운영된다.

교실 나들이에 참여하고 난 뒤 교실 나들이 내용과 배움에 대한 성찰을 '교실 나들이 일지'로 작성해서 기록으로 남기면 좋다. 모임이 끝난 뒤 간단히 일지를 작성하고 다음 모임에서 성찰한 내용을 공유하면서 학습한다. 중요한 것은 학습을 통해 배운 것과 이를 통해 수업과 연계되는 지점들을 적절히 기록하는 것이다. 이 과정이 반복된다면 새로운 학습에 대한 영감과 도전이 자연스럽게 이어질 수 있다.

2. 수업 개방

다른 교사들이 자신의 수업을 평가하려는 의도로 수업 개방에 참여한다는 인식 때문에 수업 개방을 꺼리는 교사들이 많다. 수업을 교사 개인의 몫으로 보지 않고, 함께 연구하고 개발하는 공동 연구 및 공동 수업의 관점으로 접근해야 한다. 수업 성찰 모임을 교사의 수업 능력을 평가하는 자리가 아니라 학생들의 진정한 배움은 언제 일어나는지 관찰하는 자리로 만들어야 한다.

1) 셀프 수업 녹화 편집, 수업 반성

쉽게 접근할 수 있는 수업 성찰 방식은 셀프 수업 녹화 편집과 수업 반성이다. 이는 자신의 수업을 녹화해서 수업을 분석하고 스스로 반성해 보는 자기 성찰의 수업 방식이다. 각자 자기 성찰을 한 후 교사 학습공동체에서 대화를 통해 나누는 형태로 수업을 공유하는 것인데, 수업 개방을 부담스러워하는 교사들에게 적합한 방법이다.

2) 수업 에세이 쓰기 공유하기

수업을 녹화하는 방식이 어렵다면 수업 에세이를 써서 동료 교사들과 공유하는 방법도 있다. 자신의 수업을 간단한 에세이 형태로 기록하고 교사 학습공동체에서 나누는 방법이다.

3) 수업 친구

자신의 수업을 공개해도 많이 부담스럽지 않은 수업 친구를 만드는 방법도 있다. 수업 친구와 함께하는 수업 공개 방식은 수업에 참여할 수 있는 시간을 정하기도 쉬워서 자주 수업을 개방할 수 있다는 장점이 있다. 서로의 수업을 보면서 자신의 수업을 돌아보고 함께 이야기 나누면서 수업을 개선하는 방식이다. 서로의 수업을 관찰하고 수업을 개선할 수 있도록 도와주고 함께 팀티칭을 하는 등 협력적으로 학생들을 가르치게 된다.

수업을 공개하고 공유하는 수준을 넘어 교사 학습공동체를 통해 함께 수업 주제 정하기, 공동 수업안 개발, 수업 중 학생들과 소통하는 과정, 수업에 필요한 다양한 수업 자료 등 수업의 전반적인 부분을 동료 교사들과 나누게 되면 서로 배우고 성장할 기회가 확대된다. 또 혼자서 수업을 준비하는 것보다 훨씬 효과적이어서 수업을 통해 학생들의 변화와 성장을 바라보게 되고 더불어 교사 자신도 성장하게 된다.

3. 교육과정 설명회 및 평가회

학교 전체적으로 각 단위 교사 학습공동체에서 함께 만들어 가는 교육과정과 그 속에서 고민하는 이야기들을 나누는 자리를 한 해에 1~2회 정도 마련하는 것이 좋다. 매 학기 초에 학교의 구성원들이 한자리에 모여 교사 학습공동체에서 계획한 '무엇을 어떻게 가르칠 것인가'를 공유하는 자리에서 다양한 의견들을 적극적으로 개진하고 교육과정에 반영될 수 있게 하며, 학기 말에는 '무엇을 어떻게 가르쳤는가'를 주제로 실천했던 결과물을 나누고 공유하는 자리를 갖는다. 각종 연구회와 학년 단위별 프로젝트 결과물을 공유하다 보면 자연스럽게 교육과정의 연계성에 대해 고민해 볼 수 있고, 서로에게 긍정적인 영향력을 발휘할 수 있다. 또 모두의 의견을 적극적으로 반영하다 보면 구성원들의 주체성이 높아지고 책임감도 강해진다. 그 과정에서 자연스럽게 공동체가 함께 성장하는 경험을 하게 된다.

4. 학교 개방형 콘퍼런스를 통한 학교 간 개방과 교류

학년 말에 교사 학습공동체들이 모두 모이는 학교 단위로 콘퍼런스를 개최한다. 여기에서 학습에 대한 성과를 되돌아보고, 학습 방향과 주제를 정해 볼 수 있는 계기를 마련한다. 교육과정 설명회 및 평가회가 교내 단위에서 이루어진다면, 콘퍼런스는 일반적으로 교내외의 다른 학습공동체와 공동으로 운영하는 경우가 많다. 인근의 학교에서 운영되었던 교사 학습공동체의 학습 성과를 공동으로 발표하고 공유하는 자리이다. 외부로의 공개이다 보니 학교의 좋은 점만을 부각하기 위해서 보여주기식 콘퍼런스로 그칠 때가 많다는 평가가 있다. 있는 그대로의 모습을 개방하고 함께 해결책을 모색하다 보면 많은 분의 도움을 받을 수 있다. 부담스럽지만 개방을 하면 한 걸음 더 발전하게 된다.

5. 인근 학교와의 연계를 통한 전학공 운영

1년에 1~2회 정도 인근 학교의 동 학년 교사들을 초청해서 함께 전문적 학습공동체 시간을 운영하는 방식이다. 같은 학년 학생들을 가르친다는 공동의 관심사에서 출발하여 학생들의 생활교육에 대해 논의할 수도 있고 교육과정을 재구성해 보는 것도 좋다. 함께 교육과정을 재구성해서 각자의 학교에서 수업하고, 수업 후 협의회를 공동으로 함으로써 서로에게 긍정적인 영향력을 미칠 수 있다.

6. 경험의 축적

1) 책자 발간

교사 학습공동체에서 한 해 동안 고민하며 실천했던 이야기들을 기록하고 나누는 과정을 통해 교사들은 서로에게 선한 영향력을 미치며 함께 성장할 수 있다. 각 학습공동체에서 실천했던 결과물의 기록을 모아서 자료집으로 만드는 과정이 자칫 부담스러울 수 있지만, 막상 자료집을 받아 보면 한 해 살이가 총정리되는 뿌듯함을 느끼곤 한다. 또 다른 학년이나 연구회의 결과물들을 살펴보면서 교육과정의 연계성에 대해 고민하고 다른 학습공동체의 좋은 사례들을 벤치마킹할 수도 있다. 그렇게 서로에게 자연스럽게 긍정의 영향력을 발휘할 수 있고, 학교의 역사가 해마다 기록물로 남아서 교육 경험을 축적해 갈 수 있다.

2) 디지털 기록

디지털 기록은 시간이 지나면 질이 떨어지거나 손상될 우려가 있는 정보들을 디지털화해서 보관하는 것을 말한다. 디지털 기록을 활용하면 자료를 영구적으로 안전하게 보관할 수 있을 뿐 아니라 여러 사람이 손쉽게 접근할 수 있다. 주로 학교 단위로 서버에 공유 플랫폼을 구축해서 각 교사 학습공동체 단위의 결과물을 탑재하는 형태로 운영하는데, 외장 하드에도 같은 방식으로 기록물을 보관해서 그다음 학년도에 전하는 형태도 추천할 만하다. 이렇게 기록을 남기다 보면 매해 기록이 쌓여 그 학교의 아카이브를 자연스럽게 만들어 갈 수 있다.

개방과 공유, 용기의 첫걸음, 성장의 큰 걸음

'개방과 공유'는 참 부담스러운 말이다. 누군가에게 자신을 개방하는 일에는 큰 용기가 필요하다. 그래도 우리가 함께 성장하기 위해서는 개방하고 공유해야 한다. 그 과정에서 스스로 성장하게 된다. 결국 개방은 자기 자신을 위해 하는 것이다. '교실 나들이', '스쿨 협의회'를 통한 일상의 개방으로 시작하여, 학교 내부적으로 학기 단위나 1년 단위로 개방과 공유의 자리를 마련하여 교사 학습공동체 간의 고민과 성찰을 해야 한다. 지속적인 운영과 발전을 위해 운영 과정에서 생긴 문제나 우수 사례 등을 공유하고 성찰한다면 더욱 긍정적인 영향을 줄 것이다.

✓ 이럴 때 이런 워크숍

워크숍 1 수업 전 활동: 수업 공동 구상하기

활동의 의미

교사의 세상은 수업으로 구현된다. 그동안 그 세상에 대한 개방은 연구 수업이라는 이름으로 가장한 채 각자의 잣대로 평가되는 평가회로 운영되었다. 폭탄 돌리기 순번이 되어 공개한 연구 수업을 참관한 교사들의 날 선 말들은 상처를 남기고 교사들이 교실의 빗장을 걸게 만들었다. 교사들은 자신의 세상을 드러내기 두려워졌고, 그 두려움은 형식적 보여 주기 수업 공개로 드러났다. 그렇게 서로의 삶을 만날 수 없는 가공된 시공간에서 우리는 진심을 다할 수 없다. 이렇듯 너무 멀어져 버린 서로의 세상을 이을 수 있는 가교는 없을까? 교사의 삶, 신념, 가치, 윤리 등 이 모든 것의 총체가 수업이다. 이를 위해 수업 공동 구상, 수업 관찰, 수업 연구회의 3단계를 유기적으로 연결하여 운영할 필요가 있다. 함께 고민하고 기여하는 경험을 하며 서로에게 동료로 존재하게 된다. 수업 공개를 하기 전 수업에 대한 구상을 함께 나누는 것부터가 시작이다.

활동 전개의 실제

단계	워크숍 흐름	길잡이
1	**[수업 공개 교사의 수업 비전 나누기]** • 수업 공개 교사가 지향하는 수업 비전 공유하기	• 수업자는 공개하는 수업을 통해 아이들이 무엇을 어떤 과정과 어떤 모습으로 어떻게 배우기를 바라는지를 구체적으로 말한다. • 수업자가 수업의 흐름을 짜 오지 않아야 공동 구상이 집단지성으로 이어질 수 있다.
2	**[수업 공개 반에 대한 수업자의 화두 나누기]** • 수업할 학급에 대해 기대하는 것과 수업과 관련해 예상되는 어려움을 이야기하기 - 지원이 필요한 학생, 모둠 등에 대해 이야기 나누기	• 공개 반을 집단으로 보는 것이 아니라 한 명 한 명의 역동을 이야기하기 • 수업과 관련해 함께 나누고 싶은 고민, 주제, 질문 등에 대해 이야기하기
3	**[수업 아이디어 모으기]** • 수업자의 수업 비전이 실현되기 위한 다양한 생각 열기, 생각 나누기, 공유하기 활동에 대한 아이디어 제안하기	• 수업자의 화두에 대해 아이디어 제안하기

단계	워크숍 흐름	길잡이
4	**[수업 참관 역할 나누기]** • 관찰 모둠 및 관찰 학생 나누기 **[수업자 수업 디자인 정리하기]** • 수업자는 수업 디자인 가안을 이야기하기 • 수업자는 동료 교사의 아이디어를 들은 소감 이야기하기	

활동 시나리오 및 활동지(예시)

○○선생님의 공개수업에 대한 공동 구상 시간을 갖도록 하겠습니다. 먼저 수업을 공개하는 선생님께서는 공개하시는 반을 알려 주시면 공개 반에 대한 선생님들의 고민을 들어보는 시간을 갖도록 하겠습니다. **고민을 나누는 시간이므로 '내 수업에는 잘한다 그렇지 않다' 등의 발언은 하지 말아 주시기를 부탁드립니다.**
☆반과 ☆반에 대해 이러한 고민, △△학생에 대한 지원이 필요하다는 말씀이 공통적으로 나오고 있습니다. ☆반에 대해서는 ( )모둠을, ☆반에 대해서는 △△학생을 배우도록 지원하는 것으로 해결과제를 정하는 것에 대해 동의하시나요?
수업 공개 선생님께서는 무엇을 어떤 과정으로 어떻게 배우기를 바라는지에 대해 이야기해 주시면 감사하겠습니다.
선생님들께서는 ○○선생님이 기대하는 수업을 위해 실현하기 위한 아이디어를 주시면 감사하겠습니다. 수업 디자인의 최종 결정자는 수업자입니다. **수업자의 의견을 최대한 존중해 주시면 감사하겠습니다.**
☆반과 △△학생에 대해 참관 시 어떻게 협력할지에 대해서도 이야기해 주시면 감사하겠습니다(예시: △△학생 집중 관찰자 정하기, *모둠 집중 관찰해 기록하기, △△이와 △△이 관계 살피기 등).

수업 공개 지도안

○○중학교 ( )학년 ( )반		수업 교사	
수업 교과		일시	. . ( )교시

수업 주제	
교육과정	
성취기준	
단원 전체의 흐름	
해당 단원, 해당 차시 수업을 통해 무엇을 배우기를 기대하는가?	
해당 차시	* 이 부분은 공동 구상 후 작성해 주세요.
수업 흐름	
함께 나누고 싶은 주제, 질문, 고민 등	

공동 구상 워크시트

수업 교사		교과		공개 학급 (교시)	
수업 흐름	생각 열기, 관계 맺기 (도입)	생각 나누기 (탐구, 배움)		공유하기(정리)	
활동 디자인					
수업 형태 (온라인, 대면)의 특성을 반영해 고려할 점					

워크숍 2　수업 후 활동: 성찰이 있는 수업 연구회 진행하기

활동의 의미

수업을 나눈 후 수업에 대한 고민과 성찰을 함께 나누는 방법을 워크숍으로 제안하였다. 수업을 나누는 시간은 수업을 공개한 선생님의 삶을 함께 읽고 해석하는 시간이다. 그러므로 그 시간은 지지와 감탄의 시간이 되도록 구성해야 한다. 공동 구상한 수업을 참관한 후 수업 연구회를 진행하는 워크숍을 다음과 같이 제안하였다.

활동 전개의 실제

단계	워크숍 흐름	길잡이
1	• 공동 구상한 수업 참관 • 참관 교사의 참관록 작성 • 수업자 수업 디자인 의도와 소감 발표 • 키워드 작성하기 • 참관 소감(참관록 내용을 기반으로) 나눔	
2	• 수업자가 제안한 고민, 주제, 공통 과제에 대한 의견 나눔 • 수업자 소감 • 전학공 공통 질문에 대한 생각 나누기	

활동 시나리오 및 활동지(예시)

수업 연구회 흐름(안)

수업 연구회 진행 시나리오 예시

1. [참관록 작성하기] 10분 정도 참관록 작성 시간 갖기
○○선생님 수업연구회를 시작하겠습니다. 10분 정도 참관록을 쓰는 시간을
갖도록 하겠습니다. 수업 연구회는 평가의 자리가 아니므로 평가적인 발언을
하지 말아 주시기를 부탁드립니다.

2. [수업 디자인 의도와 소감] 수업자는 수업 설계의 의도와 수업을 하며 느낀 점을
이야기하기
오늘 수업을 공개해 주신 ○○선생님께서 수업 디자인 의도와 수업 소감을
말씀해 주시겠습니다.

3. [참관록 질문 키워드 작성] 참관록 1, 2, 3, 4에 대한 자신의 생각을 포스트잇에 적기
참관록 1, 2, 3, 4번에 대해 핵심만 적어 해당칸에 붙여 주시면 감사하겠습니다.

4. [참관 소감] 1, 2, 3번 참관록 내용을 바탕으로 각 질문에 대해 이야기하기
참관록 1, 2, 3번에 해당하는 내용을 먼저 나누겠습니다. 특히, 우리가 잘 관찰해
지원하기로 한 ○○학생, ○모둠에 대해 오늘 관찰한 내용을 바탕으로 자세히
말씀해 주십시오. 또한 수업자와 수업자의 수업을 통해 배운 점과 올해 전문적
학습공동체 주제인 삶을 위한 교육과정 만들기와 관련해 수업자와 수업자의 수업이
아이들의 삶에 어떤 도움을 줄지에 대해서도 말씀해 주시면 좋을 것 같습니다.

5. [수업자가 제안한 고민, 주제, 공통 과제] 수업자가 제안한 주제와 공통
해결과제에 대한 자기 생각 이야기하기(참관록 4번 해당 내용)
공동의 생각을 만드는 시간을 갖도록 하겠습니다. 참관록 4번에 해당합니다.
○○선생님은 (   )을 화두로 제안하셨습니다. 수업자의 화두에 대해 이야기를 나눠
주시면 감사하겠습니다.

6. [수업자 소감] 수업 공개와 연구회를 마친 소감 이야기하기
수업 공개와 연구회를 마친 ○○선생님의 소감을 듣도록 하겠습니다.
수업을 공개해 주신 ○○선생님에게 박수 부탁드립니다.

7. [전학공 공통 질문에 대한 생각 나누기] 혁신부에서 제시하는 질문에 대해
이야기 나누기
올해 우리 학교 전학공 주제는 '삶을 위한 교육과정 만들기'입니다.
이번 주 질문은 ~입니다. 이에 대한 생각을 나눠 주시면 감사하겠습니다.

[마무리] 수업을 공개해 주신 ○○선생님 그리고 수업을 참관하시고 배움을
나눠 주신 모든 선생님들께 감사드립니다. 작성하신 참관록은 제게 제출해 주시면
혁신부에 전달하겠습니다. 감사합니다.

수업 연구회 워크시트

*3, 5번은 전문적 학습공동체 주제 관련 질문으로 구성한다.

202•년 월 일 요일	수업자 이름 : 과목 :
1. 학생에게 배우기 　학생의 배움에 관한 의미 부여	
2. 수업자와 수업자의 수업에서 배우기 　수업자의 수업을 통해 배운 점(수업 　디자인 및 수업자의 수업 진행 등)	
3. 전학공 주제 질문	
4. 수업자의 화두 　수업자가 제안한 질문, 고민, 　함께 나누고 싶은 주제에 대한 나의 생각	
5. 전학공 주제 공통 질문	

수업 관찰 기록지

전학공 주제 '삶을 위한 교육과정 만들기'　참관 교사 성명 :

대상 학급		( )학년 ( )반	수업 교사	
수업 교과		주제	참관 일시	. . ( )교시

<0.수업 전개 파악하기>
수업자는 이 수업을 통해 학생들이 무엇을 배우기를 기대하는가?
1. 학생에게 배우기: 학생의 배움에 관한 관찰과 의미 부여: 주로 (　)모둠을 관찰하였음 어떤 학생의 수업 모습이 인상적이고 의미있는가?(행동, 발언 등을 자세히 기록해 의미 부여하기)
2. 수업자와 수업자의 수업에서 배우기: 수업자와 수업자의 수업을 통해 배운 점은 무엇인가?(수업 디자인 및 수업자의 수업 진행 등)
3. 전학공 주제 관련 질문 '삶을 위한 교육과정 만들기': 수업자와 수업자의 수업은 아이들의 삶에 어떤 도움을 줄 수 있는가?
4. 수업자의 화두 '수업에 대한 공동의 생각 만들기': 수업자가 제안한 주제, 질문, 고민에 대한 나의 생각은?

이런 어려움, 이렇게 해결합니다

❓ 가치관이 다른 사람에게 자신을 개방하는 것이 너무 부담스럽습니다.

학교가 크다 보니 안면만 있을 뿐 이야기를 나누어 보지 못한 동료들도 있는데, 그들과 수업을 나눌 수 있을까 우려가 됩니다. 게다가 교육이나 수업에 대한 관점이 서로 크게 다른데, 그들에게 저의 교육활동이나 수업을 개방한다는 게 부담스럽게 느껴집니다.

❗ 우리가 흔히 쓰는 표현 중 '코드가 맞다'라는 표현이 있지요. 학교 구성원 중 나와 코드가 잘 맞아서 함께하기 편한 동료가 있는 반면, 나와 코드가 너무 맞지 않아서 그 사람과는 그 어떤 것도 하기 싫은 경우도 있기 마련입니다.

사람들의 생김새가 서로 다르듯 가치관도 모두 다를 수밖에 없지요. 서로의 다름을 인정하고 소통하기 위해서는 먼저 인간적으로 교류할 수 있는 장을 만드는 것이 가장 중요합니다. 교사이기 전에 인간으로서의 만남을 통해 서로를 이해할 수 있는 시간을 만들어야 합니다. 자유로운 만남의 자리에서 서로 열린 마음으로 받아들일 수 있는 분위기를 형성하는 게 매우 중요합니다. 가끔은 '학교 밖에서 하는 전문적 학습공동체' 시간 등을 통해 학교 밖 이야기로 어우러지면서 서로의 공통점을 찾고 코드를 맞춰 가는 시간이 필요할 것입니다. 인간적인 만남이 이루어지다 보면 자연스럽게 서로의 상처도 공유하게 되고, 우리는 모두가 완벽하지 않은 인간임을 알게 되면서 서로의 다름을 인정할 수 있습니다. 함께하는 시간을 통해 인간적인 관계 측면에서 서로 배우고 긍정적인 영향을 주는 관계가 교사들 사이에 먼저 형성되어야 하겠습니다.

❓ 평가받고 상처받고-수업을 개방하는 것이 두렵습니다.

수업 공개를 했다가 직언하는 선생님 때문에 크게 상처받은 경험이 있습니다. 교감 선생님이 학생들의 자율성을 장려하는 저의 새로운 수업 시도를 못마땅하게 여기면서 훈계를 하신 경험도 있지요. 평가받고, 또 마음의 상처를 입고, 그러다 보니 수업을 여는 것이 두려워지네요.

❗ 수업 개방이 잘 이루어지려면 수업 개방을 교사 개인의 역량에 대한 평가의 시간으로 보지 말고 동 학년이나 동 교과 선생님들이 팀을 이루어 공동으로 수업을 계획하고 함께 수업을 개선해 가는 과정으로 바라보는 것이 중요합니다. 함께 만들고 함께 실행한 후 이를 함께 성찰하는 과정을 수업 개방으로 만들어 간다면 평가와 상처받음에 대한 걱정은 크게 줄어들 것입니다.

수업 개방 시에는 교사들끼리 전문적 학습공동체 시간을 통해 '수업을 어떻게 바라볼 것인가'라는 관점에 대해 합의하고, 함께 수업을 계획하고 돌아가면서 수업을 관찰하고 피드백하는 활동을 하되 교사들의 교수 활동보다는 학생들의 배움에 초점을 맞추어 수업을 분석하는 눈을 기르도록 합니다. 어떤 활동이 좋은 활동이었는지 아니었는지 평가하거나 판단하기보다는 수업을 보이는 대로 관찰하고 관찰한 것을 토대로 학생에게 배움이 일어나고 있는지, 진정한 배움은 언제 일어났는지 등을 분석하는 데 중점을 둡니다.

수업을 관찰하고 나서는 수업 협의회를 통해 학생들의 배움을 더욱 효과적으로 지도하기 위해서 수업을 어떻게 개선하는 것이 좋을지 논의합니다. 이때도 평가하거나 판단하는 것보다는 '우리의 수업'을 어떻게 하면 질적으로 향상시킬지, 어떻게 하면 학생 주도적인 수업이 되게 할지에 초점을 맞추어 논의하면서 함께 수업을 만들어 갑니다.

이런 과정을 경험하다 보면 누구에게 잘 보이기 위한 수업이 아니라 수업의 질적 향상을 위해서는 반드시 수업 개방이 필요하다는 것을 인지하게 되면서 자연스럽게 서로의 수업을 들여다보고 논의하는 과정에 대한 부담을 조금은 줄여 나갈 수 있습니다.

❓ 수업 개방, 어떻게 시작할까?

수업 개방이 중요하다고 생각하고 전문적 학습공동체 일정에 포함하여 본격적으로 실행해 보려고 하는데, 어떻게 시작해야 할지 걱정입니다. 선생님들의 노골적인 반대도 고민거리이고요. 관행적이고 형식적인 기존의 수업 공개를 넘어, 교사들의 반발을 넘어 진짜 수업 개방을 제대로 하려면 어떻게 해야 할까요.

❗ 사람마다 각자의 빛깔이 다르듯 교사들의 빛깔도 제각각입니다. 두려움을 쉽게 떨쳐 낼 수 있는 준비가 된 사람부터 먼저 시작하는 것이 좋습니다. 먼저 준비된 사람이 가장 부담스럽지 않은 방법으로 수업 개방을 시작하면서 그 수업에 대해 논의하는 과정을 통해 두려움을 완화해 주는 과정이 필요합니다. 교사마다 속도는 다를 수 있습니다. 함께 기다려 주는 마음이 필요하고 수업을 바라보는 방향성만 같으면 크게 문제 될 것이 없다고 생각합니다. 모든 교사가 정해진 횟수대로 수업을 개방하는 식의 일회성 보여주기식 수업 개방이 아니라 일상의 수업 개방을 위해서는 교사의 자발성이 가장 중요할 것입니다. 교실의 문턱을 낮추고 일상의 수업을 공유하기 위해서는 각자의 다름을 인정하고 기다려 주는 마음의 자세가 가장 중요합니다.

6 성찰과 상상으로 날아오르다
- 학교는 어떻게 미래의 실험실이 될 것인가

미래중학교 이야기

"이런 시대를 맞게 될 줄이야, 상상도 못 했어요."

"정말 교실에 아이들이 없는 3월이라니… 원격수업이라 니요."

한 교사가 한숨을 푹 쉬며 말하자 남 교사도 따라 한숨을 쉬며 맞장구를 쳤다.

"게다가 해를 넘겨서, 작년에 이어 올해도 또 이어지고 있으니…."

위기 상황이었다. 코로나19 감염병은 온 세계의 일상을 뒤흔들어 놓았다. 갑작스러운 균열에 제대로 대응할 새도 없이 학교의 모든 것이 뒤틀어졌다. 학교에 가지 못하는 초등학교 1학년 아이들은 일 년이 다 가도록 한글을 떼지 못하는 경우가 부쩍 많아졌다고 했다. 원격수업의 질이 만족스럽지 못하다고 학부모의 여론이 들끓었고, 학습격차가 큰 문제라며 연일 뉴스에서 난리굿이었다.

교사들 역시 모두가 각자의 자리에서 고군분투하였다. 원격수업에 대한 연수가 열리면 엄청난 인파가 몰려 북새통을 이루었다. 교사들은 서로 묻고, 배우고, 어떻게든 수업을 이어가고 배움을 일으키려 그 어느 때보다도 애를 썼다. 그럼에도 그보다 더 잘해 내야 한다는 사회의 요구는 한층 더 거세졌고, 학교가 문을 닫은 시기에 학교의 중요성은 역설적으로 더더욱 부각되었다. 우리 사회에서 학교는 잠깐의 수업뿐 아니라 점심밥을, 정서적 돌봄을, 어두운 가정으로부터의 피난처를, 그야말로 아이들의 성장에 필요한 거의 모든 것을 제공하는 공간이었다. 학교가 제대로 문을 열지 못하자 사회와 아이들의 고통은 더욱 커졌다.

"그래도 우리 학교에서 코로나 시대를 맞은 게 참 다행이었어요."

한 교사의 어둡던 표정이 살짝 환해졌다. 남 교사도 고개를 끄덕였다.

"맞아요. 선생님들이 위기 상황마다 모여서 어떻게 문제를 해결할지 함께 고민했기 때문에 우리 학교 상황에 꼭 맞는 해결책을 찾아 나갈 수 있었어요."

"교육부나 교육청의 지침만 바라보고 있을 게 아니라 우리 스스로 목소리를 내고, 우리 힘으로 어려움을 극복해야 한다는 걸 깨달은 시간이었어요."

"무엇보다도 우리가 원격수업에 잘 따라오지 못한 친구들 하나하나를 위한 학년별 대책 회의를 열고 이 친구들을 위한 별도의 학습 프로그램을 만들어 제공해 준 건 정말 잘한 일이었어요."

"원격수업에 대한 고민을 적극적으로 하다 보니 오히려 이전보다 수업이 더 다채로워지고 학생들의 참여도 활발해졌어요."

미래중이 코로나 시대를 이겨 나갈 수 있었던 힘은 활성화된 전학공에 있었다. 여전히 어렵지만, 모든 문제를 술술 풀어낼 수 있었던 것은 아니지만, 어려움 앞에 함께 서 있다는 든든함이, 우리 자신의 눈으로 사태를 바라보고자 하는 성찰의 노력이 미래중을 더욱 단단하게 만들어 주었다.

미래중은 코로나 시대를 계기로 좀 더 유연하고 다양한 교육과정에 대해 고민하기로 했다. 학교 수업에 잘 적응하지 못했던 학생들이 원격수업 기간에 오히려 더 편안하고 수월하게 어려운 시기를 넘기는 것을 눈여겨보았기 때문이다. 이 친구들에게 획일적인 교육과정이나 교실 수업만이 정답은 아닐 수 있었다. 진로상담부장인 남 교사는 1학기 말 학교 교육과정 나눔회에서 이런 학생들을 위해 온오프 대안 교실을 운영해 보면 어떨까 하는 의견을 내놓았다. 많은 교사들이 여기에 찬성하면서 미래중의 전학공 시간은 열띤 제안들로 뜨거워졌다. 제도적인 어려움을 어떻게 극복할 것이며, 어디까지 가능할 것인가, 무엇을 새로 만들 수 있을 것인가에 대해 이야기는 끝없이 이어졌다. 지역사회에 협력을 요청할 일과, 교육지원청에 제안할 정책들이 정리되었다.

"이야, 여기서 교육의 미래가 만들어지고 있구먼!"

정년퇴직을 3년 앞둔 진 교사가 동료 교사들의 진지한 토의 장면에 감탄하며 말했다. 남 교사가 빙긋 웃으며 말했다.

"학교가, 원래 미래를 만드는 곳 아닙니까?"

성찰과 상상의 공동체가 된다는 것은

질문하는 힘, 성찰

2020년 코로나19의 엄습으로 온 세계가 처음 만나는 곤경 속에서 고통을 겪었다. 학교도 마찬가지였다. 아이들이 없는 학교는 봄이 와도 봄이 아닌 듯 낯설고 서글펐다. 긴급 상황에서 다급히 원격수업이 준비되고, 어찌어찌 겉으로는 학교가 다시 문을 열고 수업이 시작되었지만, 무수한 질문들이 쏟아지고, 교사들은 거기에 대처하느라 바빴다. 출석은 어떻게 하나? 접속 불량으로 수업을 듣지 못한 경우는 어떻게 하나? 평가는 어떻게 하나? 체육대회는? 방과후 수업은? 스포츠클럽은? 동아리는? 교사 전문적 학습공동체는?

끝없이 이어지는 질문들에 학교는 열심히 답을 하고자 했지만, 학교 밖에서는 대체로 학교의 노력에 박한 평가를 하는 편이었고, 학부모들의 원격수업 만족도는 그리 높지 않았다. 친구들과 만나고 공동체 속에 사는 재미에 학교에 가고 싶다고 말하던 아이들도 점차 원격수업에 익숙해지면서 학교에 나가지 않아도 괜찮은 것 같다고 말하기도 했다. 아이들은 종종 배움에의 끈을 놓치고 화면 너머의 깜깜한 어둠 속으로 숨어 들어갔다. 원격수업에 마음 놓고 참여할 수 있는 자기만의 방이 없는 아이들과, 와이파이 환경과 기기를 제대로 갖추지 못한 아이들, 부모가 온종일 일을 하느라 수업은 잘 듣고 있는지 지켜봐 주지 못하는 아이들은 더더욱 학습에 몰입하지 못하고 학교로부터 멀어졌다.

그런데 비슷한 상황에서도 각 학교의 대처는 매우 달랐다. 어떤 학교는 EBS 링크를 플랫폼에 가져와 두는 것으로 수업을 대신했고, 어떤 학교는 교사들이 스스로 영상을 만들거나 실시간 쌍방향 수업을 열어 학생들과 적극적으로 소통했다. 원격수업에 참여하지 않는 학생들을 안타까워하고 참여시키고자 노력한 것은 어느 학교나 같았지만, 결석 처리로 끝내는 학교가 있는가 하면 학생 하나하나의 어려움을 살피고 아이들을 위한 보완 프로그램을 마련한 학교도 있었다. 카톡 조회로만 안부를 묻는 것이 아니라 전화로, 아이들 하나하나를 위한 개별 지도로, 어떻게든 만남의 접점을 넓히고자 노력한 학교도 있었다.

원격수업이 어느 정도 자리를 잡고, 실시간 쌍방향 수업의 비율이 크게 늘어났지만, 그렇다고 그것이 학생의 자발성을 살리고 참여가 활발한 수업으로 곧바로 이어지지는 않았다. 교실 강의를 그대로 온라인에 옮겨 두는 방식의 수업이 이루어지기도 했고, 오히려 교사의 지식 전달 수업이 더 강화되기도 했다. 반면에, 위기는 기회라며 온라인 수업의 장점을 적극적으로 활용하며 디지털 매체를 유용한 도구로 활용하는 학습자 참여형 수업들이 풍성하게 일구어지기도 했다.

원격수업 시대에 학생들의 학습격차가 커지는 것에 대한 논의가 활발하게 이루어졌는데, 그 못지않게 교사나 학교 간의 교육격차도 매우 크게 드러났다. 초기의 원격수업 도입기에, 그 이후의 원격수업 정착기에 새로운 도전에 성공적으로 응전했다고 평가받은 학교들은 대체로 '전학공'이 단단한 학교들이었다. 덕양중학교가 그 좋은 사례이다.

덕양중학교 교사들은 문제가 제시되었을 때 함께 모여 어떻게 하면 가장 적절하게 문제를 풀어낼 수 있을까를 공동 성찰해 갔다. 임기응변으로, 교사에게 편한 방식으로 문제를 푸는 것이 아니라, 학생에게 도움이 되는 방향으로, 교육의 본질에 더 가까운 방향으로 문제를 풀자고 성찰해 갔다. 또한 디지털 역량을 지닌 교사들은 동료 교사들과 아낌없이 그 역량을 나누며 공동의 성장을 향해 나아갔다.

이런 학교들은 던져진 질문에만 답을 한 것이 아니라 스스로 새롭게 질문을 던지고 그 질문에 대한 답을 찾아 나갔다. "무엇이 중한디?" 코로나 시기에 덕양중은 이런 질문을 던졌다. 그리고 출석과 평가 등 어떻게 교육 체제를 유지하는가에 대한 고민을 넘어 어떻게 학생들이 원격수업 속에서도 자기주도적인 배움을 만들 수 있을지, 어떻게 온라인 속에서 평화로운 공동체를 함께 만들 수 있을지를 고민하며 자신들의 질문을 먼저 만들어 냈다.

전문적 학습공동체의 힘은 좋은 질문을 만드는 데 있다. 좋은 질문은 성찰을 이끌어 내고, 성찰은 결국 좋은 답을 데리고 온다. 무엇보다 스스로 만드는 질문은 학교 공동체의 운명을 스스로 정하는 가장 중요한 첫걸음이 된다. 이제까지 학교와 교육의 방향타를 잡은 것은 교육 정책 입안자나 여론을 등에 업은 정치가들이었다. 코로나19 상황에서 교육부 장관의 브리핑을 통해 다음 주 등교 수업 일정이 발표되는 순간은 누가 학교를 움직이는가를 극명하게 보여 준 장면이었다. 언제까지 그래야 하나? 왜 그래야 하나? 현장에서 교육을 일구고 학교를 운영하는 이들이, 교실에서 수업하는 이들이 스스로 결정할 수는 없을까? 우리의 내면으로부터 솟아오른 진짜 질문을 던지는 것, 우리의 아이들을 위해, 우리의 학교를 위해 무엇이 가장 필요한가를, 어떻게 실행해야 하는가를 함께 성찰하는 것, 그것이 우리 삶과 교육의 주체가 되기 위한 첫걸음이다. 전문적 학습공동체에서는 바로 그런 일들이 일어날 것이다.

도약하는 힘, 상상

학교는 과거를 바탕으로 현재를 살며 미래를 상상하는 곳이다. 공동체가 쌓아 온 지혜와 경험을 학생들에게 전하고, 새로운 지혜와 경험을 쌓을 힘을 학생들이 가질 수 있도록 돕는 곳이다. 학교는 전통을 가져야 하고, 한편으로 늘 변화를 향해 열려 있어야 한다. 더 나은 삶과 사회, 교육을 위한 상상을 하고, 그것을 위한 실천적 방법들을 모색하는 것이 전문적 학습공동체의 도전적 역할일 것이다.

한국의 공교육은 근대적 산업사회 구조와 맞물리며 지식 전달 중심의 인재 양성소 역할을 해 왔다. 학교의 물리적이고 제도적인 측면은 수십 년 동안 변함없이 유지되었다. 공장에서 찍어 낸 듯 비슷비슷한 사각형의 학교 건물에, 자로 쓱쓱 그어 만들었을 법한 똑같은 모양의 교실들 속에서 어느 학교나 유사한 교육과정에 똑같은 교과서로, 일제식 평가를 위한 수업이 전국 공통으로 진행되었다.

　이러한 규격화된 공교육은 시대적, 사회적, 문화적 변동 속에서 새로이 전환할 것을 요구받고 있다. 다양한 형태의 학교 건물들이 출현하고, 학교나 교사별로 그 학교의 학생들을 위한 다양한 교육과정과 수업을 만들어 내려는 노력이 진행되고 있다. 초·중 통합형 미래 학교가 등장하고, 생태숲 학교가, 교실이 지역사회로 활짝 열린 학교가 생겨나고 있다. 학생이 자신의 수업을 선택할 수 있는 학교가, 원하는 주제와 원하는 방식의 학습을 선택할 수 있는 수업이 설계되고 있다. 변화의 물결이 거세다. 그 과정에서 교사는 변화의 대상으로, 객체로 머무르지 않고 바라는 바의 변화를 스스로 만들어 갈 수 있는 변화의 주체이자 당사자가 되어야 한다. 전문적 학습공동체는 바로 그 상상의 제작소가 될 것이다.

　다음과 같은 질문을, 더 새로운 질문을, 혹은 교육에 관한 아주 오래된 질문을 던져 보자. 그리고 우리 학교 선생님들과 함께 그 질문에 대한 답을 찾아가 보자. 좋은 질문은 좋은 답을 데리고 돌아올 것이다.

전문적 학습공동체를 통해 만들어 가는 새로운 교육적 상상의 질문들

- 우리 학교만의 자율 교육과정을 만든다면, 어떤 교육과정이, 왜, 누구를 위해 필요할까?
- 모든 학생이 꼭 같은 방식으로 수업을 받고 같은 시간에 등하교해야 할까?
- 우리 학교만의 교과목을 만든다면, 어떤 내용으로, 어떤 활동으로 채워 갈까?
- 학생들이 스스로 교육 목표를 만들고, 교육과정을 구상하고, 교육 활동을 수행하도록 할 수 없을까? 어떻게 그것을 교과의 목표들과 연계하거나 동행하게 할까?
- 지역의 교육 자원을 어떻게 학교와 잘 연결할까?
- 우리 학교의 공간을 어떻게 더 교육적인 장소로, 공동체적인 공간

으로 변화시킬 수 있을까?

- 우리 학교는 미래의 시민인 우리 아이들이 자기 삶의 주인이 될 수 있도록 잘 교육하고 있나? 무엇을 더 보완해야 할까?

- 디지털 리터러시 교육을 교과 교육과정 속에 융합적으로 연계할 수 있을까?

성찰과 상상의 공동체, 이렇게 만듭니다

성찰과 상상의 공동체 어떻게 구체화할까

1. 학교 평가와 성찰 100배 활용하기

학교 교육의 책무성이라는 관점에서 '학교 평가'는 매우 중요한 업무 중 하나이다. 그런데 학교에서 학교 평가는 담당 부장이 혼자 해결해야 하는 업무의 하나로 생각되며 실질적인 학교 교육 성찰의 기능을 제대로 수행하지 못하게 되곤 한다. 하지만 학교 평가와 성찰은 새로운 변화와 성장을 만들어 낼 수 있는 학교 혁신의 마지막 열쇠이다. 학교를 돌아보고 성찰하는 워크숍을 통해 우리의 목표였던 비전의 실현 여부를 진단하고 효과 없는 일들을 도려낼 수 있으며 무엇을 새롭게 혁신할지 합의할 수 있기 때문이다. 학교 조직 진단 워크숍을 하며 발견한 재미있는 사실은 교사들은 학교의 문제를 스스로 진단하고 강점과 약점을 분석하여 대안을 찾는 활동들을 즐기며 그렇게 하고 싶어 한다는 사실이다. 문서로 소수만 참여하던 학교 평가를 실질화하고 학교 교육에 대한 성찰과 상상의 기능을 제대로 담당하게 한다면 어떨까. 학교 민주주의 지수를 측정해 보고 그 결과를 토론하거나, 조직 진단 워크숍 및 교육활동 성찰회 등으로 학생, 학부모, 교사들 간의 소통 자리와 연결하여 학교 평가를 진행해 볼 수 있을 것이다. 학교 평가 결과를 자료로 삼아 성찰과 상상의 자리를 여는 2월 워크숍으로 진행할 수도 있다. 복잡한 공문이나 지침이 주는 피로감에 지치지 말고, 학교 평가를 우리 학교의 성장을 위한 실질적인 도약대로 삼아 보면 어떨까.

『반영조직』구기욱, 2016에서 이야기하는 문제 해결 접근 방법과 인간관에 관한 다음의 단계는 우리가 평가와 성찰을 어떤 방향으로 해야 하며, 왜 온라인을 통한 각자의 진단이 아닌 집단적 사유의 장을 가질 때 좋은 결과가 나오는지 잘 보여 준다.

1. 명령 및 지시단독 결정: 지시하지 않으면 일을 안 한다.
2. 훈계: 구성원들은 이기적이고 잘못된 정신 자세를 갖고 있다.
3. 질책: 적절한 긴장을 제공해야 착오와 실수를 줄일 수 있다.
4. 지도: 질문과 조언을 통해 구성원을 일깨우면 업무 성과를 높일 수 있다.
5. 교육: 부하 직원을 가르치는 것은 리더의 본분이다. 직접 가르치는 것이 효과적이다.
6. 컨설팅전문가 결정: 우리 문제를 외부 전문가가 더 잘 해결할 수 있다.
7. 합의 결정: 구성원들이 조직의 문제를 잘 알고 있으며 잘 해결할 수 있고 그렇게 하고 싶어 한다.

2. 성찰과 상상이 있는 대토론회 열기

학교 공동체 전체의 의견 수렴을 통해 교육에 대한 성찰과 상상을 수행하는 대토론회를 학기별, 연도별로 정례화하여 운영할 수도 있다. 대토론회는 학교 평가와 연계하여 진행할 수도 있고, 아래의 수일여중 사례와 같이 학기 말에 진행하여 다음 학기의 교육활동에 반영할 수도 있다.

〈수일여중의 대토론회 사례〉

수일여중은 매년 1학기 말에 '수일 날개 프로젝트'라는 이름으로 전
교생의 학교 교육 발전을 위한 의견 수렴의 자리를 갖고, 이를 대토론회
와 연결해 토의 과정을 거친 후 이후의 교육활동에 반영하는 과정을 거
쳐 왔다.

**1단계: 전교생 및 학교 구성원 전체의 의견 수렴–학교 교육에 대한
의견 수렴**

1) '수일 날개 프로젝트'로 학교의 미래에 대한 학급별 토의 후
   의견 모으기

**수일여중, 성찰하고 상상하라!
- 더 좋은 수일여중을 위한 수일 날개 프로젝트 안내**

왜 하나?
성찰의 힘, 상상력의 힘으로 우리의 삶을,
그리고 우리의 학교를 우리가 주인이 되어
스스로 만들어 가기 위해서!

언제?
7월 9일 3-4교시

어떻게?
나 그리고 우리!

무엇을 이야기하나?
우리가 이룬 성장과 우리가 이룰
성장 이야기. 우리가 그리는 우리의 모습,
그리고 우리 학교의 모습

수일 날개 프로젝트 결과물 사례

2) 온라인 설문조사로 교사, 학생, 학부모 의견 수렴 및 대토론회 의제 설정

대토론회를 위한 사전 설문 홍보 이미지	인터넷 플랫폼을 통한 의견 수렴

2단계: 학교 공동체 대토론회 실시

1. 분임 구성: 학년별 구성(1학년, 2학년, 3학년 학생 대표 및 전 교사가 분임을 혼합 구성하여 운영)

2. 학생과 교사로 나누어 더 좋은 수일여중을 위한 브레인스토밍

3. 브레인스토밍한 내용을 중심으로 협의 및 의견 나누기

4. 수일여중의 미래에 대한 공동의 제안 협의

3단계: 학교 구성원 모두의 토의 결과 공유 및 2학기 학교 교육활동 반영

- 학생: 자치 시간을 활용하여 전 학급에서 학급회 임원들이 주도하여 대토론회 결과를 공유하고, 그 가운데 더 이야기해야 할 주제를 정해 학급별 토의 및 내용 전달

- 교사: 기획회의 및 전 직원 회의를 통해 학급별 토의 내용을 다시 검토하고 '반영할 것, 검토할 것, 반영하기 어려운 것' 등에 대한 논의를 진행

패들렛을 활용한 수일여중의 대토론회 과정 및 결과 공유

3. 교내 포럼, 독서회, 교과별 연구회, 학년별 연구회, 소모임 등을 통해 교육 의제의 적극적인 발굴과 공유

우리 사회는 언제나 온갖 교육에 관한 담론들로 들끓고 있다. 그런데 정작 그 담론들 속에 교육의 당사자인 교사들의 목소리는 제대로 담기지 못하는 경우가 많다. 우리 학교의 교육 문제, 나아가 우리 사회의 교육 문제를 학교 밖 전문가나 명망가들의 손에만 맡길 수는 없다. 우리 학교 교사들이 함께 모여 수업과 평가, 매일의 일상에 관한 미시적 연구에서부터 교육 정책이나 제도, 학교 교육의 지향점 등과 같은 거시적 교육 의제에 대해서도 논의할 수 있어야 한다. 학습격차 문제, 교육 정의의 문제, 교육과 돌봄의 문제 등 당장 긴급한 토의와 숙고가 필요한 일들이 산적해 있다. 학교에서 그런 문제들에 대해 함께 논의하는 시간을 만들어 보자. 교육의 방향키를 우리 학교 교사들이 스스로 함께 잡아 보자. 그 길로 가는 중에 연수, 독서, 발제, 토의 등 다양한 방법들이 활용될 수 있을 것이다.

✓ 이럴 때 이런 워크숍

워크숍 1 덜어내기 워크숍: 교육에 집중할 수 있는 학교 만들기

활동의 의미

아무리 진심을 다하고 싶어도 개인의 역량으로는 한계가 있기 마련이다. 교사로서 온전한 삶을 살 수 있는 시스템 구축은 환대의 터전을 만드는 것이며 전제되어야 할 요소이기도 하다. 하지만 많은 학교에서 덜어내기 없이 더하기를 하고 있다. 어디서 누가 시작한지도 모르는 수많은 일들을 해내야 하는 당위성에 묻혀 정작 해야 할 중요한 일에 마음을 낼 수 없는 상황이다. 일일이 나열하기도 버거운 수많은 일들은 마치 신발 속 모래와 같다. 모래가 우리의 발걸음을 멈추게 하기 전에 선택과 집중의 장을 마련해야 한다. 덜어내기 워크숍은 학교 평가와 연결하여 매년 진행하기를 제안한다.

활동 전개의 실제

단계	워크숍 흐름	길잡이
1	업무 경감의 필요성을 비전과 연결해 설명한다.	
2	• 포스트잇 한 장당 하나씩 자신이 하고 있는 일을 적도록 한다. • 부서와 협의하여 적절한 기준에 해당하는 곳에 포스트잇을 놓는다. 부서가 모두 동의해야 해당하는 위치에 놓을 수 있다. 동의하지 않은 것은 5번 칸에 모아 둔다.	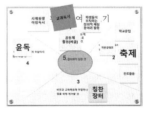

단계	워크숍 흐름	길잡이
2	• 모둠별로 의견을 제안하고 전체 내용을 정리한다. • 전체 정리한 내용을 공유하고 협의할 과제를 부여한다. • 월드카페 형식으로 업무 경감 제안서를 작성한다. (1번에 대해서는 지원 사항을, 2번에 대해서는 효율적인 방안을, 3번에 대해서는 제거 이유 또는 개선안을, 4번에 대해서는 제거 이유를 협의한다.)	〈비전과 연결해 덜어내기 위한 분류 기준〉 ① 비전에 맞고 잘하고 있어서 지속해야 하는 것 ② 비전과 맞지 않아서 버려야 할 것 ③ 비전에 맞지만 잘되지 않고 있어 개선이 필요한 것 ④ 비전에 맞기는 하나 선택과 집중을 위해 버려도 큰 문제가 없을 것 ⑤ 우리 모둠 내에서 협의가 안 된 것
	업무 경감 제안서 쓰기 1.잘 하고 있어 앞으로도 지속해야 할 것 해당 부서 / 업무 / 필요한 지원 2.교육과정과 직접 관련이 없으나 하고 있는 것 해당 부서 / 업무 / 효율적으로 할 수 없는 방안 3.하지는 통지만 잘 되지 않고 있는 것 해당 부서 / 업무 / 개선안 4.하고 있기는 하나 버려도 큰 문제가 없을 것 해당 부서 / 업무 / 제거해야 하는 이유	
3	• 전체 공유하며 다양한 의견을 듣고, 내용을 종합하여 수렴한다. • 종합한 내용을 각 부서에 전달하고, 반영할 수 있는 내용과 더 의논해야 할 것을 나누어 이후 반영서를 제출하도록 한다.	• 업무 경감 워크숍은 1회로 끝내지 않도록 하여야 더욱 효과적이다. 1회에 나온 의견이 2회에 초점화되어 논의되는 등 실제적이고 현실적인 피드백과 반영으로 이어지도록 한다.

워크숍 2 **우리 학교 조직 진단 워크숍**

활동의 의미

우리 학교 조직에는 어떤 강점과 약점이 있나? 우리 학교의 문제는 무엇이고 어떤 방향으로 변화해야 하나? 다음은 매년 또는 혁신학교 중간평가와 종합평가에 적용할 수 있는 조직 진단 워크숍이다. 평가를 워크숍의 형태로 전환하여 구성원 모두가 학교를 전체적으로 조망하며 학교 문제를 공동으로 인식하고 공감대를 형성할 때 변화는 속도를 낸다. 숙의를 통한 공동의 문제 인식은 실천으로 연결되는 힘이 참으로 크기 때문이다.

활동 전개의 실제

단계	워크숍 흐름	길잡이
1	• 마음 열기 • 조직 진단 워크숍의 필요성 • 혁신학교 평가와 콘퍼런스 문제점과 개선 방향 제안 • 혁신학교 조직문화 워크숍의 방향	• 강의를 통해 워크숍의 필요성을 제안한다.
2	• 안전한 관계 만들기	• 관계 만들기 단계를 먼저 진행하여 구성원들이 안전하게 자신의 이야기를 펼쳐낼 수 있도록 맥락을 조성한다.
3	• 학교문화의 통합적 진단과 해결 방안 • IPA 분석을 통한 총체적 학교 진단과 분석	• 분임 토의 및 전체 토의를 교차하여 진행한다.
4	• 혁신학교 기본 문서 독서토론 • 평가와 성찰 기준점 찾기 • 민주적 운영체제 발제 및 조직 진단 • 윤리적 생활공동체 발제 및 조직 진단 • 전문적 학습공동체 발제 및 조직 진단 • 창의적 교육과정 발제 및 조직 진단	• 분석 및 분임 토의 • 분임 토의
5	• 개선 및 제안서 작성하기	• 분임 토의를 통해 제안된 제안서를 전체가 함께 공유하며 시사점을 찾는다.

윤리적 생활공동체 진단과 분석

핵심 키워드		1	2	3	4	5	6	7	8	9	10
1. 존중과 배려의 학교 문화	관계 형성을 위한 성찰 및 실천										
	공감 소통으로 신뢰 형성 (경쟁/비교/보상 극복)										
	행복한 교실을 위한 협력적 문화 형성 (공감/맞이/격려/감사)										
	학생 자율과 책임										
	일관성 있는 공동 생활교육										
2. 안전하고 평화로운 학교	기초생활 습관 형성										
	의사소통 능력과 태도 교육										
	교육공동체 생활 규범 만들기 및 실천										
3. 민주시민 교육	솔선수범, 동반 교육 실천										
	평화로운 교실 만들기										
	교육과정과 연계한 생활교육										
	실천 중심 민주시민 교육과정 운영										
	학생 주도 학생자치										
	학교 생활 협약을 통해 공동체 생활 규범 익히기										
	학생 주도 사회참여 동아리										
	다문화 교육 및 사회적 실천										
	타인에 대한 이해와 생명 존중										
	모두가 참여하는 학급자치회 활성화										
	학생 주도의 학생자치회 활성화										

분석과 대안 토의

잘 실천되는 것	어려운 것	개선안

민주적 운영체제 진단과 분석

키워드	척도	5	4	3	2	1	0
비전 공유와 책무성	학교 철학 공유						
	비전 공동 수립 및 실천						
	자율 참여의 학교 평가						
	학교문화 진단과 개선						
	혁신학교 간 네트워크 구축						
교육활동 중심의 학교 시스템 구축	권한 위임						
	행정에서 교육활동 중심 전환						
	교육과정 중심 인사						
	행정업무 경감						
	교육활동 지원 환경						
	교육과정 중심 공간 재구조화						
소통과 참여의 역동적 학교문화	리더십						
	참여와 소통						
	공감환대관계						
	민주적인 회의 문화						
	민주적 학생자치						
	학부모 참여와 신뢰						
학교-지역사회 협력	학교·지역 네트워크						
	지역의 공동 문제 해결						
	인적·물적 자원 공유						
	체험처 전문가 발굴						
	민·관·학 기업 등의 협력						

강점	약점	개선 아이디어

전문적 학습공동체 (* 문항 1개당 1점)

1. 학교 조직의 학습 조직화
- 구성원 모두의 주체적이고 역동적인 참여
- 개방과 협력적 네트워크
- 공동체가 함께 학교 비전 수립 및 운영
- 교사의 전문성이 학교 교육력으로 연결
- 학교 공동 과제와 학습공동체 연결

2. 학습공동체 활성화
- 다양한 단위의 학습공동체 간 교류와 연결
- 교육과정 및 생활교육을 위한 연구모임
- 연구와 실행에 집중할 수 있는 여건 마련
- 정기적인 학습공동체의 날 운영
- 예산 및 협업적 연구 활동 공간

3. 공동 연구 과제 찾기
- 사회적 맥락 속에서 학교 교육의 역할 사유
- 학교가 당면한 문제 상황에서 주제 찾기
- 집단지성을 통한 경험의 재구성
- 문제 해결을 위한 선행 연구
- 교육과정과 아이들 상황 속에서 주제 발굴

4. 공동 연구와 공동 실천
- 학교의 상황과 문제 해결을 위한 협력적 연구 실행
- 교육과정 공동 개발, 수업 및 평가 문항 개발과 실천
- 공동의 생활교육 방법 연구와 공동 실천
- 학년, 교과 단위 수업 및 교육과정 운영 일상적 나눔
- 교육과정 평가회, 세미나, 공동 연구 발표회 등 실천 공유

5. 수업 문화와 성찰
- 학교의 수업 문화 돌아보기
- 학교 철학과 학생의 특성 수업 반영
- 수업을 학생 중심으로 바라보는 관점
- 지지와 격려의 분위기 형성
- 학생의 배움을 중심으로 수업 협의회

6. 수업 개방과 공유
- 공동 연구가 반영된 수업 개방
- 수업 공동 작업과 수업 공유
- 학생 선택형 교육과정 개발
- 학생 주도 교육과정 개발 능력 신장
- 역량 중심 주제통합교육과정 개발

창의적 교육과정

1. 막대그래프로 진단해 주세요.

교육과정 실천도

핵심 키워드		0	1	2	3	4	5
교육 공공성	개개인의 존엄과 성장						
	학생 개인의 특성 반영						
	교육공동체가 함께 만들고 성찰하는 교육과정						
	교육과정 내실화를 통한 학력 향상/다양한 평가						
교육과정 다양화	특성화 교육과정 개발						
	앎과 삶이 일치하는 교육과정과 환경 조성						
	협력적 교육 거버넌스 구축						
	마을과 연계 및 마을교육과정 운영						
학생 성장 지원 교육과정	적극적인 교육과정 재구성과 수업 개발						
	학생 주도 교육활동 활성화						
	삶의 역량을 키우는 역량 기반 교육과정						
	지역 기반 실행 위주 진로교육 과정 운영						
	실천적 시민교육과 인간 존엄 교육과정						

2. 창의적 교육과정 분석과 대안 토의

잘 실천되는 것	어려운 것	개선안

이런 어려움, 이렇게 해결합니다

❓ 학교의 일상을 살아 내다 보면 성찰할 시간이 없습니다.

코로나 상황을 돌아보면 그야말로 하루하루 살아 내는 것이 대견할 따름이었습니다. 평상시에도 학교는 늘 해야 할 일들로 바쁩니다. 우리 학교 나름대로 뭔가 질문을 만들고, 그것에 대해 함께 생각하고, 다른 길을 찾는 것이 한가로운 이야기처럼 들립니다.

❗ 멀리 가는 길이 때로는 가장 가까운 길일 수 있습니다. 바쁘다고 그냥 하던 대로 하다 보면, 그 일들을 왜 그렇게 바쁘게 수행해야 했는지 의문이 드는 순간이 올 수도 있습니다. 학교에서 우리가 함께하는 성찰은 "왜 그것을 해야 하는가?" "어떻게 그것을 해야 하는가?" "그것은 제대로 수행되었는가?"에 대한 짚어 보기입니다.

바쁜 가운데서도 선생님이 꼭 하는 일이 있으시죠? 아무리 바빠도 책은 꼭 읽는다든지, 아침 운동은 빠뜨리지 않는다든지, 좋아하는 드라마는 꼭 챙겨 본다든지요. 시간은 늘 없기 마련이지만, 무엇을 우선순위로 두는가에 따라 달라질 수 있습니다.

성찰과 상상의 공간을 개인의 선택이나 자발적인 의욕에만 맡겨 두지 않고 학습공동체 안에 구조화시켜 두는 것도 중요합니다. 학년 초에 전문적 학습공동체를 기획할 때 교육활동에 대한 성찰과 상상의 자리를 꼭 포함해 두고 이를 공식적인 학교의 협의회로 만들어 두면, 우선순위 선정에서 본질적인 일들이 뒤로 밀리는 것을 구조적으로 막아 낼 수 있습니다.

❓ 새로운 것에 도전하는 것이 부담스럽습니다.

주어진 것을 책임 있게 잘하는 일에는 익숙하지만, 새로운 것을 만들어 내는 덴 별로 재주가 없습니다. 저도, 동료 교사들도 마찬가지네요. 그래서 어떤 일을 맡으면 대체로 작년에 했던 자료들을 바탕으로 약간만 바꾸어 진행하거나 합니다. 교육이 꼭 새로워야 하는지도 의문입니다. 기본적인 것에 충실한 것이 오히려 더 미덕이 아닐까 싶습니다.

❗ 매년 하던 것을 뒤엎고 새로 시작할 필요는 없겠지요. 작년에 그렇게 했다면 그렇게 한 필연적인 이유가 있을 것입니다. 또 '모르는 두려움보다 아는 괴로움이 더 낫다'고, 현 상황이 조금 불편하거나 적절하지 않다고 느껴져도 선뜻 그것을 바꾸기 어려울 때도 있을 테고요. 새로운 상상은 현재에 대한 성찰에서 시작됩니다. 굳이 바꾸지 않아도 된다고 느낀다면 그래도 괜찮을 것입니다. 하지만 '이것이 아닌데'라는 생각이 든다면, '더 나아질 수 있지 않을까' 하는 생각이 든다면, 거기서부터 교육에 대한 상상은 시작됩니다.

학제나 교육과정 편제 같은 큰 변화를 만들어 내는 것이 어렵고 부담스럽게 느껴질 수 있습니다. 그렇다면 아주 작은 것부터 시작해 보면 어떨까요. 월요일 아침마다 "왜 지각했니?"라고 묻지 말고 "지난 주말은 어떻게 지냈니?" 하고 삶 나눔부터 시작한다면 우리 만남의 질이 좀 달라지지 않을까? 황량한 건물 뒤편에 아이들을 위한 작은 쉼터를 만들어 준다면 아이들의 삶의 풍경이 또 조금 달라지지 않을까? 그런 상상이 좋은 결과를 가져오는 경험을 하게 되면, 그다음에는 좀 더 진전된 상상을 할 수 있겠지요. 그렇게 우리의 학교는 어제보다 더 행복하고 깊은 삶의 공동체가 될 수 있지 않을까요?

3부

전학공으로 만드는
학교의 미래

1 우리 학교 전학공을 소개합니다

코로나 시대의 학교 대응기
: 방향을 잃지 않기 위해 함께 멈춰
함께 사유한 시간들, 경기 응곡중학교

[응곡중학교 교사 김미영]

혁신학교 10년 차인 응곡중은 비전을 공유하고 함께 실천하는 전문적 학습공동체가 일상화되어 있다. 올바른 방향이 올바른 방법을 찾게 해 준다는 것을 응곡중 교사들은 혁신학교 경험을 통해 학습했기에 '온라인 수업 방향 찾기', '우리의 수업 성찰하기', '수업 공동 구상하기', '따뜻한 등교 맞이' 등을 주제로, 방법을 넘어 비전을 공유하며 우리한테 맞는 방향을 설정해 갔다.

온라인 수업을 준비하며 시작한 전문적 학습공동체 첫 주제는 '응곡중 온라인 수업 방향 찾기'였다. 우리는 소통이 있는 수업, 피드백이 있는 수업을 잃지 말자는 합의를 했다. 하지만 다급한 하루하루는 우리를 수업 방법에 대한 조급한 탐색으로 내몰았고, 선생님들 입에서 공허하다는 말이 나오기 시작했다. 우리가 방향을 잃어가고 있다는 것을 직감했다. 방향을 잃지 않기 위해 아이들과 학부모에게 질문했다.

지금 하고 있는 수업이 방향에 맞는지, 진짜 그렇게 살고 있는지를 묻기 위해 '더 나은 수업을 위한 교육공동체 대토론회'를 열었다. 토론회에서 학생들은 응곡중 수업이 시간이 지날수록 점점 방향을 잃어 가는 것 같다는 직언을 했고, 선생님들은 아이들에게 사과했다. 그리고 방향을 잃지 않기 위해 어떤 수업을, 어떤 학교를, 어떤 교육을 지향하는지를 되새기고 우리에게 맞는 플랫폼을 다시 정비했다. 그리고 수업을 끊임없이 서로 공개하고 나누고 공동 구상을 하며 방향을 찾아갔다. '온·오프라인 수업을 어떻게 조화롭게 만들어 아이들을 지원할 것인가?', '아이들에게 적절한 온라인 시스템을 어떻게 만들어 갈 것인가?' 등 우리 학교 아이들을 중심에 두고 우리 학교 상황에서 최선의 방안을 찾고 함께 실천하며 서로를 도왔다.

누구도 예측할 수 없는 일들이 일어났고 그 안에서 응곡중 선생님들은 전문적 학습공동체를 통해 배운 대로 함께 살아 냈다. "걱정하지 않아요. 응곡중 선생님들과 함께하면 되니까요"라고 말하는 교사가 많은 학교, 그렇게 서로에게 당연한 듯 의지하는 학교, 그런 동료를 위해 기꺼이 자신의 것을 나누는 학교문화는 전문적 학습공동체의 오랜 경험으로 만들어졌다. 응곡중 선생님들은 서로와 연결되며 교육을 교육답게, 학교를 학교답게, 교사를 교사답게 만드는 것이 무엇인지에 대한 답을 찾아갈 수 있었다. 이 모든 일은 전문적 학습공동체란 시공간에서 일어난 무형의 성장 경험이었다.

전학공으로 만들어 간 우리 학교 교육과정: 응곡중의 사례

비전	배움으로 성장하는 행복공동체

응곡중학교 학년 비전		
1학년 존중하는 너 나 우리	2학년 소통 능력 키우기	3학년 함께 소통하며 꿈 찾기

1학년 핵심 가치와 중점 교육과정	
발견 →	나를 발견하기
성장 →	출발 나의 성장 여행
만남 →	너와 나의 유레카

2학년 핵심 가치와 중점 교육과정	
평화 →	장곡동을 바라보며
책임 →	지속가능한 우리를 꿈꾸다
배려 →	삶을 바라보고 가꾸다

3학년 핵심 가치와 중점 교육과정	
공존 →	지구시민 되기
민주시민성 →	민주주의 멈추지 않는 도전
도전 →	나를 바라보며 우리를 그리다

응곡중학교 교육과정의 실제 - 2021년 1학기

가. 1학년

1) 학년 목표: 존중하는 너, 나, 우리

2) 교육과정 재구성 주제: (너)도(나)도하게 내딛자!

가) 실천 주제: 나를 사랑하고 타인을 존중하기

나) 실천 방법

① 발견하기

- 나를 발견하기

- 출발, 나의 성장여행(성장을 위한 시작)

- 너와 나의 유레카!(너와 나의 만남)

② 세상 보기: 지금, 여기 우리 마을 이야기

3) 교육과정 재구성

핵심 가치	학년 교육 과정 주제		연계 교과	교육 내용	비교과 활동 내용

발견
성장
만남
	발견
	하기
		나를
		발견
		하기
			진로	• **기억에 남는 일화 소개하기**
				- 〈내가 진짜 하고 싶은 것을 찾는 방법〉
				  영상을 시청하고 기억에 남는 일화를
				  소개하여 자신이 무엇을 좋아하고 하고
				  싶은지를 알 수 있기를 기대함.
					• 진로 독서
					  그림책으로
					  만나는 나

			체육	• **건강관리** - 건강을 잘 관리하기 위해서는 먼저 자신의 체력 수준을 파악하기를 기대함.	

			음악	• **소리 발견, 악기 연주**
				- 컵타, 리코더를 연주하며 악기의 소리를
				  발견하고 음악에 대한 흥미와 가치를
				  깨닫기를 바람.	

			과학	• **암석과 광물**
				- 주변에서 발견할 수 있는 암석과 광물의
				  관찰을 통해 자신의 삶과 연관성을
				  찾기를 바람.	

			도덕	• **자아탐색 보고서**
				- 자아탐색을 통해 내가 누구인지 생각해
				  보고 자아정체성을 확립하기 위한
				  자세를 기르기를 바람.	

핵심 가치	학년 교육 과정 주제		연계 교과	교육 내용	비교과 활동 내용
발견 성장 만남	발견 하기	나를 발견 하기	기술 가정	**· 자아존중감 알아보기** - 그림책으로 나와 만나기	
			영어	**· 나와 친구 소개하기** - 자기 자신과 친구를 소개하면서 자기 자신에 대해 돌아보고 친구를 조금 더 깊게 이해하기를 바람.	
	발견 하기	출발, 나의 성장 여행	국어	**· 친구 면담 후 수필 쓰기** - 친구를 면담하는 과정에서 서로의 삶을 이해하고, 자신의 가치 있는 경험을 수필로 쓰는 활동을 통해 자아를 탐색하기를 바람.	
			체육	**· 체력 도전** - 체력 측정의 결과를 분석하여 체력 운동의 목표를 설정하고 운동 프로그램을 실천하기를 바람.	
			음악	**· 봄&시작과 관련된 노래 부르기** - 시작하면서 느끼는 많은 감정을 표현한 노래를 함께 불러 보고 성장을 위해 필요한 가치들을 깨닫기 바람.	
			진로	**· 내가 좋아하는 것 소개하기** - 버킷리스트 만들기를 통해 지금 나의 조건이나 처한 상황으로 먼저 판단하지 말고 자신의 직업 흥미와 적성을 탐색할 수 있기를 기대함.	
			도덕	**· 행복한 삶을 위한 좋은 습관 만들기** - 행복한 삶을 살아가기 위해서 작더라도 좋은 행동들을 꾸준히 실천하여 좋은 습관을 갖추기를 바람.	
			기술 가정	**· 성교육 핸드북 만들기** - 청소년기의 발달과정을 알아보고 핸드북 제작	
			영어	**· 자기주도 포트폴리오** - 한 학기 동안 자신이 작성했던 활동지와 과제 결과물을 돌이켜 보며 학년 초의 자신과 학기 말의 자신을 비교해 보고 얼마나 성장했는지를 스스로 느껴 보기를 바람. **· 나의 인생곡선** - 자신의 인생을 뒤돌아보며 그래프를 영어로 설명하기를 원함.	

핵심 가치	학년 교육 과정 주제		연계 교과	교육 내용	비교과 활동 내용

발견
성장
만남
	발견
	하기
		너와
		나의
		유레카!
			기술
			가정
				• **친구 인터뷰 스톱모션 제작**
				- 국어 시간에 친구를 면담한 내용으로
				  스톱모션 영상 제작(업사이클 활용)
					• 존중
					  표현대회

			한문	• **호 짓기**
				- 서로에 대한 이해를 바탕으로 한자를
				  탐색하여 '호'를 지어 주며 관계를
				  공고히 한 우리 문화를 이해하고 내
				  삶에 적용하기를 바람.	

			과학	• **생물다양성**
				- 멸종 위기 동물 엽서 그리기를 통해
				  인간의 생존과 생물다양성 사이의
				  관계를 깨닫기를 바람.	

			수학	• **친구의 인생 그래프 만들어 소개하기**
				- 친구의 이야기를 듣고 인생 그래프를
				  그리며 그래프 해석 능력을 기르기를
				  원함.	

	세상
	보기
		지금,
		여기
		우리
		마을
		이야기
			기술
			가정
				• **내가 살고 싶은 장곡동 만들기**
				- 내가 살고 있는 장곡동이 앞으로 어떤
				  모습으로 변화할지 생각해 보고 모형
				  제작하기
					• 진로체험
					  지방자치
					  이해 활동

			도덕	• **슬기로운 이웃생활**
				- 내가 살고 있는 마을에서 이웃생활을
				  원만히 잘할 수 있도록 공동체 의식을
				  깨닫고 실천하기를 바람.	

			사회	• **지도 읽기**
				- 지도에서 우리 지역 시흥의 위치를
				  파악하고, 시흥의 자연환경과 문화,
				  역사에 대해 알기를 바람.	

			한문	• **마을에서 만난 한자** - 삶 속의 한자 어휘를 만나 간판 속 의미와 의도에 대해 공감하기를 바람.	

나. 2학년

1) 학년 목표: 소통 능력 키우기

2) 교육과정 재구성 주제: 장곡동을 돌아보며 지속가능한
우리를 꿈꾸다, 삶을 바라보고 가꾸다

가) 평화 프로젝트 '장곡동을 돌아보며'

　- 체인지 메이커로 나누며 발전하기

나) 책임 프로젝트 '지속가능한 우리를 꿈꾸다'

　- 지속가능함으로 함께 행복하기

다) 배려 프로젝트 '삶을 바라보고 꿈꾸다'

　- 나와 주변을 따뜻하게 바라보기

3) 2학년 교육과정 재구성

핵심 가치	학년 교육 과정 주제	연계 교과	교육 내용	비교과 활동 내용
평화	장곡동을 돌아보며	국어	• **더 쉽게, 더 정확하게, 함께 나누기** - '마을의 평화를 생각하다. 장곡동을 돌아보며'라는 주제로 설명 방법을 활용한 설명문 쓰기 및 발표를 통해 자신이 살아가고 앞으로 살아갈 마을에 대한 다양한 관점 공유하기	• 체인지 메이커 (마을 변화 프로젝트) • 장곡동 마을 브리핑
		도덕	• **시민 윤리** - 시민으로 가져야 하는 다양한 윤리성을 바탕으로 마을에 관심 갖기	
		미술	• **도시 환경 디자인** - 생활 주변을 탐색하고 장곡동 마을 지도 그리기 - 디자인의 기능을 활용하여 편리하고 쾌적한 마을 디자인하기	
책임	지속가능한 우리를 꿈꾸다	과학	• **지속가능한 현대적 에너지 &** **지속가능한 숲 관리** - 원자력 에너지, 전기에너지, 식물의 광합성에 대한 이론 내용을 학습한 후 지구와 환경이 함께 살아갈 수 있는 지속가능한 발전 방법을 발표하고 실천하기	• 존중표현대회 (함께 책임 지고 인간 다운 삶을 꿈꾸는 '지속 가능성'을 위한 존중)
		도덕	• **환경, 과학 윤리** - 그림책을 통해 환경 및 과학 윤리를 바탕으로 생태계 전체에 대한 지속가능성을 이해하고 실천하기	

핵심 가치	학년 교육 과정 주제	연계 교과	교육 내용	비교과 활동 내용
책임	지속가능한 우리를 꿈꾸다	체육	**· 지속가능한 건강을 위한 삶** - 학생들이 직접 체력 향상 타바타 　만들기를 통해 지속가능한 건강한 삶 　꿈꾸기	
배려	삶을 바라보고 가꾸다	국어	**· 삶을 가꾸는 공감 독서** - 책을 통해 삶과 세상을 연결하고 　바라보기	
		정보	**· 사이버 폭력 예방과 사이버 윤리 실천** - 인터넷 악플로 인해 고통받는 　사람들에게 용기와 희망을 주는 　'공감의 선플'을 다는 활동으로, 　선플을 받는 사람과 다는 사람 모두 　행복하기, 생명의 소중함을 알고 　아름다운 언어를 통해 생각과 행동을 　바꾸어 삶을 바라보고 가꾸기	
		역사	**· 나의 문화유적 답사기** - 문화권 답사 계획 세우기 - 다른 문화에 대한 이해를 바탕으로 　답사 기록 작성하기	
		중국어	**· 나의 중국 신문 만들기** - 중국 문화에 대해 다양한 관점으로 　바라보기	
		수학	**· 일차함수와 그래프** - 함수의 그래프를 이용한 나의 삶을 　바라보고 인생 그래프 그리기를 　통해 자신의 삶을 되돌아보고 미래를 　설계해 보며 자아를 탐색하기	
		영어	**· Great Things about Yourself** - 내 주변의 평범하지만 훌륭한 　사람들을 바라보고 그들 중 나의 　롤 모델을 정하여 글을 쓴 후 그들의 　책임감과 배려심 배우기	

다. 3학년

1) 학년 목표: 소통하며 꿈 찾기

2) 교육과정 재구성 주제: 따뜻한 세상을 만들기 위해 지

속가능한 삶을 주제로 프로젝트를 진행하고, 더 나은 사회를 만들기 위한 시민적 예의와 연대의식을 생각해 본다. 진로 프로젝트를 통해 생동감 있는 사회를 만드는 각자의 빛깔과 향기를 찾기 위해 도전해 본다.

　　가) 공존 프로젝트 '지구시민 되기'

　　나) 민주시민 프로젝트 '민주주의, 멈추지 않는 도전'

　　다) 진로 프로젝트 '나를 바라보며 우리를 그리다'

　3) 교육과정 재구성

핵심 가치	학년 교육 과정 주제	연계 교과	교과 교육 내용	비교과 활동 내용
공존	[지구시민 되기] - 지속가능한 삶	과학	• 대기권과 날씨(환경) - 기후 온난화의 원인, 문제, 대책을 생각해 보고 포스터 그리기를 통해 우리가 사는 지구를 건강하게 지켜 내길 바람.	• 7월 자치 분권 이야기 마을강사 연계 수업: 우리 마을의 문제를 찾아 해결 방법에 대해 건의함.
		기술 가정	• 수송기술(친환경, 첨단), 신재생에너지 - 신재생에너지 활용을 통한 수송 기술로 친환경 지구 만들기 활동을 함.	
		미술	• 레고 블록 활용한 픽토그램 - 학교에서 실천할 수 있는 환경보호 방법을 고민하여 픽토그램으로 제작함.	
민주 시민성	[민주주의 멈추지 않는 도전] 시민적 예의, 시민적 연대	사회	• 국가기관에 대한 이해 (경찰청, 검찰청 vs 권익위, 인권위) - 국가기관에 대한 이해를 바탕으로 민주주의에 대한 생각을 정립하기를 바람.	• 7월 존중표현 대회

핵심 가치	학년 교육 과정 주제	연계 교과	교과 교육 내용	비교과 활동 내용
민주 시민성	[민주주의 멈추지 않는 도전] 시민적 예의, 시민적 연대	역사	• 5·18 민주화운동 타이포셔너리 제작 - 5·18 민주화운동의 역사적 사실에 대해 알고 타이포셔너리 제작을 통해 민주화를 이루기 위한 많은 사람의 노력과 그 참된 가치를 표현해 보길 바람.	
		영어	• 민주화운동 관련 외신 기사 읽기 - 민주화운동 관련 기사를 읽고 민주화운동의 진실을 알고 인간을 존중하는 민주주의 공동체 일원으로 성장하는 계기가 되도록 함.	
		국어	• 민주화운동 관련 참여시 읽기 - 민주화운동 관련 참여시를 읽고 시민적 예의와 연대의 가치를 내면화함.	
도전	[나를 바라 보며 우리를 그리다] 꿈을 향한 도전	나 바 라 보 기 ↓	영어	• 힘들었던 순간을 극복한 경험 말하기 - 자신의 힘들었던 순간을 설명하고 그 상황에서의 감정을 표현할 수 있고 극복했던 경험을 말함으로써 서로 공감하기를 바람	• 3~4월 자기조절 학습검사 7월 희망 고교 탐색 프로젝트
			국어	• 나의 색을 찾아가는 자서전 쓰기, 성장독서 - 자서전 쓰기 과정을 통해 자기 삶에 대한 다양한 질문에 답하며 자아를 탐색하기를 바람.	
			체육	• 자신에게 맞는 운동 프로그램 만들기 - 자신의 신체의 특징과 역량을 이해하고 그에 적합한 운동 프로그램을 만듦.	

핵심 가치	학년 교육 과정 주제	연계 교과		교과 교육 내용	비교과 활동 내용
도전	[나를 바라 보며 우리를 그리다] 꿈을 향한 도전	우리 그리 기 ↓ 꿈을 향해 도 전 하 기	영어	• 나의 진로와 직업의 가치 소개하기 - 자신의 진로와 미래에 대해 생각해 봄으로써 선택할 직업의 하는 일과 선택하는 이유나 가치를 찾도록 함.	
			사회	• 입법, 사법, 행정과 관련한 직업 알아보기 - 우리 사회에 기여하는 다양한 직업을 탐색하며 미래 사회를 그려 봄.	
			미술	• 현재의 나, 미래의 나와 함께 서다, 포토몽타주 제작 - 사진 이론을 이해하고, 진로를 탐색하여 자신의 현재 모습과 미래의 모습을 포토몽타주로 제작함.	
			음악	• 나의 노래를 통하여 꿈 찾기 - 내가 좋아하는 노래를 찾아 나의 꿈을 가사로 만들어 노래하며 음악적 감수성과 자기 관리 역량을 키움	
			기술 가정	• 행복한 삶 설계하기 - 생애 설계하기를 통해 생애 주기별 행복한 삶을 위해 무엇이 필요한지 생각해 보게 함.	

응곡중학교 교육과정의 실제 - 2021년 2학기

가. 1학년

1) 학년 목표: 존중하는 너, 나, 우리

2) 교육과정 재구성 주제: (너)도(나)도하게 내딛자!

　가) 실천 주제: 나를 사랑하고 타인을 존중하기

　나) 실천 방법

① 발견하기

- 나를 발견하기

- 출발, 나의 성장여행(성장을 위한 시작)

- 너와 나의 유레카!(너와 나의 만남)

② 세상 보기: 지금, 여기 우리 마을 이야기

3) 교육과정 재구성

핵심 가치	학년 교육 과정 주제		연계 교과	교육 내용	비교과 활동 내용
발견 성장 만남	발견 하기	나를 발견 하기	과학	• Red film을 이용한 그림 그리기 - Red film을 이용하여 나와 내 주변 사람들과의 관계를 주제로 한 이야기를 그림으로 표현하여 나 자신을 이해하는 기회를 갖게 되기를 기대함.	
			음악	• 내가 좋아하는 음악가 소개하기 & 노래 부르기 - 다양한 음악을 접하고 노래를 부르면서 음악을 즐기기를 기대함. - 곡에 어울리는 소리를 내는 방법과 자연스러운 나의 목소리를 찾아가길 기대함.	
			기술 가정	• 식생활 분석과 건강 관리 - 신체에서 5대 영양소의 각 역할을 이해하고 자신의 식습관을 점검하여 균형 잡힌 식생활을 위한 식단을 구성해 볼 수 있기를 기대함.	
			영어	• 자신의 장래 희망 소개하기 - 자신의 장래 희망을 자세히 조사하고 그 직업을 소개하는 소개서를 만들고 발표하는 과정에서 자신이 중요하게 생각하는 가치와 자신의 직업관에 대해 알 수 있기를 바람.	

핵심 가치	학년 교육 과정 주제		연계 교과	교육 내용	비교과 활동 내용
발견 성장 만남	발견 하기	나를 발견 하기	체육	• **심폐소생술 완전 정복하기(카드 뉴스 만들기)** - 응급 상황이나 안전사고 발생 시 신속하고 안전하게 대처할 수 있기를 기대함.	
			국어	• **알쓸진잡(독서)** - 자신의 진로 흥미 유형과 관련된 독서 활동을 통해 정보를 요약하고 자신이 찾은 정보를 친구들과 나누며 서로의 삶에 기여하기를 기대함.	
	출발, 나의 성장 여행		기술 가정	• **나에게 어울리는 옷차림(& 뮤지컬)** - 자신의 현재 체형을 분석하여 장점을 살리고 단점을 보완할 수 있는 옷차림을 찾아갈 수 있기를 기대함.	
			국어	• **갈등과 성장(소설/뮤지컬)** - 소설과 뮤지컬을 통해 갈등을 이해하고 갈등을 관리하고 해결할 수 있는 공감 능력을 키워 민주시민으로 성장하기를 기대함.	
			음악	• **다양한 악기 경험해 보기(기타, 펜비트, 붐웨커, 칼림바 등)** - 다양한 악기를 접하고 바른 자세와 주법을 익히며 나만의 특기로 키울 수 있는 악기를 찾아보고 악기 연주를 즐기는 자세를 지니길 바람.	
			과학	• **상태 변화로 탄생한 우주 음식 메뉴 개발(레시피 만들기)** - 수증기를 승화시켜 음식물 속의 수분을 제거하여 동결건조 방식으로 만들어지는 우주 음식 메뉴에 대해 알아보고 직접 레시피를 개발하며 자신의 진로에 대해 생각해 보는 계기가 되길 기대함.	
			체육	• **배드민턴 경기(창의적인 단체 경기 만들기)** - 네트형 스포츠 경기 방법과 전략을 이해하고 경기 상황에 맞게 창의적으로 적용하기를 기대함.	

핵심 가치	학년 교육 과정 주제	연계 교과	교육 내용	비교과 활동 내용
발견 성장 만남	너와 나의 유레카!	도덕	• **세계 시민으로서의 나** - 세계 시민이 갖추어야 할 도덕적 가치를 알고 지구촌의 문제를 자신의 문제로 여기고 해결하기 위해 노력하는 자세를 실천하기를 기대함.	
		수학	• **자료의 정리와 해석(설문과 통계)** - 친구들의 다양한 자료를 조사 후 각각의 자료에 알맞은 방법으로 정리하고 해석하며 친구들에 대해 몰랐던 점에 대해 알아 가기를 기대함.	
	세상 보기	지금, 여기 우리 마을 이야기	기술 가정	• **도·시·락(도전하고, 시도하고, 즐기자)** - 코로나 시대가 도래하며 바뀐 사람들의 일상을 분석하여 이에 맞는 창업을 통해 발산적 사고를 기르고 창업의 흐름을 이해할 수 있기를 기대함.	
			음악	• **세계 속의 국악(우리 지역의 민요와 노래 찾아보기)** - 세계가 인정한 우리의 음악 유산을 알아보고 우리 지역의 민요와 노래를 찾고 불러 보면서 국악의 가치를 깨닫기를 기대함.	
			도덕	• **문화의 다양성 보고서 만들기** - 다문화 사회의 갈등을 해소하고 조화롭고 평화로운 다문화 사회로 발전해 나가기 위해 갖춰야 할 바람직한 태도 함양을 기대함.	
			사회	• **다양한 문화 이해 태도 사례 살펴보기** - 문화의 다양성과 공존의 중요성을 인식하고, 다른 문화를 존중하는 태도를 함양하기 바람. • **우리 지역사회의 문제를 찾아 해결 방안 모색하기** - 지역사회의 문제를 찾아 해결하기 위한 시민 참여 활동을 알아보고 정책을 제안하면서 애향심과 시민의식 함양하기를 기대함.	

나. 2학년

1) 학년 목표: 소통 능력 키우기

2) 교육과정 재구성 주제: 장곡동을 돌아보며 지속가능한 우리를 꿈꾸다, 삶을 바라보고 가꾸다

    가) 평화 프로젝트 '장곡동을 돌아보며'

        - 체인지 메이커로 나누며 발전하기

    나) 책임 프로젝트 '지속가능한 우리를 꿈꾸다'

        - 지속가능함으로 함께 행복하기

    다) 배려 프로젝트 '삶을 바라보고 꿈꾸다'

        - 나와 주변을 따뜻하게 바라보기

3) 2학년 교육과정 재구성

핵심 가치	학년 교육 과정 주제	연계 교과	교육 내용	비교과 활동 내용
평화	장곡동을 돌아보며	도덕	평화윤리: 학교폭력과 관련하여 논증적 글쓰기	디자인 싱킹 - 나와 우리의 주변 문제를 나누며 발전하기
		역사	• 1, 2차 세계대전 속의 인권과 평화 - 전쟁 속 인권 유린의 사례를 조사하고, 평화를 지키기 위한 노력을 이미지와 글로 표현하기	
		수학	• 마을 지도에서 내심·외심 찾기 - 마을 지도에서 의미 있는 장소 세 곳을 꼭짓점으로 하는 삼각형의 내심·외심 찾기	
		중국어	응곡여행사가 추천해 드립니다: 중국의 도시 소개하기	
		국어	• 매체 비평문 쓰기 - 생산자의 의도 및 매체 자료에 드러난 다양한 표현 방법과 의도를 비평하는 글쓰기	

핵심 가치	학년 교육 과정 주제	연계 교과	교육 내용	비교과 활동 내용

책임	지속
	가능한
	우리를
	꿈꾸다
		영어	• 재활용품을 이용한 발명
			- 재활용품을 이용한 발명품을
			  영어로 소개하기
				단편 영화제
				- 교과와 연계하여
				  작성한 시나리오를
				  바탕으로 단편
				  영화 제작하기

		미술	• 슈링클스 - 학교-학급-나 이미지를 융합한 열쇠고리 만들기	
		정보	• 정보의 분석과 구조화 - 주변에 관심 있는 주제 선정하여 데이터 분석하기	
		체육	농구: 수업 과정 중 포인트 쌓기를 통한 지속적 평가	

		과학	• 수자원을 절약해야 하는 이유
			- 수자원과 관련된 영상을 보고
			  수자원을 절약해야 하는 이유에
			  대해 나누기	

		도덕	통일윤리: 한반도 평화 정착 프로젝트 발표 및 보고서 수업	

		역사	• 역사적 평가하기(신항로 개척의
			  명암)
			- 신항로 개척이 유럽과 아메리카에
			  미친 영향에 대해 평가하는 글쓰기	

		국어	• 문학작품 재구성하고 시나리오 쓰기 - 재구성된 작품을 원작과 비교하고 이를 바탕으로 시나리오 작성하기	

배려	삶을
	바라보고
	가꾸다
		국어	• 국어 시간에 책 소개하기
			- 자신의 삶과 연결하여 능동적이고
			  참신하게 표현하기
				위대한 수업,
				그레이트 마인즈
				- 내 삶을 풍성하게
				  도와주는 수업을
				  통해 한 걸음
				  성장하기

		영어	• 에세이 쓰기 - 좋아하는 영화 감상문 쓰기 및 음식의 유래 소개하기	
		미술+ 중국어	• 문자도 - 자신의 이름 한자 속에 자신을 표현할 수 있는 이미지 넣기	

핵심 가치	학년 교육 과정 주제	연계 교과	교육 내용	비교과 활동 내용
배려	삶을 바라보고 가꾸다	중국어	중국어로 나를 바라보다: 미래의 나 자기소개하기	
		진로	진로 설계: 나의 미래 희망 직업 포스터 만들기	
		도덕	삶의 중요성(삶과 죽음의 철학): 롤 모델 보고서	
		역사	• **민주주의의 확산(여성 참정권, 노동자의 권리)** - 역사 포스터 만들기	
		과학	• **열평형 시 쓰기** - 열평형 개념을 삶의 가치와 연결하여 시 쓰기	

다. 3학년

1) 학년 목표: 소통하며 꿈 찾기

2) 교육과정 재구성 주제: 따뜻한 세상을 만들기 위해 지속가능한 삶을 주제로 프로젝트를 진행하고, 더 나은 사회를 만들기 위한 시민적 예의와 연대의식을 생각해 본다. 진로 프로젝트를 통해 생동감 있는 사회를 만드는 각자의 빛깔과 향기를 찾기 위해 도전해 본다.

　가) 공존 프로젝트 '지구시민 되기'

　나) 민주시민 프로젝트 '민주주의, 멈추지 않는 도전'

　다) 진로 프로젝트 '나를 바라보며 우리를 그리다'

3) 교육과정 재구성

핵심 가치	학년 교육 과정 주제	연계 교과	교과 교육 내용	비교과 활동 내용
공존	[지구시민 되기] 지속가능한 삶	국어	• **지속가능한 지구를 위한 관점과 주장** - 『지구를 살리는 기발한 물건 10』 주제독서, 토론하기, 주장하는 글쓰기를 통해 지속가능한 지구를 위해 우리가 무엇을 할지 생각해 봄.	시흥 환경 지킴이
		기술 가정	• **미래기술** - 미래를 위한 적정기술, 지구와 지구의 생명체를 위한 지속가능한 발전	
		영어	• **멸종 위기 동물 조사** - 동물의 특성과 멸종 위기의 원인과 보호 방법을 조사하여 발표함. • **환경문제에 대한 보고서 쓰기** - 자신이 접한 환경문제의 예를 들어 환경문제의 원인과 해결 방안을 제시하는 글쓰기를 함.	
		수학	• **통계 프로젝트** - 우리 반 친구들의 다양한 정보를 수집하여 분석하기. 대푯값이나 산포도 같은 정보를 해석하고 상관관계를 파악함.	
		미술	• **캘리그라피 무드등 제작** - 지속가능한 좋은 삶을 위한 메시지를 캘리그라피로 표현하여 무드등 제작	
민주 시민성	[민주주의 멈추지 않는 도전] 시민적 예의, 시민적 연대	미술	• **세상과 함께하는 미술** - 사회문제를 반영한 미술 작품 감상문 작성, 사회적 문제를 표현한 설치미술 작품 제작	• 매직으로 체험하는 평화 감수성 훈련 • 체인지 메이커 교육

핵심 가치	학년 교육 과정 주제		연계 교과	교과 교육 내용	비교과 활동 내용
민주 시민성	[민주주의 멈추지 않는 도전] 시민적 예의, 시민적 연대		역사	• **6·25 전쟁과 반전** - 6·25 전쟁의 배경과 전개 과정, 결과에 대한 수업을 진행 후 반전 포스터 및 글을 작성하면서 전쟁의 참상과 아픔, 평화의 소중함에 대해 생각해 봄.	
			국어	• **고전 소설 감상을 통해 사회 문제 생각해 보기** - 고전 소설 감상을 통해 현대의 다양한 사회문제를 생각해 봄.	
도전	[나를 바라 보며 우리를 그리다] 꿈을 향한 도전	나 바라 보기 ⬇ 우리 그리기 ⬇ 꿈을 향해 도전 하기	음악	• **칼림바 연주** - 악기 연주를 통해 나 자신에 대해 돌아보고 연주하는 과정을 통해 도전의식과 자아실현, 성취감 함양 • **악곡 감상** - 다양한 음악 감상과 연주 통해 내 꿈을 향해 나아가는 경험 제공	• 뮤지컬로 여는 세상 • 장곡고 선배와의 만남 • 진로워크북 • 고교학점제의 이해
			과학	• **과학적으로 '나' 소개하기** - 나의 유전 형질을 소개하고 친구들의 유전 형질을 들으며 나누는 과정을 통해 편견 없는 사회를 만들기 바람.	
			영어	• **친구에게 보내는 편지 발표하기** - 3년 동안의 중학교 생활을 돌아보며 친구들과의 추억을 공유하는 시간을 가짐.	
			수학	• **삼각비로 높이 재기** - 삼각비의 개념을 이용하여 높은 건물의 높이를 잼. 기존에 할 수 있으리라고 생각하지 못했던 것을 수학을 통해 도전.	
			기술 가정	• **가족 관계** - 변화하는 가족의 형태를 알아보고 가족 관계를 이해함. 가족 관계에서 발생하는 갈등 해결하기	

코로나19와 맞선 학습공동체의 힘!
그 위대함에 대하여, 경기 운산초등학교

[운산초등학교 교사 배순정]

내비게이션도 지도도 나침반도 없었던 아주아주 먼 옛날, 사람들이 길을 잃었을 때 가장 먼저 찾고 의지했던 것은 아마 북극성이었을 것이다. 막막한 그 밤, 북극성을 찾을 수 있다면 가야 할 방향을 다시 찾을 수 있었을 것이다. 북극성은 길잡이별이라는 별칭이 있는데, 이는 나아갈 방향을 밝혀 주며 길잡이 역할을 하는 대상을 비유적으로 이르는 말이다.

아주 먼 옛날 길을 떠난 사람만이 길을 잃는 것은 아니다. 우리는 학교에서 교사로 살아가면서 종종 내가 가는 이 길이 맞는 방향인지 길을 잃고 헤매거나 지나온 길을 돌아볼 때가 있다. 하루도 예측하기 어려운 코로나 상황에서는 더 자주 그런 순간이 온다. 그런데 지역의 몇몇 혁신학교에서 학교 자체적으로 콘퍼런스를 했다는 반가운 소식과 함께 우리가 잘하고 있는 건지, 다른 학교들은 어떻게 하고 있는지 궁금하다는 이야기를 들었다. 문득 우리 학교 선생님들에게는 그와 같은 이야기를 들어 본 적이 없다는 사실을 깨달았다. 이유가 무엇일까를 고민하던 중에 찾은 해답은 바로 길잡이별에 있었다.

맘카페를 통해 온라인 개학 소식을 먼저 접하고 참담해진 우리에게 서로 던진 질문은 '그럼 이제 우리는 무엇을 할까?'가 아니었다. 사이먼 시넥이 〈위대한 리더들이 행동을 이끌어 내는 법〉[3]에서 말한 골든 서클 이론처럼 운산초의 많은 교사가 결과물인 'What'에 대한 질문이나, 방

183

---

3 TED. (2010. 5. 5). How great leaders inspire action[비디오파일].
검색경로 https://www.youtube.com/watch?v=qp0HIF3SfI4

법에 해당하는 'How'에 대한 질문이 아닌 길잡이별에 해당하는 목적, 방향, 비전이 담긴 'Why'의 질문을 서로에게 하였다. '온라인 개학! 어떤 목적을 가지고 어떤 방향으로 나아가야 할까?', '운산초스러운 온라인 개학은 무엇일까?'가 바로 그것이다. 먼저 동학년협의회에서 논의한 후, 학년의 의견을 모아 부장협의회에서 정리하고 다듬어 운산초의 온라인 개학의 방향을 정리하였다. "학부모 부담을 줄여서 긴 호흡으로 가자. 자기주도적 학습력 향상의 기회로 삼자. 편안하고 따뜻한 피드백을 하자. 구성원이 함께 성장하며 운영하자. 온라인 학습량을 적정화하자. 아이들의 생활 습관 회복을 돕자." 이것은 우리가 나아가면서 흔들릴 때마다 든든한 길잡이별이 되어 주었다.

　　재미있게도 우리 학교에는 그런 길잡이별이 하나가 아니라 여러 개이고, 모두가 조화롭게 같은 방향을 향하고 있다. 혁신학교 초기에 교사가 바뀌더라도 학교가 지향하는 바를 놓치지 말자고 만들었던 '운산초등학교 헌장'이 길잡이별이고, 8년 차 종합평가 후 혁신학교 재지정을 받으면서 새롭게 정한 학교 비전 '나다운 나, 공감하는 우리, 꿈이 있는 공동체'가 길잡이별이며, 혁신학교로서 혁신학교의 기본 철학인 '공공성, 민주성, 윤리성, 전문성, 창의성' 또한 우리의 길잡이별이다. 특히 미래혁신학교로 도약을 꿈꾸며 선정한 학생들의 주체적, 감성적, 공동체적 삶을 위한 역량자기관리 역량, 자기주도적 학습 능력, 자존감, 생태 감수성, 문화예술 감수성, 대인 감수성, 협력적 학습 능력, 대인관계 능력, 민주시민 역량은 코로나 이전의 상황에서도, 지금의 코로나 상황에도, 또 코로나 이후의 상황에도 여전히 유의미한 길잡이별이 되어 줄 수 있다는 데 우리 구성원 모두가 적극 동의한다.

　　등교 수업을 실시하겠다는 발표 후에는 등교 수업의 방향을 부장협의회에서 결정했다(잦은 회의로 피로한 동학년 선생님을 배려한 처사였는데, 모든 안건을 전체 교사회의를 통해서 운영하기보다는 적절한 회의 단위를 찾는 것은 매우 중요하다. 우리 학교에는 다양한 협의 소그룹, 월요회의, 부장협의회, 기획위원회, 월례회 등의 다양한 협의체가 존재한다).

보호자와 학생 의견 적극 반영하기, 안전을 최우선으로 하기, 학생의 피로도 낮추기, 피드백 중심의 수업하기 등 길잡이별을 바탕으로 '밀집도 최소화를 위한 수도권 지역 등교 인원 1/3 이하 운영 지침'이 나오기 전부터 학생 기준으로는 주 1회, 교사 기준으로는 주 2회 등교 수업 운영을 결정할 수 있었다. 만약 방향을 먼저 정하지 못했더라면 공문의 의도를 파악하는 데 에너지를 쓰거나 학부모의 민원 전화에 흔들리고 언론에 흔들렸을 것이다. 어찌 보면 다른 학교에서도 비슷하게 운영하던 방식이지만 하루 뒤도 내다볼 수 없는 코로나 상황에서도 흔들릴 때마다 우리가 가야 하는 방향을 비춰 주는 길잡이별의 역할을 톡톡히 하고 있다.

7월의 어느 수요일, 그해 들어 처음으로 운산초 전 교사가 모였다. 한 학기가 다 지나가도록 코로나 감염 예방 때문에 한 번도 모인 적이 없었으나 그동안 학년별로 운영한 교육과정을 함께 나누는 시간을 그냥 놓쳐 버릴 수는 없었다. 코로나만 아니었더라면, 화성·오산 관내 선생님들을 초대했을 교육과정 콘퍼런스였다. 방역을 위한 준비를 꼼꼼히 하고 학년의 다양한 교육과정 운영 사례를 듣는 시간은 뭉클함의 연속이었다. 2월, 설마하는 마음으로 준비하고 계획했던 프로젝트 계획서는 빛을 보지 못한 채 연구실 한쪽 구석으로 밀려났지만 한 주 한 주를 어떻게 보낼지 매주 함께 모여 계획하며 정리한 포스트잇 가득 붙은 4절지로 학년 연구실의 한쪽 벽은 이미 다 꽉 차고 새로운 벽으로 영역을 넓혀 가고 있었다. 방역에 신경 쓰는 것만으로도 벅차고 힘든 상황인데 모든 학년에서 각 학년의 비전 또는 길잡이별과 원격수업과 등교 수업의 방향을 정하고 이에 따라 다양한 교육활동을 운영했다. 처음 계획과는 많이 달라졌지만 온작품 읽기를 비롯한 다양한 프로젝트, 삶을 위한 역량별 교육활동이 비록 양과 수는 축소되었지만 다양한 방식으로 모두 시도되고 이루어졌다는 것이 너무 놀라웠다. 방향이 정해지고 나면 그것을 이루기 위한 방법은 다양함 속에서 어떻게든 찾아지기 마련이고 그 결과로 다양한 수업 방식 또는 프로젝트는 따라온다.

"이 모든 게 동학년 선생님과 함께였기에 가능했습니다. 같이 배우고 나누고 고민하고… 혼자 생각으로는 절대 못 할 일을 많이 했어요. 기술도 기술이지만 온라인 교육에 대한 새로운 가능성을 알게 됐고 더불어 우리가 잊지 말아야 할 가치, 철학도 더 단단해졌어요."

한 선생님의 고백은 우리 학교 교사 모두의 마음이 아닐까 싶다.

코로나 위기 속에서 발견한 축하할 일들도 많이 있다. 이전에 하지 않았던 다양한 교육 실험과 소통을 위한 다양한 시도가 이루어지고, 학생 개별화 교육의 가능성도 발견하고 학생들은 자기주도적 학습을 경험하고 있으며, 학교의 의미와 교사의 역할에 대한 고민도 깊어졌다. 무엇보다 나 혼자였으면 하지 못했을 많은 것들을 가능하게 해 준 학습공동체의 위대한 힘을 발견한 것은 코로나 덕분에 얻은 가장 큰 수확이다.

학교와 학년 단위의 교육과정에 대한 고민과 설계가 가능하고 그 안에서 누구나 성장할 수 있는 힘은 학습공동체 중심의 문화와 시스템에서 나온다. 운산초는 학습공동체와 관련한 문화와 시스템이 잘 구축된 학교라고 감히 말할 수 있다. 우리 주변에 늘 있는 공기의 소중함을 인식하지 못하다가 공기가 없는 곳에 가야 그 소중함을 느끼는 것처럼, 그 공간에서 생활할 때는 어떤 문화와 시스템이 있는지 느끼지 못하나 보다. 우리 학교를 떠나 다른 학교로 전출한 선생님들에게 '여기는 문화가 달라. 시스템이 없어'라는 이야기를 종종 듣는다. 운산초의 남다른 문화, 운산초에는 있는 시스템은 무엇일까?

학교는 행정이 아닌 교육활동을 하는 곳이다. 그런데 오랜 기간 학교에서 문서 위주의 행정이 우선시되면서 폐쇄적이고 분업적이고 수직적인 문화였다. 교육과정과 수업, 평가를 통한 학생들의 성장이 학교의 중요한 역할이라면 학교는 행정하는 조직이 아니라 교육활동을 함께 학습하는 조직으로 바꿔야 한다. 이를 위한 중요한 세 가지를 살펴보자.

가. 정기적인 학습공동체 운영 시간 확보

우리 학교에는 다양한 학습공동체가 운영되고 있다. 부장들이 모여서 학습하는 부장나들이_{월요일}를 비롯해, 학년 단위의 학습공동체_{화, 목요일}, 다양한 주제 중심의 자율 연수_{수요일}와 연구회 활동_{금요일}까지 아이들이 하교한 후의 활동 시간표가 빽빽하다. 이 중 다른 것은 선택사항이지만, 화요일과 목요일에 이루어지는 학년 학습공동체는 선택할 수 있는 사항이 아니며 그 누구도 어떤 행사, 어떤 회의도 침범할 수 없는 절대적인 영역이다. 실제적인 학년별 전문적 학습공동체가 운영되는 시간으로 학점 이수를 인정받는 60시간을 훌쩍 넘는다. 코로나 상황으로 인해 학년별 학습공동체 모임은 더 자주 거의 매일 운영되었다. 영어, 체육, 과학 교과 전담 교사를 비롯한 사서, 영양, 보건, 특수 선생님들도 전담 교과 학습공동체 팀을 이루어 화요일과 목요일 학습공동체 운영 시간만큼은 지키고 있다. 참고로 학습공동체 운영을 위한 운영비도 지역의 혁신지구 사업을 통해 확보하여 학년당 100만 원 정도의 지원을 받고 있다.

나. 교육활동과 안건 중심의 월례회

매달 이루어지는 월례회는 대규모 학교에서 전체 교사가 모이는 매우 소중한 시간이다. 보통은 각 부서 업무부장들의 전달 말씀이 이어지다가 지적과 당부의 묘한 줄타기의 교감, 교장 선생님의 말씀 듣기로 끝이 난다. 함께 모이는 소중한 시간을 의미 있게 보내고자 전달 및 당부 사항은 메신저를 통해 공유하고, 그 시간은 교육활동과 고민을 함께 나누는 시간으로 운영하고 있다. 첫 월례회에서 학년 비전과 중점적으로 진행할 프로젝트나 교육활동 중심의 계획에 대해 듣고, 학기 말 마지막 월례회에서는 학년별로 이루어진 교육과정 평가를 바탕으로 실제 운영된 사례, 축하할 것과 고민되는 지점에 관해 이야기를 나눈다. 다양한 학년이 모여 앉아 이야기를 나누면서 궁금증과 호기심이 생기고 고민하던 지점에 대한 해결책을 찾기도 하며, 다 같이 고민해 볼 다음 연구 주제를 찾기도 한다. 나머지 달에는 선생님들이 공유받고 싶은 내용을 중심으로 이뤄지는데 기억에 남는 주제로는 배움 공책 쓰는 방법, 존중과 배려의 학급 운영 사례, 따뜻한 아침맞이, 소통과 경청이 있는 교실 이야기, 금요일에 이뤄지는 연구회 이야기 등이다. 안건 토의 시간에는 미리 제안받은 안건 중에서 월례회 단위의 협의가 필요한 안건을 정한다. 미세먼지로 인한 야외 및 동아리 수업 등의 어려움과 해결 방안 찾기, 회복적 생활교육 추진위원회가 만든 회복적 생활교육 시스템에 대한 공유 및 의견 제안하기, 안전한 학생 통학로 확보를 위한 차량 출입로 정비 등 다양한 안건이 제안되었다. 특별한 안건이 없을 때는 다 같이 그 자리에서 책을 읽고 토의하는 즉석 독서토론도 이루어진다.

다. 학교 단위의 학습공동체, 교육과정 워크숍

우리 학교는 12월이 되면 다음 학년도 학년과 업무 배정이 어떻게 될지 대부분의 교사가 인지하고 있다. 다음 학년도 부장 인선 후, 그해의 부장과 다음 학년도 부장, 교감 선생님이 함께 인사 추진팀이 되어 포스트잇을 붙이며 투명하게 인사를 진행한다. 이는 12월에 세 차례에 걸쳐 이루어지는 교육과정 워크숍을 위함인데, 다음 학년도에 내가 속한 우리 학년에서 실제로 운영할 교육과정을 이야기하려면 학년을 미리 알고 참여하는 것이 도움이 되기 때문이다.

구기욱의 『반영조직』2016에 의하면 사람은 누구나 자유를 갈망하는 마음과 성취를 원하는 본성이 있어 자신의 의지로 결정하고 선택하고 싶어 하며 무언가를 잘 성취하고 싶어 한다고 한다. 반영조직은 이두 가지 사람의 본성과 소통의 본질에 바탕을 둔 조직으로 서로의 생각을 단순히 듣는 것을 넘어 서로 공감하고, 나아가 구성원의 의지가 조직의 의사결정에 반영되는 조직이다. 그런 관점에서 본다면 운산초는 반영조직임이 틀림없다. 그동안의 학교문화를 돌아보고 성찰하는 조직문화 진단 워크숍을 시작으로, 교육과정 실행 전략을 세우고, 새로운 교육활동을 제안하는 그 자리에 전 교사가 함께 모여 자신의 목소리를 내고 서로의 이야기를 들으며 생각을 모으는 과정에 참여하는 것은 자유, 성취, 반영의 욕구를 모두 충족시켜 자발적 변화를 일구는 바탕이 된다. 교육활동 제안에서 많은 교사의 공감을 받은 부분은 좀 더 구체화되고 다듬어져서 겨울방학 때 실시하는 부장 워크숍에서 다시 한번 제안되고, 학년부장은 학년 교육과정으로 반영할 부분을 찾아 학년 교육과정으로 연결된다.

예를 들어 교육과정 평가 및 성찰 시간에 여러 학년에서 대인 감수성과 대인관계 역량이 중요하다고 생각하지만, 구체적인 교육활동으로 운영하기 어렵고 학생들의 변화도 눈에 띄게 나타나지 않는다는 이야기가 나왔다. 이후 여러 제안서 주제 중 하나로 선정된 '대인 감수성과 대인관계 역량을 어떻게 키워 줄까?'라는 주제에 관심 있는 선생님들이 모여서 왜 이 주제가 유의미한지에 대해 철학적 가치와 핵심역량 등 길잡이별을 다시 한번 확인하고, 어떤 교육활동을 통해 대인 감수성과 대인관계 역량을 키울 수 있을지 다양한 아이디어를 발산했다. 서로 아이디어를 보태 주는 월드카페 토론까지 두세 차례 운영하면 다양한 교육활동으로 구체화된다. 건강한 감정 표현, 자기표현 연습 기회 많이 주기, 비폭력대화 교사 연수, 성격 이해 검사, 자존감 프로젝트, 문제 해결 연습, 대인관계 프로젝트, 서클의 일상화 등으로 교육활동이 구체화되었다. 방학 직전 주말에 이루어진 부장 워크숍에서 학년별로 실천했으면 하는 내용을 결정하고 필요한 예산과 적당한 시기 등을 결정한다. 이렇게 되면 학년의 교육과정 설계도가 대략 이 설계도를 바탕으로 2월 말 전입 교사들도 함께 모이는 완전체 학년 협의회에서 학년의 비전과 교육 목표 등의 길잡이별을 함께 정하면서 구체적인 학년 교육과정의 큰 그림을 함께 그린다. 이때 학년에서 학습과 연구가 필요한 부분이 보이기도 하는데, 이는 교사 전문적 학습공동체 주제로 연결된다. 학기 초에 이루어지는 생활 프로젝트를 개발하는 시기도 바로 이때다.

이러한 교육과정 워크숍이 가능하려면 전제 조건이 있다. 학교문화가 개방적, 협력적, 수평적이어야만 한다는 것이다. 구성원들의 참여와 소통이 필수적인 워크숍은 서로 배려하고 존중하는 문화, 민주적인 회의 문화 속에서만 가능하다. 학교를 학습하는 조직으로 시스템화하려는 노력과 동시에 학교 안에 민주적인 문화를 만들어 가는 것도 매우 중요하다. 위에서 소개한 운산의 시스템은 함께 모여서 고민하고 공부하는 문화에서 시작되었다. 많은 교사가 함께 만들었던 문화가 학교 시스템으로 정착되었고, 또 때로는 잘 만들어진 학교 시스템이 운산의 문화가 되기도 하였다. 문화와 시스템은 서로 뗄 수 없는 관계이며 긴밀하게 연결되어 있다. 그리고 학교 안의 교사를 성장시키고 행복하게 한다.

행복하지 않은 교사에게 배우는 학생은 행복할 수 없다. 행복한 교실이 만들어지고 유지되려면 교사의 행복이 매우 중요하다. 운산초 선생님의 행복 지수는 매우 높은 편이다. 그 이유를 선생님들께 물어보니 앞서 언급했던 학습공동체를 통한 의미 있고 풍요로웠던 수업이 교사로서의 성장과 보람으로 연결되는 것을 알 수 있었다. 교사 상호 간의 문화와 관계 또한 교사 행복의 중요한 요소인 것도 유의미하다. '수업에서 관계가 차지하는 비중이 몇 퍼센트가 될까?'라는 질문을 받고 70, 80, 90, 95? 점차 높여 가는 나를 발견하고는 깜짝 놀란 적이 있는데 이는 교사에게도 적용될 수 있다. '행복한 학교생활에서 관계가 차지하는 비중이 몇 퍼센트일까?' 자문해 보니 이것 역시 90퍼센트 이상이다.

관계를 중요하게 생각하는 운산초 교사들이 행복한 교실을 위해서 가장 에너지를 많이 쓰는 부분도 역시 교사-학생, 학생-학생 사이 '관계 만들기'이다. 학기 초 관계 맺기 중심의 생활 프로젝트는 벌써 6년째 모든 학년에서 진행되고 있다. 코로나 상황이라 이전처럼 운영하지 못하게 되었지만, 선생님들은 원격수업을 하면서도 따뜻한 관계를 맺으려고 더 노력했다.

선생님의 목소리로 녹음한 아침 편지부터 전래 동화 읽어 주기, 선생님의 기타 반주에 맞춘 봄노래 선물, 내 이름 삼행시, 자기 얼굴 캐릭터, 버킷리스트 작성, 비접촉 교실 놀이, 밀도 있는 피드백, 서로 다른 요일에 등교하는 친구들에게 보내는 쪽지 활동까지, 교사들은 처음에는 1~2줄에 그쳤던 아이들의 쪽지가 점점 길어지는 모습을 보고 감동의 눈물을 흘렸다. 우울해 보이는 아이들이 마음에 걸려, 아이들이 그린 그림을 통해 각자의 마음을 읽어 주기 위해 전학공 시간에 열심히 공부하는 학년도 있다. 모니터 속 교사의 실재감을 어떻게 살릴 수 있을지 고민하던 학년은 영상을 직접 만들고, 출연도 하고, 이제는 실시간 수업도 준비 중이다. 쉽지는 않은 길이었지만 같이 해 주는 동료 교사가 있고 선생님이 너무 열심히 해서 대충대충 할 수가 없었다는 아이의 피드백이 오늘 또 우리를 컴퓨터 앞에 앉힌다. 여전히 우리는 관계에 목마르다. '함께', '더불어' 생활하고 학습하는 그 길로는 어떻게 가야 하는지, 학생들을 한 명 한 명 개별적으로 어떻게 인식하고 성장하도록 도울 수 있는지, 삶과 연계된 체험활동, 감수성 키우기 활동, 평가는 어떻게 해야 하는지 여전히 많은 고민을 안고 있다. 하지만 우리는 길을 찾을 것이다. 우리에게는 길잡이별도, 든든한 나의 동료도 있으니까!

전학공으로 만들어 간 우리 학교 교육과정 : 운산초의 사례

1. 운산초 학교 현장

운산초등학교는 2000년 9월 개교하고 2011년 혁신학교 지정 및 2015년 혁신학교 재지정된 학교로서 공교육의 정상화를 통해 학생, 학부모, 교사 등 모든 구성원이 서로 존중하고 함께 어울려 배우는 행복한 학교 만들기를 위해 노력한다. 이를 위해 초·중등교육법 제61조 및 동법 시행령 제105조에 의거 학교 헌장을 제정하며 이에 근거하여 우리는 구성원의 참배움과 성장 중심의 교육을 실현하고 미래와 더불어 현재의 행복한 삶을 살게 하는 교육을 실천한다.

1장 학교 철학과 문화

1조 우리는 협력, 공동체, 다양성, 능동적 교육철학을 지향하고 실천한다.

2조 우리는 구성원들의 자발적인 참여와 소통을 바탕으로 민주적인 토론과 협의의 과정을 중시하고 교원협의회를 통해 결정된 사항을 실천한다.

3조 교육 구성원 모두는 민주적인 리더십을 발휘하여 자율적인 학교문화를 조성하고 교육과정 중심의 학교를 만들기 위해 적극 노력한다.

4조 우리는 서로의 다양성을 인정하고 존중하며 학교의 가치를 지키기 위해 책임을 다한다.

2장 학교 운영

1조 주요 교육활동의 기획 및 운영은 학교 비전에 근거하여 학년 중심의 스몰스쿨제로 자율적으로 운영하며 정기적인 만남을 통해 협력하고 공유한다.

2조 교사 전문성 신장을 위해 학교, 학년 단위로 학습공동체를 구축하고 공동 연구, 공동 실천을 통해 모두의 성장을 추구한다.

3조 학교 행정과 예산은 학생과 교사의 교육활동 지원을
　　우선으로 한다.

3장 교육과정

1조 교사는 학생의 배움과 삶의 연결을 중시하고 협력적
　　배움이 일어나도록 돕는다.

2조 우리는 평가를 학생 개개인의 성장을 돕기 위한 과
　　정으로 생각한다. 그러므로 경쟁에서 협력으로, 결과
　　중심에서 과정 중심으로, 자신의 생각을 보다 깊고
　　넓게 표현할 수 있도록 하는 데 중점을 둔다.

3조 우리는 다양한 체험과 생태·문화예술 교육을 통해
　　학생들의 창의성과 감수성을 기른다.

4조 학교는 학생들의 꿈과 진로에 관심을 가지며 개개인
　　의 가능성을 열어 주는 교육의 장을 제공한다.

4장 학생 생활

1조 교사는 학생들이 학교 안 어디에서나 안전하고, 차별
　　받지 않도록 노력하며, 상호 존중과 배려의 교실 공
　　동체 문화를 만들기 위해 노력한다.

2조 학교는 평화·인권교육과 회복적 생활교육을 통해 평
　　화로운 공동체가 되도록 노력한다.

3조 학생은 함께 만든 규칙을 준수하여 존중과 배려의 학
　　급문화를 만들기 위해 노력한다.

5장 대외협력

1조 학부모는 학교 교육에 대한 권리와 책임을 동시에 갖는 교육의 주체로서 자발적으로 학교 교육에 참여하고 지원한다.

2조 학교는 마을교육공동체와 연대하고 협력하는 문화를 만들기 위해 힘쓴다.

2. 운산초 학교 교육철학

비전	나다운 나, 공감하는 우리, 꿈이 있는 공동체		
	↑		
핵심 가치	주체적 삶	감성적 삶	공동체적 삶
교육 목표	깊이 있는 배움으로 자기 삶의 주인으로 서는 건강한 어린이	문화 예술적 소양과 감수성이 풍부한 어린이	협력하며 배우고 존중과 배려로 더불어 살아가는 어린이
삶을 위한 역량	자기관리 능력 자기주도적 학습력 자존감	생태 감수성 문화예술 감수성 대인 감수성	협력적 학습 능력 대인관계 능력 민주시민 역량
삶을 위한 역량을 키우는 교육활동	건강관리(성교육) 기본생활습관 교육	생태환경교육	팀 활동 토의 토론
	기초기본 학습 학습자 주도 프로젝트 깊이 있는 배움	문화예술교육	의사소통 교육 갈등 해결 교육
	자존감(진로) 교육	공감과 이해 교육	참여와 책임 공공선에 기여
	↑		
혁신학교 운영	참여와 협력으로 민주적 학교 문화 만들기	평화롭고 돌봄이 있는 학교 만들기	전문적 학습공동체 구축 및 운영	삶을 가꾸는 창의적 교육과정 운영

3. 학년별 프로젝트 및 학년 필수 운영 활동

학년	프로젝트 (체험학습 연계)	학년 필수 운영 활동
1	〈기본생활 프로젝트〉 우리 학교가 좋아요 〈한글 프로젝트〉 한글로 날아오르다 〈놀이 프로젝트〉 놀이하는 어린이 〈자존감, 온작품 읽기〉 1학년, 나다움을 외쳐라!	• 생활교육 중심 입학 초 적응 활동 • 한글 책임교육, 한글 익힘 수준 분석 및 지원 • 동시 한 알(읽기), 이야기 나누기(말하기, 듣기). • 소중한 나의 기록(쓰기) • 전통 놀이 배우기(투호, 비사치기, 딱지치기) • 주제 중심 그림책 읽기 • 백일잔치, '모두 꽃' 발표회
2	〈기본생활 프로젝트〉 〈진로 프로젝트〉 〈공간 혁신 프로젝트〉 〈시 단원 재구성〉 〈생태 프로젝트〉	• 기본생활 프로젝트, 비폭력대화 • 온작품 읽기 『내 꿈은 방울토마토 엄마』 • 다중지능 검사 • 학생 주도 공간 혁신 • 지구사랑 실천하기
3	〈기본생활 프로젝트〉 커 가는 우리 〈생태 프로젝트〉 〈역사 프로젝트〉 〈공간 혁신〉 〈성교육〉 〈온작품 읽기〉, 〈시 프로젝트〉	• 경청 연습, 배움공책, 수학 디딤돌 • 학생 주도 프로젝트: 생태, 역사, 공간 혁신 • 자아개념 검사(자존감 연계) • 글쓰기 활동, 비폭력대화 교육 • 온작품 읽기(연극 연계) • 1인 1악기(리코더), 장구 장단 익히기
4	〈기본생활 프로젝트〉 나는 나의 주인 〈대인 감수성 프로젝트〉 진정한 친구 〈국어와 단원 재구성〉 우리 동네 전설은… 〈지역화 프로젝트〉 내가 소개하는 문화유산 〈경제 프로젝트〉 〈편견 깨기 프로젝트〉 〈시 프로젝트〉	• 기본생활 프로젝트(자존감+대인 감수성) • 다양성 경험하기: 성격 검사 및 활용 (에니어그램) • 컴퓨터 활용 교육 • 온작품 읽기 강화 • 나를 표현하는 교육연극 수업 • 소중한 한글 판본체 서예 수업 • 우리 음악 사랑 국악(사물놀이) 교육
5	〈기본생활 프로젝트〉 나 하나 꽃피어 〈해리엇 프로젝트〉 학년 가치를 담아 〈온작품 읽기〉 『해리엇』, 『어린 왕자』, 『너의 운명은』, 『첩자가 된 아이』 〈지구 함께 살기 프로젝트〉 지속가능한 생태교육 〈과학 단원 재구성〉 3. 태양계와 별 〈역사 프로젝트〉 국립중앙박물관 또는 수원화성	• 기본생활 프로젝트(자존감+대인 감수성) • 온작품 읽기(작가와의 만남) • 학습유형 검사 및 활용 • 성교육 및 보건교육 • 1인 1악기(리코더, 단소, 통기타) • 수묵채색화 수업 • 현장체험학습(국립중앙박물관 또는 수원화성) • 1~5학년 친교 활동 • 생태학습 기반의 봉사활동 • 자기주도 동아리활동

학년	프로젝트 (체험학습 연계)	학년 필수 운영 활동
6	〈생활 프로젝트〉 〈공간 혁신 프로젝트〉 〈온작품 읽기〉『오월의 달리기』, 『주식회사 6학년 2반』, 『일수의 탄생』 〈지구촌 프로젝트〉 지구를 지켜라 〈자존감 프로젝트〉 졸업을 맞이하며	• 1인 1악기(기타) • 학생 참여 공간 혁신 프로젝트 • 온작품 읽기(작가와의 만남) • 생태 프로젝트 • 졸업연극제

4. 단계별 회복적 생활교육 시스템

단계		학년 필수 운영 활동
1	평화로운 학급공동체 세우기	1. 공동 실천을 위한 수업 자료 개발과 연수 지원 • 학기 초 생활 프로젝트 공동 실천, 일상적 명상의 시간 운영 • 경청하는 수업 태도 기르기, 우리 학교 수업 약속 정하고 실천하기 • 일상적 강점 찾기, 자존감 향상 수업 실천하기 • 비폭력대화 연습하고 소통 감수성 키우기 • '아침맞이'로 따뜻한 관계 맺기 • 공동체 놀이하기, 갈등 해결 수업하기 • 학급 비전과 존중의 약속 세우기, 정기적 학급 다모임, 학년 다모임 운영하기 2. 교실 속 공감카페 조성: 공간 혁신 연계
2	학급 단위 평화로운 공동체 문제 해결하기	1. 학생 간 갈등 해결 방법 연습하고, 갈등 발생 시 선택지 주기 • 예) 혼자만의 시간 갖기, 내 마음 이해하기, 친구 마음 이해하기, 공감받기, 함께 이야기하기, 교사 중재, 또래 중재(수호천사), 회복적 서클, 담임 상담 요청, 문제해결센터 운영 등 2. 문제 해결 프로그램 교사 연수 • 비폭력대화 중재, 회복적 생활교육, 교사 역할 훈련 등 3. 회복적 문제 해결 방식 공유 및 실천 • 갈등을 평화롭게 해결하는 담임선생님과의 상담 → 학급평화회의 → 학부모 상담(생활 협약을 어겼을 경우, 학부모에게 꼭 안내)
3	공동체를 위태롭게 하는 사안 발생 시 시스템	1. 응급 상황 발생 시 도움을 요청하는 방법: 내선 전화 교무실 300(교감 선생님) 2. 학교 단위 문제 해결 단계 • 운산생활 협약을 어겼을 경우, 공동체 구성원 요청 시 적용 • step 1. 사안 접수 및 사전 면담 • step 2. 학년 단위 회복적 생활교육 협의회: 인권부장 알림, 학년부장 진행 • step 3. 학교 단위 회복적 생활교육 협의회: 인권부장 알림, 학교 관리자 진행 • step 4. 학생생활 교육위원회(구 학생 선도위원회): 인권부장 알림, 학교 관리자 진행

5. 공동 연구, 공동 실천하는 학생 중심 프로젝트 학습 재구성

[자존감 프로젝트] 난 내가 참 좋아!

주제 선정

코로나19의 확산에 따른 위협으로 학교에서 학생들의 모습을 보기가 힘들어진 요즘입니다. 학교에 나오지 못하는 3학년 학생들은 가정에서 스스로 자신의 공부를 챙기며 배움 활동을 이어 나가고 있지만 아직은 부모님의 도움과 보살핌이 많이 필요하기도 합니다. 학교에 나오지 못하는 기간이 길어지면서 혹자는 지금의 시기를 버리는 시간이라고 한탄하는 목소리도 높지만 우리는 이 힘든 시기를 3학년 학생들이 크게 성장하는 기회로 탈바꿈함과 동시에 지친 부모님을 쉬게 하는 기회로 삼고자 합니다. 바로 이 '자존감' 프로젝트를 통해서 말이죠.

우리는 이 프로젝트가 끝난 후 3학년 친구들이 자신에 대한 사랑과 믿음을 바탕으로 절망과 실패의 경험을 딛고 미래를 꿈꾸는 주체적인 인간으로 성장하길 기대합니다. 내 주변을 둘러싼 타자를 배려하는 태도는 나를 사랑하고 나에 대한 인식을 깊게 하면 할수록 자연스럽게 형성되겠죠?

3학년 2학기 첫 시작은 자존감 프로젝트로 시작하겠습니다.

통합 내용

주제	핵심 역량	통합 교과	교육과정 근거	주요 내용
난 내가 참 좋아	자존감, 대인 감수성	창의적 체험 활동	• 자율활동(학년 특색활동 및 주제선택활동에 참여했는가?) • 진로활동(흥미와 소질, 적성 등을 포함하여 자아정체성을 탐색하여 긍정적 자존감을 형성하였는가?)	• 『진정한 일곱 살』 읽고 진정한 열 살이 가져야 할 태도와 마음가짐에 대해 고민하기 • 자존감 테스트를 통해 나의 자존감 위치를 확인하고 자존감이 중요한 까닭 알기 • 나의 장점 50가지 찾기(칭찬 샤워) • 다양한 감정 알고 표현하기(감정 마인드맵) • 『치킨 마스크』 읽고 진정한 열 살이 가져야 할 태도와 마음 자신을 사랑해야 하는 이유에 대해 생각하기 • 프로젝트를 마치는 소감 쓰기

주제	핵심 역량	통합 교과	교육과정 근거	주요 내용
난 내가 참 좋아	자존감, 대인 감수성	국어	[4국03-02] 시간의 흐름에 따라 사건이나 행동이 드러나게 글을 쓴다.	• 높은 자존감으로 성공에 이른 사람들의 사례를 통해 자존감에 대한 나의 생각을 쓰고 미래를 준비하는 다짐 쓰기
		음악	[4음01-01] 악곡의 특징을 이해하며 노래 부른다. [4음01-06] 바른 자세로 노래 부른다.	• 자존감을 높이는 노래 부르기
		미술	[4미01-04] 미술을 자신의 생활과 관련지을 수 있다.	• 다양한 감정을 표현하는 표정 그리기 • 나의 자존감을 높이는 장점 그리기

흐름

흐름	단계	내용	핵심역량
알기(이해)	주제 발현	• 나를 사랑해야 하는 이유 • 자존감의 개념과 중요성	자존감
체험하기 (탐구, 표현)	주제 표상	• 칭찬 샤워 • 나의 장점 50가지 찾기 • 노래 부르기 • 다양한 감정 표현하기	자존감 대인 감수성
실천하기	상징화	• 감정일기 쓰기 • 그림책 읽고 경험 말하기 • 자존감을 표현하는 미술 활동하기	자존감
발표하기	내면화	• 자존감으로 어려움을 극복한 글쓰기 • 진정한 3학년 책 만들기	자존감

전개 과정

프로젝트 주제	난 내가 참 좋아!			차시	기간
교과 및 단원	창체	- 자율활동, 진로활동		10	9. 15~ 9. 29 총 19차시
	국어	3. 자신의 경험을 글로 써요		2	
	음악	5. 음악, 돌레돌레 여행		3	
	미술	1-(4) 생활 속 주제를 찾아서		4	

차시	주요 학습 내용 및 활동	성취기준	관련 교과 (차시)	평가 구분 (방법)
1-2	• 그림책 읽기(줌) - 동화책 『진정한 일곱 살』 읽기 - 진정한 열 살이 가져야 할 마음가짐과 태도에 대해 이야기 나누기 - 그림으로 표현하기	학년 프로젝트 수업에 적극 참여하여 배움 내용을 실천할 수 있다.	창체 자율(2)	자기 평가
3-4	• '자존감' 테스트 및 자존감의 의미 알기(온라인) - 자존감 테스트 - '자존감' 정의 내리기	자존감의 의미를 알고 자신을 사랑하는 마음을 가질 수 있다.	창체 자율(2)	정의적 능력 평가
5-6	• 나의 장점 찾기(등교) - 장점 찾기의 중요성 알기 - 탐구를 통해 나의 장점 50가지 찾기 - 스스로 칭찬 샤워하기	학년 프로젝트 수업에 적극 참여하여 배움 내용을 실천할 수 있다.	창체 자율(2)	자기 평가
7-8	• 자존감 높이는 노래 1(온라인) - 〈나는 문제없어〉 노래 부르기 - 계이름 읽는 법 알아보기	[4음01-01] 악곡의 특징을 이해하며 노래 부른다. [4음01-06] 바른 자세로 노래 부른다.	음악(2)	실기
9-12	• 다양한 감정 알고 표현하기(온라인) - 다양한 감정에 대해 알아보기 - 감정 마인드맵 그리기 - 감정에 따른 다양한 표정 표현하기 - (과제) 감정일기 쓰기	학년 프로젝트 수업에 적극 참여하여 배움 내용을 실천할 수 있다. [4미01-04] 미술을 자신의 생활과 관련지을 수 있다.	창체 자율(2) 미술(2)	자기평가, 실기

차시	주요 학습 내용 및 활동	성취기준	관련 교과 (차시)	평가 구분 (방법)
13-14	• 그림책 읽기(줌) - 『치킨 마스크』 읽고 내용 정리하기 - 자신을 사랑해야 하는 이유 탐구하기 - 나는 ( )라서 내가 참 좋아 활동하기	학년 프로젝트 수업에 적극 참여하여 배움 내용을 실천할 수 있다.	창체 자율(2)	자기평가
15-16	• 나의 장점 표현하기(온라인) - 지난 시간 찾은 나의 장점 50가지 준비하기 - 가장 마음에 드는 장점을 다양한 방식으로 표현하기 (예_만화, 그림, 마인드맵 등)	[4미01-04] 미술을 자신의 생활과 관련지을 수 있다	미술(2)	실기
17	• 자존감을 높이는 노래 2(등교) - 〈난 네가 좋아〉 노래 부르기 - 학급 뮤직비디오 자료 만들기 • 학급 뮤직비디오 제작	[4음01-01] 악곡의 특징을 이해하며 노래 부른다.	음악(1)	자기평가
18-19	• 자존감이 높은 사람들 이야기 (온라인) - 높은 자존감으로 놀라운 업적을 이룬 사람들의 이야기 살펴보기 - 내 경험을 바탕으로 자존감 높이는 글쓰기 - '자존감 프로젝트'를 마친 소감 나누기 - 앞으로의 다짐 다지기	쓰기 [4국03-02] 시간의 흐름에 따라 사건이나 행동이 드러나게 글을 쓴다.	국어(2)	논술형 평가

평가 계획

교과	평가 영역	평가 내용	평가 방법
미술	표현	나의 생활과 관련지어 미술 표현 작품을 아름답게 완성한다.	자기평가
창체	자존감	자존감의 의미를 알고 자신을 사랑할 수 있다.	자기평가

수업하기

1. 준비 단계

코로나19로 학교생활이 정상적으로 운영될 수 없는 상황이지만 학생들이 스스로 자신의 공부 습관을 만들어 가고, 생활 습관을 바르게 형성함으로써 자신의 자아상을 긍정적으로 정립하기 위한 활동의 필요성이 커졌다. 그래서 온라인과 오프라인 수업 모두를 활용하여 학생들의 자존감을 키우기 위한 교육활동을 구성하게 되었으며, 작년 프로젝트에서 영감을 받아 프로젝트 이름은 '난 내가 참 좋아'로 결정하고 주제에 알맞은 프로젝트 활동을 동학년 전학공 협의를 통해 구성해 보았다.

2. 실행 단계

가. 계획하기

- 다양한 프로젝트 활동을 마인드맵을 통해 함께 정리하기
- 『진정한 일곱 살』 그림책 읽기로 프로젝트 도입 활동을 진행하여 진정한 3학년으로서의 모습은 어떤 것인지 스스로 생각해 보는 시간 갖기

나. 알아보고 체험하기

1) 자존감 정의 내리기: '자존감은 ( )다'에 들어갈 말에 대하여 생각해 보는 시간 갖기
2) 나의 장점 50가지 찾기: 아주 작은 행동이라도 내가 생각했을 때 칭찬 또는 장점이 될 만한 것을 집

중적으로 찾아보는 시간 갖기. '난 항상 못하는 아이가 아니라 나는 이런 것도 잘하는 아이구나'라는 긍정적인 자아상을 만들어 가는 시간이 될 수 있었음.

3) 칭찬 샤워하기: 오늘의 주인공을 뽑아 친구의 장점을 포스트잇에 붙여 친구에게 전하는 활동으로 주인공은 친구들의 인정을 받았다는 생각을 하게 되어 자존감 향상에 도움이 됨.

4) 자존감 높이는 다양한 활동하기: 자존감 높이는 노래 부르기, 다양한 감정 익히기, 나의 장점 중 한 개를 골라 다양한 표현하기 등의 활동을 통해 자신에 대한 긍정적인 자아상을 키우고 자존감을 높이는 계기를 마련함.

5) 『치킨 마스크』 읽기: 내만의 개성과 성향, 특징 등을 찾아 나를 사랑하는 계기를 마련하고 나는 ( )라서 내가 참 좋아 활동하기

6) 자존감 높은 사람들의 사례 알기: 높은 자존감으로 성공한 사람들의 사례를 통해 자신을 사랑해야만 하는 이유를 깨닫고 내 경험을 토대로 자존감을 키우는 글쓰기 활동하기

3. 마무리 단계

1) 진정한 3학년 책 만들기: 서로의 장점을 나누는 활동으로 다시금 나만의 장점, 친구의 장점을 살펴보고 진정한 3학년의 조건을 생각하여 스스로 성장하는 기회 갖기

2) 프로젝트 마무리 활동: 자존감을 높이는 노래를 부르며 따뜻해진 분위기에서 나뿐만 아니라 친구의 모습도 사랑하는 기회를 갖고, '자존감 프로젝트'를 끝내는 소감을 간단한 글쓰기로 정리하고, 나를 사랑함으로써 펼쳐질 아름다운 미래를 위해 앞으로의 지켜 나갈 다짐 이야기하기

성찰하기

1. 학생 느낌 나누기

좋았던 점	• 나를 사랑하고 아껴 주는 태도의 중요성을 알고 실천하니 기분이 좋았다. • 자존감을 키우기 위해서는 나의 노력이 가장 중요하다는 것을 알고 내 스스로 나를 사랑하는 행동들을 계속 실천해 보니 기분이 좋아졌다. • 긍정적인 시각으로 나를 다시 보는 계기가 되었다. • 내가 사랑받아 마땅한 사람이라는 것을 알게 되었고 친구들의 칭찬 샤워를 받으니 내가 더 멋진 사람이 된 것 같아 좋았다. • 나도 잘하는 것이 많고 앞으로 더 크게 성장할 사람이라는 것을 믿게 되었다.
힘들었으나 극복한 점	• 장점을 50가지나 쓰는 것이 힘들었지만 막상 쓰고 나니 내가 이렇게 좋은 점이 많은 사람이었구나 하는 것을 깨달아서 좋다. • 칭찬 샤워를 모든 친구들에게 해 줘야 해서 조금 지루했지만, 친구에 대해 잘 알 수 있는 기회가 되었다. • 프로젝트 소감을 정리하거나 자존감을 높였던 내 경험을 글로 쓰는 활동이 시작은 막막했지만, 글을 완성하고 나니 나를 깊이 있게 이해하는 기회가 되었다.
바라는 점	• 우리 가족들도 내가 이렇게 멋진 사람이라는 것을 알아주었으면 좋겠다. • 나를 긍정적으로 보는 활동과 더불어 친구의 부족한 점보다는 좋은 점을 먼저 볼 줄 아는 태도도 키워 주는 활동이 있었으면 좋겠다. • 자존감 프로젝트를 학기별로 했으면 좋겠다.

2. 교사 느낌 나누기

좋았던 점	• 동학년 선생님들과 함께 논의를 통해 스스로 동기를 부여할 수 있는 자존감 높이기 활동이 이렇게 많다는 사실을 알고 교육활동에 적용할 수 있어 좋았다. • 학생들이 자존감 프로젝트를 통해 자신을 사랑하고 높이는 태도를 형성하는 모습을 관찰할 수 있어 좋았다. • 노래 부르고 미술 표현하는 활동을 프로젝트 활동으로 함께 구성하여 3학년 친구들이 더 즐겁게 프로젝트에 참여할 수 있는 계기를 제공하였으며 예술 표현 활동이 친구들의 자존감 향상에 크게 기여한다는 사실도 알게 되었다. • 여러 그림책을 활용하는 활동으로 학생들의 흥미를 높일 수 있었고 『치킨 마스크』는 학생들의 감정이입이 용이하였다.
힘들었으나 극복한 점	• 칭찬 샤워 활동이 모든 친구들 대상으로 이루어지면서 분위기가 늘어지고 지루한 감이 있었지만, 칭찬 활동의 주인공이 되는 친구들에게는 도움이 되었다. • 나의 장점 50가지 쓰는 것이 3학년 친구들에게 쉬운 일은 아니었지만, 과제를 통해 50가지를 마무리한 친구들은 뿌듯함을 느끼며 자존감을 높일 수 있는 기회가 되었으며 추후 이루어지는 장점 표현하기 활동에도 도움이 되었다. • 온라인으로 이루어지는 수업 활동에 대해 피드백이 이루어지기가 힘들었지만, 학생들의 배움공책 및 프로젝트 마무리 후 글쓰기 활동을 통해 학생들의 활동 정도를 추측해 볼 수 있었다.
바라는 점	• 칭찬 샤워 활동할 때, 시간을 단축할 방법에 대해 고민할 필요가 있다. • 글쓰기 활동에 대한 학생들의 부담을 줄이기 위한 지도 방법에 대한 논의가 필요하다.

학습 조직화로 가는 길, 경남 교방초등학교

[교방초등학교 교사 김양호]

교방초등학교는 전교생 700명 32학급으로 이루어진 비교적 큰 규모의 학교로, 중소도시의 외곽도 아니고 중심도 아닌 중간 지점에 위치한다. 우리 학교에는 '더불어숲 다모임'이라는 독특한 다모임이 있다. 일반 학교의 부장 다모임의 형태이기는 하나 운영 방법이 다르다. 구글 공유 문서를 활용하여 회의 의견을 올리고 공유하며 협의를 통해 회의 결과를 정리한다. 안건을 올려 결과를 내는 전 과정을 전체 구성원과 공유하는 시스템이다. 학교의 규모상 전체가 모이지 못하지만 전체가 모여서 회의를 하는 효과를 얻고자 하였다.

학교의 교육철학 및 구성원의 삶 공유는 더불어숲 다모임을 통해 이루어진다. 더불어숲 다모임에서 '꾸아드네프'('별일 없니?'라는 뜻의 프랑스어)를 통해 서로의 개인사를 공유한다. 아울러 교육철학과 관련된 책을 읽고 책에서 감명 깊은 부분을 찾아 구글 문서로 공유하고, 다모임에서 토의하여 교육철학을 공유하고 있다. 각 학년에서는 학년에 맞게끔 전문적 학습공동체에서 책 읽기, 수업 나눔 등을 통해 학교의 교육철학과 연계한 학년의 철학을 세우고 공유한다.

우리 학교는 교사가 수업에 집중할 수 있도록 업무전담팀을 운영하고, 수업을 중심에 둔 시스템을 구축하고 있다. 수업에 집중하기 위해 학년의 교육과정을 문서로 만들지 않으며 단순화했다. 각종 공문서를 간결하게 하고 있으며 결재 단계도 전결 규정을 통해 복잡하지 않게 했다. 특히, 현장체험 학습을 활성화하기 위해 가까운 학교 주변에 나갈 때는 장부의 기록으로 대체하고 있다. 업무전담팀 또한 수업을 늘리고 업무를 줄이기 위해 노력한다. 주요 업무 또는 안건과 관련해서는 전문가팀을 만들어 협의하고 조정함으로써 좀 더 창의적이고 전문적인 안이 될 수 있도록 하고 있다. 아울러 앞서 이야기한 더불어숲 다모임을 통해 좀 더 구체적으로 안을 다듬게 된다.

우리 학교는 다른 학교와 다르게 연구부장인 행복부장이 3명이다. 행복교무를 포함하면 4명인데, 행복교무를 제외하고 3명의 행복부장을 담임교사로 구성함으로써 업무전담팀의 부담을 줄이고 행복부장이 학교 교육과정의 파악을 원활히 할 수 있도록 돕고 있다.

교방초등학교에서는 행복학교연구회 '행성'을 중심으로 그림책연구회, 발도로프연구회 등이 운영되고 있다. 대부분의 연수가 우리 학교에서 이루어지는 등 연구회의 중심적 역할을 학교에서 수행하고 있다. '행성' 행복학교연구회는 지역연구회로 창원과 마산을 중심으로 운영되며, 지역에서의 행복학교문화 활성화와 지역 교육의 거버넌스 구축을 목표로 성장하고 있다.

학교 단위에서 연구 실천의 나눔과 공유는 전체 다모임 또는 교내 아카데미를 통해 이루어진다. 형태는 월드카페 형식을 취할 때도 있고 한 학년의 프로젝트를 공유하거나 생활교육 토론 등을 통해 공유하고 있다. 교내 아카데미는 발제자의 연수를 시작으로 토론을 통해 학생들의 평가 및 생활, 수업에 대해 깊이 고민하고 성찰하는 자리를 마련한다.

학년 단위에서는 주로 수업 및 생활에 대해 공유하는데, 매주 1회의 학년 전문적 학습공동체 시간을 정례화함으로써 지속적으로 학년 단위의 연구와 실천을 도모한다. 수업 공개도 다른 관점으로 바라본다. 교사들이 프로젝트를 같이 연구하고 수업을 통한 성찰로 공유하는 수업 공개를 만들어 가고 있다. 또한 학년별 교육철학을 먼저 세우고 프로젝트 학습을 운영하고 있다.

수업 공개는 학기별로 1회씩 이루어지며, 단순한 수업 공개를 넘어 축제의 개념을 도입하여 운영하고 있다. 교사를 주체로 보는 패러다임의 전환을 위해 '또 하나의 우주, 교사'라는 캐치프레이즈를 중심으로 이루어졌으며, 이에 대한 경남지역 내 교사들의 호응도가 높았다. 교육 전반에서 교사의 주체성을 강조한 『또 하나의 우주, 교사』의 첫 머리말을 읽고 감동적이라는 반응이 많았다. 일반적인 수업 나눔은 수업 공개 및 다른 학교 대상 연수를 통해 이루어지며, 지역교육청을 통한 연수 등에 본교 교사가 참여하여 공개하고 있다. 그 외 지역 학교 네트워크를 통해 공유하고 있다.

학교의 평가는 더불어숲 다모임 및 전체 다모임에서 수시로 이루어지고, 정기적으로는 학기 말 교육과정 워크숍, 새 학년 워크숍을 통해 이루어진다. 워크숍은 퍼실리테이션 방법을 이용해 모두의 의견이 반영될 수 있도록 하고 중요한 논제는 따로 전체 토론으로 다룬다.

전문적 학습공동체로 교사 개인의 교육철학을 성장시키고 아울러 학교 공동체의 교육철학을 성장시키고 있다. 교방초 교사들은 수업의 전문성을 쌓으며 평가 아카데미, 생활 교육과정 논의 등을 통해 교육자로서 성장하고 있다. 학교 구성원 전체가 학교 교육과정을 주체적으로 바라보면서 적극적인 리더십을 발휘하는 교사가 점점 더 많아지고 있다. 학생들의 자존감 향상 및 주도적 학습을 위해 성장을 중심으로 한 평가 및 교육과정을 완성하고 미덕 프로젝트, 비폭력대화, 회복적 생활교육, 발도로프 등을 활용해 연구하고 실천하면서 우리 학교만의 '비스듬히' 생활 교육과정을 만들어 가고 있다.

자존심과 자존감의 차이점이 무엇일까? 자존심이 강한 사람은 자신만을 내세우며 배우지 않고, 자존감이 강한 사람은 겸손한 자세로 늘 배우는 사람이다. 전문적 학습공동체는 다른 사람과 함께 배운다는 데 강점이 있다. 오연호의 책 『우리도 사랑할 수 있을까?』에서 계속 강조되었던 '스스로, 더불어, 즐겁게' 할 수 있는 것이 전문적 학습공동체의 또 다른 강점일 것이다. 요즘 이슈화되고 있는 '자존감'이라는 단어를 교사가 품을 때 진정한 교육혁신은 이루어질 것이다. 그러니 전문적 학습공동체는 우리 시대 학교에 꼭 필요한 공동체가 아닐 수 없다.

전학공으로 만들어 간 우리 학교 교육과정 : 교방초의 사례

교방초 비전 및 설명

'다른 우리가 모여 함께 빛나는 학교'

행복은 누군가 나의 손에 쥐어 주는 것이 아니다. 나의 선택이며, 그 선택에 따라 만들어 가는 '나'와 '너'의 관계에서 나오는 것이자, 그 결과를 해석하는 방식이다. 그러니 행복은 결과적으로 주어지는 보상이 아니라, 사람의 됨됨이 속에서 획득하고 추구하는 과정에 더 가깝다. 행복이 됨됨이에서 나온다고 보았을 때, 우리 학교가 추구하는 비전의 의미를 가치의 측면과 연결해서 더욱 구체적으로, 명확하게 해석할 필요가 있다. 우리는 그러한 해석의 그릇을 '인의예지신'이란 우리의 전통에서 찾고자 한다.

우리는 의미 있는 삶에서 행복한 것이며 그 의미를 찾아가는 것은 나의 갈고닦음이다. 갈고닦는다는 것은 나를 바꾸어 너와 닮는 과정이다. 아픔의 과정이며, 마주함의 과정이다. 내 욕구를 채우는 데서 가능한 것이 아니고, 나의 모양과 요구

대로 세상이 다 맞춰 주는 것이 아니며, 내 마음을 갈고닦아 정의진-목적의 올바름, 선-과정의 올바름로운 관계를 맺는 데서 오는 것이다. 그 삶의 지혜가 인의예지신5상에 있다.

행복학교는 행복을 어딘가에 미리 쌓아 두고 나누어 주는 증식과 배분의 시공간이 아니다. 오히려 우리가 살아가고 발 딛고 있는 삶의 자리마다 정의로운 관계를 맺으며 그 행복을 공동체와 함께 만들어 가는 철학적 성찰과 실천이 생동하는 생태적 시공간이다. 교방초등학교 행복이라는 가치를 구현하고 생태적 시공간이 되는 과정에서 우리가 던져야 할 질문은 명확하다.

우리는, 우리의 철학을 지속적으로 공유하고 재맥락화하고 있는가?

우리는, 우리의 실천에 어떤 의미를 부여하고 있는가?

우리는, 우리의 서사를 어떻게 연결할 것인가?

교방초등학교 비전의 철학적 해석

비전	덕목	마음	가치	교육과정	철학	학년
다른	인	측은지심	연민	생활교육	환대	1~2학년
우리	의	수오지심	협력	교육과정 재구성		
모여	예	사양지심	감사	더불어숲	공존	3~4학년
함께	지	시비지심	공유	전문적 학습공동체		
빛나는	신	광명지심	도전	행복나눔학교	민주시민	5~6학년
학교	민	인내천	통합	성장중심평가		
여행의 순서 (에너지: 스몰스쿨)						
온전한 몸	머리		가슴		발	

이런 비전의 철학적 해석에 따라 5학년에서 했던 민주시민의 철학에 따른 공간 프로젝트 학습을 소개한다.

5학년 프로젝트: 너 나 들이 공간 만들기

1. 수업 디자인

가. 프로젝트 철학

오래된 신발장이 없어지고 정말 공간空間이 된 학교의 3층 복도

'우리 학교 학생들은 복도를 어떻게 활용할까?'

'이 공간을 어떻게 바꾸면 좋을까?'

'존중'과 '온기'를 바탕으로 구성한 5학년 교육과정 '너 나 들이 공간 만들기' 프로젝트. 학생이 주도적으로 모두를 위한 복도 공간을 변화시켜 나감으로써 공간 주권을 실천하고 '민주시민성'을 키워 주고자 한다. 크게 '공간? 공감!, 색을 담다 공간을 채우다'라는 두 가지 소주제융합 단원를 구성하여, 이 프로젝트로 마침표를 찍는 것이 아니라 교육공동체가 지속적으로 만들어 가는 공간이 되도록 한다.

나. 수업 디자인 과정

① 학교 공간에 대한 고민 나누기	② 학생들과 문제 상황 나누기

방과 후 아이들의 공간 활용
신발장이 없어진 복도 공간
'바닥이 너무 차갑지 않을까?'
'무엇으로 채울 수 있을까?'

③ 교육과정 분석 및 프로젝트 학습 계획 세우기	④ 마을의 목공 전문가와 협의하기

2. 프로젝트 수업의 실제

가. 소주제(융합단원) ①: 공간? 공감!

- 직접 3층 복도 공간의 사용 실태를 관찰하여 문제점을 찾고 어떻게 바꾸면 좋을지 토의하여 '쉼, 보관, 전시, 만남이 있는 우리 모두가 드나드는 공간 만들기'라는 목표를 정함

- 3층 복도 공간에 담을 좋은 가치가 무엇일지 생각하여 정함: '존중', '온기'의 가치 선정

- 공간을 상상하여 소집단별 사칙연산 토의를 통해 실현 가능성을 확인하고 협동 그림으로 구체화함

- 협동 그림을 넣어 우리만의 엽서를 제작하여 홍보 자료로 활용함

나. 소주제(융합단원) ②: 색을 담다, 공간을 채우다

첫 번째, 라주어 벽화를 통해 색을 담다!

- 습식수채화로 색의 느낌을 이해하고, 아이들이 뽑은 '존중'과 '온기'가 담긴 색깔을 선정함
- 만들어 가는 공간 조성을 위해 특정한 그림이 아니라 가치와 느낌을 담은 배경을 '라주어 벽화' 방식으로 나타냄

복도 공간의 활용 모습 상상하기	벽 정리 및 바탕 칠하기	라주어 방식으로 벽화 그리기

두 번째, 목공 작업을 통해 공간을 채우다!

- 공간의 목적, 안전, 다양한 재료의 특성 등을 고려하여 소집단별로 '가구 구상도 그리기 → 공유 및 수정·보완 → 학급별 대표 디자인 선정 및 전문가와 함께 수정·보완하기'의 절차로 디자인함
- 목공 전문가와 협력하여 '목재 다듬기 → 스테인 채색하기 → 조립하기 → 배치하기' 순으로 디자인한 가구를 직접 만듦

| 가구 구상도 그리기 | 가구 만들기:
드릴로 조립하기 | 완성된 복도 공간 |

3. 프로젝트 수업 해석

우리 학교의 특성상 방과후 수업을 일반 교실에서 해야 하는 불편함을 특히 1, 2학년 학생들이 겪고 있었고 방과 후 수업 교실 앞 복도에는 항상 학생들이 대기하고 있었다. 학생들이 대기하는 복도에는 의자가 없어서 바닥에 앉거나 찬 바닥에 엎드려 있었다. 이 프로젝트 수업은 '민주시민'의 철학에 따라 5학년 교실 앞이 아닌 1, 2학년 교실 앞 공간을 활용했다. 5학년 학생들은 자신들 만의 공간이 아닌 교방초 전체 학생들을 위한 공간을 만들어 봄으로써 배움을 나누어 보는 경험과 함께 사람이 존중받는 진정한 공간 혁신이 이루어지고 있다. 무심코 지나쳤던 복도 공간에 이름을 붙이고, 상상한 대로 붓질 한 번, 못질 한 번 할 때마다 아이들은 공간의 주체가 되었다. "선생님! 게임보다 수업이 더 재밌어요!" 목공 수업을 하며 드릴과 드라이버로 의자를 조립하던 한 학생이 이렇게 말했다. 수업이 게임을 이기다니! 이 아이는 수업 중 얼마나 큰 성취감과 기쁨을 맛본 것일까? 우리 학교 1, 2학년 학생들에게 이 공간은 휴식을 취하는 것뿐만 아니라, 5학년 선배들의 존중과 온기의 가치를 배우고, 배운 것들을 나누었던 공간으로 기억될 것이다. 이어서, 6학년에서는 '민주시민'의 철학을 담아 숲속의 놀이와 쉼을 위해 오두막집을 완성하고, 현재 '집들이 프로젝트'를 통해 학교의 이야기를 만들어 가고 있다.

협력과 회복의 학교를 위한 학습공동체,
제주 애월초등학교

[애월초등학교 교사 한경희]

"1년 동안 함께 잘 배웠으니, 내년에는 익히는 시간을 가져야 진짜 우리 것이 된다고 생각합니다. 내년 전학공 주제는 회복적 생활교육으로 계속 이어 가면 좋겠습니다."

새 학년 전학공 주제를 무엇으로 할 것인지를 정하는 토론 중에 내가 한 주장이었다. 다행히 다른 주제를 꺼냈던 선생님들이 모두 내 의견에 동의해 주서서 새 학년도에도 회복적 생활교육을 교사들 자신의 것으로, 그리고 학교의 것으로 만들기 위한 교사들의 배움은 계속될 것이다. 아싸!

지난 한 해 동안 애월초등학교 전문적 학습공동체 주제는 회복적 생활교육이었다. 연초에 교사 8명 중 7명이 회복적 생활교육 연수 15시간을 함께 받고 우리 학교에서 진행되고 있는 '협력적 생활교육'[4]의 틀 안에 '회복적 생활교육'을 내용으로 채우자고 합의하였다. 코로나로 어려움도 있었지만, 작은 학교에서 교사들끼리 이야기 나눌 시간은 오히려 많이 챙길 수 있는 이점도 있어 어느 해보다 전학공이 내실 있게 운영되었다.

2월 워크숍에서 우리 학교 교육과정에 '공동체 회복을 위한 우리 학교 생활교육 절차'를 마련했지만, 고학년에서만 학생들과 내용이 공유되고 있고 다른 선생님들은 아직 개념 차원의 이해를 함께할 뿐이어서 좀 어렵게 느끼고 있었다.

4　학급 학생의 문제는 담임교사만의 문제가 아니라 학교 구성원 전체의 문제로 인식을 전환하여 함께 해결하자는 애월초등학교의 생활교육 철학(2015년부터 애월초등학교 교육과정 안에 수록).

애월초등학교 회복적 생활교육을 위한 전문적 학습공동체 운영 흐름

전학공 주제	시기	학습 및 협의 내용
공동체 회복을 위한 애월초등학교 생활교육 절차 마련	1월	회복적 생활교육 기초과정 연수 이수
		회복적 정의를 바탕으로 한 애월 생활교육 개념 합의
		협력적 생활교육에 회복적 정의 내용 접목하기
	2월	공동체 회복을 위한 우리 학교 생활교육 절차 마련
	9~12월	공동체 회복을 위한 회복적 질문 트레이닝
	1월	학년별 교육 중점 과제 선정

2학기에는 혁신학교 컨설팅을 '회복적 생활교육 자체 연수'로 계획하였다. 코로나 상황이라 외부 컨설팅단의 학교 방문이 어려우니 꼭 필요한 주제로 우리끼리 공부해 보자는 합의를 했다. 다행히 학교 안에 회복적 생활교육을 위한 질문 트레이닝을 연수해 주실 선생님이 계셔서 2학기 내내 '공동체 회복을 위한 회복적 질문 트레이닝'을 집중 연수하였다.

"나는 질문만 던졌을 뿐인데, 아이들이 문제를 해결해 가는 거야. 이거 되는 거지? 이렇게 하는 거 맞지?"

회복적 질문 만드는 방법을 배우고 교실에서 실천해 보고서 우리 학교 가장 왕언니 선생님이 전학공 시간에 들려준 이야기다. 선배님의 들뜬 경험담을 들으며 우리는 진심으로 축하하는 박수를 보냈다.

'그렇지, 이게 함께 배우고 성장한다는 의미인 거야. 좋은데~ ㅎㅎ.'

애월초 교사들의 배움의 열정은 여기까지가 아니다. 학교 교육과정에 '공동체 회복을 위한 생활교육 절차'가 마련되었으면 모든 학생이 그 절차를 인지해야 하며, 학년별로 그 생활교육 절차를 이해하기 위한 교육 내용을 마련하고 학년 교육과정으로 운영해야 실질적인 우리 학교 생활교육 시스템으로 자리매김이 된다는 논의가 진행되었다. 당연한 결론이었고, 교사 회의에서 학년별 교육 내용을 마련해 보자고 합의가 되었다. 2학기 중에 논의된 내용은 여기까지였다.

하지만 교사들은 당장 새 학년도에 교실에서 아이들을 만나기 전에 학년별 교육 내용을 마련하기를 바랐고, 교사들의 요구로 1월 겨울방학 중에 학년군별 교육 내용 선정을 위한 워크숍이 진행되었다.

회복적 생활교육 3~4학년군 내용 구성을 위한 마인드맵

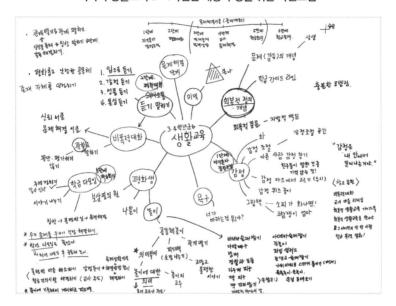

회복적 정의를 담은 학년별 교육 내용을 찾는 작업은 쉽지 않았다. 그동안 실천해 왔던 활동이나 접해 보았던 교육활동을 모두 꺼내 보았는데, 구체적으로 수업으로 펼칠 자료들을 고르고, 학년 단위에 맞게 배치하는 것은 아직 초보적인 수준이다. 학년에서 '새 학년 새 출발 교육과정'과 '생명 평화 인권 교육과정'에 하나씩 넣어서 운영해 나가고, 그 결과를 다시 나누고 돌아보자고 했다. 우리 학교에 전입해 오시는 선생님과 함께 공유해 가는 것 또한 남은 과제이다.

애월 다흔디배움학교에서 담임교사로 4년, 업무부장으로 2년을 지냈다. 업무부장으로 있으면서 우리 학교 전문적 학습공동체를 정리할 기회가 있었다. 지난 6년의 모습을 돌아보면서 분명하게 보이는 것이 있었다. 초기에는 이러저러하게 좋다는 내용을 다양한 강사를 모시면서 공부했었다. 백화점식 전학공이었다. 해가 갈수록 전학공 주제는 단순해지고, 그 주제는 우리 학교에 필요하다고 생각되어 교사들이 합의한 것으로 모아진다. 그리고 교사들의 배움이 깊어지는 시점은 학교에서 직접 실천해 보며 서로 피드백을 주고받는 그 지점이다. 배운다는 것은 함께 실천하기가 전제되지 않으면 진정한 배움으로 이어지기가 어렵다.

새 학년도에는 다시 학급의 담임교사로 제자리를 찾는다. 학급에서 아이들을 만날 생각에 설레는 나의 모습도 반갑고, 함께 배울 수 있는 마음 열린 동료 교사들과 협력과 회복의 학교를 위해 함께 배우고 익힐 생각을 하니 더욱 새로운 시작이 기대된다.

전문적 학습공동체를 통해 전문가로서의 정체성을 얻다, 부산 반송중학교

[반송중학교 교사 홍명희]

부산 반송중학교는 2016년 3월에 부산다행복학교로 지정된 남자 중학교이다. 반송중학교는 1960년대 철거민 이주지로 개발된 지역에 위치하여 가정에서의 돌봄이 충분하지 않은 학생의 비율이 높은 편이다. 더 많은 돌봄을 필요로 하는 학생들에게 좀 더 나은 교육 기회를 제공하고자 하는 교사들의 열망이 모여 혁신학교로 지정되었다.

부산다행복학교로 지정된 후 반송중학교는 학교 조직을 교육활동 중심의 학습 조직으로 전환하기 위해 교감을 팀장으로 다행복학교 추진위원회를 구성하였다. 그리고 전체 교사와 실무원이 참여하여 업무 간소화·재배치 작업을 진행하였다. 다행복학교 추진위원회에서는 복무 관련 결재 라인에서 교무부장 제외, 회의록은 서명 위원 2명의 협조 사인으로 처리, 에듀파인 품의·NEIS·수상대장·교원연수 관리·학교 홈페이지 관리 등을 실무원 업무로 배치 등을 결정하였다. 이후 부산다행복학교를 운영하면서 학교 운영 전반을 교직원이 돌아보고 운영 방향을 설정하는 학년 말 자체 평가회를 통해 학적과 시간표 작성, 일과 운영을 점차 실무원의 업무로 배정하였고, 행정실에 근무하던 사회복무요원을 교무실에 배치하여 플로터 출력·방송·우편물 배부 등의 업무를 맡도록 하였다. 5년여에 걸친 업무 재구조화 작업의 결과 반송중학교는 담임을 맡지 않는 학년부장이 학년 교육과정과 생활교육 전반을 관장하고 있으며, 담임교사들은 학생 교육과 직접 관련 있는 생활기록부, 출결, 봉사활동 등의 업무만 맡고 있다.

부산다행복학교로 지정된 후 열린 2월 개학 준비 워크숍에서 교장·교감을 포함한 전체 교사들이 모여 학교가 나아가야 할 방향의 중요성에 대해 논의하고, 의견 수렴 과정을 거쳐 '따뜻한 공감 속에 함께 성장하는 평화로운 반송중학교'로 학교 비전을 제정하였다. 각 학년의 담임 교사와 비담임 교사가 모여 학년 비전을 정하고, 학교 비전과 학년 비전을 반영하여 교과 융합 프로젝트를 기획하여 진행하였다.

반송중 학년 비전과 교과 융합 프로젝트 사례

학년	비전	교과융합 프로젝트
1	공감하며 소통하는 학생	반송중 마을과 소통하다
2	자신과 상대를 존중하는 자존감 높은 학생	소중한 밥 한 톨: 내 몸에 들어오는 행복
3	예의 바르고 자기 결정에 책임지는 학생	나의 미래를 생각하는 시간

교사들은 혁신학교를 시작하면서 학생들에게 양질의 학교 교육을 제공하기를 원했다. 이를 위해서는 함께 공부하고 실천하는 과정과 학교 전반의 문제를 교직원이 공유하고 토론하여 집단지성으로 운영하는 과정이 필요하다는 것에 동의하였다. 꼭 필요한 내용을 교사들이 같이 공부하고 학교의 중요한 일을 집중하여 논의하기 위해, 먼저 전체 교사들이 함께 공부하고 집중하여 토론하는 시간을 확보하기로 하였다.

반송중학교는 월·금요일 6교시, 수요일 5교시, 화·목요일 7교시로 일과를 운영하고 있다. 수요일 5교시 수업 후 학생들은 자율동아리 활동을 하거나 하교하고, 교사들은 전문적 학습공동체를 통해 수업과 생활교육에 대해 공부한다. 다모임에서 토론을 통해 학교 운영의 방향을 결정하며, 학년교육과정협의회에서 시기에 따라 학년 교과 융합 프로젝트를 기획하거나 수업 나눔을 하고 생활교육의 구체적인 방안을 협의한다.

반송중학교는 월 1회 수요일 5교시 이후 전문적 학습공동체를 학기당 15시간으로 운영해 오고 있다. 처음에는 부산다행복학교 철학과 국내외 학교 혁신 사례를 중심으로 운영하였고, 차차 수업 개선과 회복적 생활지도가 주제로 자리 잡았다.

월 1회 전체 교원이 참여하는 전문적 학습공동체 활동을 바탕으로, 학년별 연 4회 배움의 공동체 방식의 수업 나눔을 실천하고 있다. 2월 개학 준비 워크숍에서 학년별 수업 공개 교사와 시기를 결정하고, 수업 공개 1~2주 전 학년 교육과정협의회에서 수업 지도안을 검토하고 수정하는 수업 디자인 과정을 거친다. 수업 공개는 모둠 구성원들의 상호작용을 통한 배움의 과정을 각 모둠에 배치된 교사들이 관찰하는 방식으로 진행하며, 수업 후 교사들이 각 모둠에서 관찰한 학생들 간 상호작용의 구체적인 내용과 수업을 통해 배운 점 등을 공유하는 수업 나눔을 한다. 4회의 수업 공개 중 1회는 학교 밖 수업 전문가와 연계하여 전체 교사 대상 수업 공개로 진행하였다. 학교 밖 수업 전문가는 수업 공개 전 수업 지도안을 두고 해당 교사와 협의하는 것을 시작으로 수업 공개와 수업 나눔의 전 과정을 함께한다.

생활교육의 어려움을 극복하기 위해 전문적 학습공동체에서 비폭력대화법을 한 학기 동안 집중적으로 공부하기도 하였고, 집중적인 돌봄이 필요한 학생을 좀 더 깊이 있게 이해하기 위해 소아청소년 정신과 의사 선생님의 특강도 들었다. 그리고 생활교육 과정에서 학생이나 학부모와의 긴장 관계에서 발생하는 민원 부담을 덜고자 부산광역시 교육청 소속 변호사의 교권 특강도 들었다.

전문적 학습공동체를 학년별로 운영하기 시작한 혁신학교 4년 차부터는 회복적 생활교육을 주제로 운영하는 학년이 나타났다. 회복적 생활교육 중심으로 운영한 학년에서는 회복적 생활교육 워크숍 과정을 함께 경험한 후, 학년부장과 담임교사가 참여하는 회복적 서클을 학급별로 연 3~4회 운영하였고, 이러한 경험을 타 학년과 공유하였다.

반송중학교가 매년 15% 내외의 교사들이 바뀌는 중에도, 혁신학교 5년 동안 전체 교사들이 혁신교육의 철학을 이해하고 학생 배움 중심 수업과 회복적 생활교육을 지향해 온 것은 교장·교감을 포함한 교원 모두가 참여하는 전문적 학습공동체의 역할이 매우 컸다. 일과 중 시간을 배치하여 모든 교사가 참여하는 전문적 학습공동체 활동으로 학생 배움 중심 수업과 회복적 생활교육을 지향하는 학교문화가 조성되었고, 이를 바탕으로 교사들은 다양한 수업과 생활교육 개선 프로그램을 자발적으로 기획하고 실행하였다. 수업은 물론 학교생활 전반이 흔들리는 학년에서 일정 기간 담임교사들이 상시적으로 수업을 공개하고 참관하는 과정을 통해 수업과 생활 태도를 개선하는 과정을 기획하고 실천하여 그 효과를 전체 교사들이 실감했다. 또 수업 동아리를 자발적으로 조직하여 코로나19로 혼란스러운 상황에서도 교실 수업 공개와 온라인 수업 공개를 융합하여 진행하기도 하였다.

전체 교사가 참여하는 전문적 학습공동체 외에도 지역사회의 교수와 함께 인문학 전문적 학습공동체를 운영했고, 팀별로 마라톤을 하듯 긴 시간 동안 시제품을 생산하는 해커톤 대회를 위한 전문적 학습공동체를 운영하여 교사들이 해커톤에 대해 먼저 공부하고 학년 말에 무박 2일의 학생 해커톤 대회를 운영하기도 했다.

반송중학교 교사들은 교사 전체가 참여하는 전문적 학습공동체에서 혁신학교 철학과 배움 중심 수업 및 생활교육의 기본을 학습하는 기회를 가진 후, 동 학년 담임교사와 비담임 교사 모두가 참여하여 실현 방안을 구체적으로 의논하고 실천하는 과정을 거치면서 교사로서의 전문성을 심화해 왔다. 학년 교육과정협의회를 통한 논의와 실천은 각 시기의 학생과 교사, 학교, 학년 등 다양한 변인을 고려하여 가장 적절한 해결 방안을 모색하고 실천하는 집단적인 창의성이 발휘되는 과정을 포함하고 있다.

그 외에도 인문학·해커톤 전문적 학습공동체 등을 통해 인문학적 소양을 함양하고 새로운 교육 트렌드를 학습하여 학생 교육과 연결해 왔다. 전문적 학습공동체를 통해 교육적으로 의미 있는 다양한 활동을 기획하고 실천하는 과정에서 교사들은 전문가로서의 정체성을 정립하고 교사로서의 자존감을 회복할 수 있었다.

2 학교 밖으로 뻗어 가는 전문적 학습공동체

전문적 학습공동체, 학교를 넘어 마을과 만나다

　학교를 학습하는 조직으로 만들어 가는 것은 새로운 학교 운동의 중요한 정체성이며 실천 과제이다. 우리는 민주적 학교와 동료성을 기반으로 한 학습공동체를 통해 학교의 총체적 변화를 위한 시도를 지속해 왔다. 이 모든 과정은 교육, 학습 기관으로서의 학교의 본질적 목적을 회복하는 과정이었다. 교사들의 개별적인 학습이 아닌 공동체적 학습을 통해 학교 전체가 함께 손잡고 한 걸음 더 성장함으로써 학교의 변화를 이끌어 냈고, 모든 아이를 위한 교육과정과 수업을 고민하고 실천할 수 있게 되었다. 동료들과 공감과 환대의 관계 맺기를 바탕으로 함께 학교의 문제를 발견하고 협력하여 해결하는 팀 학습 과정은 많은 것들에 영향을 미쳤다. 학습공동체 문화는 다양한 교육과정을 만들어 냈고, 교사들의 피로도가 매우 높은 영역 중 하나인 생활교육의 문제들을 공동 실천의 지혜로 뛰어넘게 했다.

　특히 교사 개인의 전문성을 키울 뿐 아니라 '우리가 무엇을 하는 존재인가'라는 질문을 중심으로 교사 정체성을 찾고 자존감을 회복하는 과정은 전문적 학습공동체 활동이 교사들에게 준 선물 같았다. 선물이라고 표현하는 이유는 궁극적으로 전문성 성장, 자존감 회복 등 교사가 교단에서 소진되는 것을 막아 주기도 했기 때문이다. 학습의 개념을 교사 개개인이 지닌 경험치와 전문성을 드러내고 소통과 연결을 통해 새로운 것을 창조하거나 문제를 해결하는 과정으로 바라보는 새로운 관점은 배움이 실천과 성장으로 이어지는 문화를 만들어 내는 데 중요한 지렛대 역할을 하였다. 집단적으로 사유하고 학습하는 학교문화는 역동성과 전문성을 만들어 내는 학교의 심장과 같은 역할을 했으며 앞으로도 지속가능한 변화를 길어 올리는 데 없어서는 안 될 마중물이 될 것이다.

최근 미래교육과 함께 지역 단위 또는 마을을 중심에 둔 교육개혁의 필요성이 대두되고 있다. 지금은 혁신교육에 대한 새로운 상상과 도전이 필요한 시기이다. 미래 사회의 민주시민을 키우는 것이 교육의 중요한 방향이자 목적이라면 아이들의 삶터인 마을이 아이들의 배움터가 되어야 하고, 학교 너머 마을에 관해 관심을 기울여 살피는 일이 아이들의 배움 주제가 되어야 한다. 마을의 다양한 자원들을 학교 교육과 유의미하게 연결하여 마을교육과정을 개발하는 일은 교육과정의 지역화와 다양성을 확보하는 길이기도 하다.

이제는 좀 더 적극적으로 학교를 넘어 마을을 교육의 공간이자 교육과정으로 바라보고 관심을 가져야 한다. 그동안 우리는 학교 변화를 위해 함께 모여 학교 철학을 세우고 우리가 추구할 핵심 가치를 실천하며 비전을 공유하는 과정을 거쳐 왔다. 또한 민주적인 소통과 협력 문화와 학습시스템 구축을 통해 삶을 위한 교육과정을 개발하고 실천해 왔다. 그런데 그에 비해 지역에 관한 관심은 상대적으로 소홀했고, 우리 아이들이 사는 마을의 여러 가지 문제가 결국 학교와 매우 밀접하게 연결되어 있다는 사실을 간과했다. 동시에 마을교육공동체와 혁신교육지구를 중심에 둔 교육개혁 운동은 학교 내부의 문화와 시스템, 생활교육 등의 문제에 관심이 소홀했고 학교와는 동떨어진 마을교육운동을 펼치거나 혁신교육지구의 경우 프로그램과 다양한 교육사업에 집중한 면이 있었다. 이렇게 학교와 지역은 서로 밀접하게 네트워킹하지 않고 각자의 궤도를 운행해 왔다.

학교와 마을은 우리 아이들에게 배움터이자 삶터이므로 아이들은 마을의 문제를 그대로 안고 학교에 온다. 즉 학교 단위 혁신만으로 본질적인 문제들을 해결하는 데 한계가 있다. 마을은 학교가 움직이지 않는다고 이야기하고, 학교는 학교 내부의 문제로 인해 지역에 관심을 보이기 어려운 상황이다.

학교 너머 마을과 의미 있게 연결하는 방안은 무엇인가? 지역-학교-기관을 연결하는 네트워킹은 어떻게 이루어져야 하며 누가 해야 하나? 이 질문에 대한 답을 지역 단위 학교 밖 전문적 학습공동체에서 찾고자 한다. 학교 혁신이 자생적으로 변혁의 주체를 형성하고 자발적으로 시작되어 확산해 갔듯이 학교와 마을을 연결하고 지역의 문제를 논의하는 지역 단위 주체들의 자생적 학습모임과 네트워킹이 우선시되어야 한다. 또한 우리가 앞서가는 혁신학교를 벤치마킹하며 따라가는 방식이 아니라 학습 조직화와 공동의 연구 실천을 통해 학교문화와 교육과정의 변화를 만들어 냈듯이, 지역의 변화 또한 함께 가는 학교 밖 학습공동체 방식으로 공동의 걸음이 필요하다. 단위 학교 중심의 고군분투를 넘어 지역의 학교들이 학교 밖 학습공동체를 구축하고 네트워킹하여 함께 변화를 꿈꿀 때 학교 변화의 지속가능성이 생겨나고 마을교육공동체가 형성될 수 있다.

전북의 추창훈 선생님은 저서 『로컬이 미래다』에서 마을과 학교가 서로 의미 있게 네트워킹하고 지원하며 아이들을 돌보는 풀뿌리 지역 교육의 구체적인 모습을 제시하고 있다.

풀뿌리 지역 교육 로드맵

단계	내용
1	지역의 교육 목표, 방향, 내용, 방법에 대한 충분한 토론과 합의
2	마을과 지역 단위의 거버넌스 및 중간 지원조직 구축
3	(학교) 교육과정을 충실히 운영하며 지역의 학교로 역할 전환
4	(마을) 학교와 교육활동을 지원하면서, 돌봄과 공동체성 회복
5	(지역) 교육지원청과 지자체를 포함한 지역 전체가 학교와 마을 지원
6	청년 지원 정책으로 양질의 일자리와 따뜻한 경제 시스템을 만듦

이 로드맵에서 방향성을 잡아 가는 1단계가 매우 중요하다. 지역 교육의 비전과 목표를 공유하고 다양한 방법을 찾는 유의미한 포럼의 장이 지속해서 펼쳐져야 한다. 지역의 목표 방향에 관심을 가지고 깊게 참여하려면 관심과 열정 있는 교육 주체가 필요하다. 특히 학교를 잘 이해하고 교육과정과 연결할 수 있는 교사가 지역의 주체로서 역할을 하는 것은 무엇보다 중요하다. 이를 위해서는 지역의 교육을 함께 고민하고 학습하고 실천하는 주체들을 연결할 수 있는 네트워킹이 필요하다. 학교 밖 학습공동체는 이러한 네트워킹의 구심점 역할을 할 수 있다.

또한 학교 밖 학습공동체를 통해 교육과정의 다양성을 실현하는 핵심 키를 지역의 교육 자원에서 찾을 수 있다. 학교 혁신을 성공적으로 이루어 내고도 창의적 교육과정에서는 벤치마킹에 머무르거나 탁월한 성과를 내지 못하는 경우가 종종 있다. 학교 교육과정에 지역의 살아 있는 교육 자원을 과감히 유의미하게 연결 짓고 재구성한다면, 교육과정의 다양성과 창의성을 더욱 효과적으로 살릴 수 있을 것이다.

학교 안의 인적·물적 자원만으로는 우리 아이들의 경험치는 간접적이거나 모형, 또는 온라인을 통한 경험일 가능성이 크다. 이는 살아 있는 경험에 매우 제한적이며 교육과정의 다양성과 창의성을 확보하는 데 근원적 걸림돌이다. 지역에 지천으로 널린 살아 있는 교육 자료들과 공간, 마을의 전문가들을 좀 더 적극적으로 우리의 수업 공간으로 들여올 필요가 있다.

학습생태계를 확장하는 문제와 마을교육과정을 개발해야 한다는 문제의식은 사실 오래전부터 논의되었다. 그리고 지난 10여 년 혁신교육지구와 마을교육공동체 운동을 통해 많은 교육 자원이 발굴되고 체계화되고 있다. 문제는 이러한 마을과 혁신교육지구의 다양한 사업들과 학교를 연결하는 네트워크의 단절이다. 이는 자생적인 네트워킹의 주체가 형성되지 않은 데에서 그 원인을 찾을 수 있다. 지역과 학교를 연결하는 학교 밖 학습공동체를 구축하고 이 안에서 지역의 학교와 마을의 문제에 관심을 기울여 돌보며 마을교육과정을 개발하고 학교를 지원하는 활동이 필요하다.

다음에 소개하는 화성의 마을교육과정은 마을이 학교를 지원하고, 화성·오산 혁신실천연구회에서 학교 밖 학습공동체 활동을 하는 교사들이 학교 교육과정과 마을의 자원을 유의미하게 연결하고 지역 교육과정을 개발한 사례이다. 화성교육협력지원센터는 2021년 지역과 연계한 교육과정 개발 및 운영으로 마을과 학교가 함께 상생하는 교육생태계를 구축하기 위해 화성 마을교육과정 사업을 기획하였다. 프로그램을 보내거나 예산을 학교로 공모를 통해 내려보내는 방식을 지양하고, 지역의 교사들이 모여 교육과정을 개발하고 이를 실천할 수 있도록 예산을 지원하는 방식으로 다양성과 자발성을 회복할 수 있게 되었으며 현장에서 큰 호응을 얻었다. 또한 지역의 고민과 주제를 탐색하고 다양한 학교의 구성원들이 모여 화성시 지역 및 마을에 관한, 마을을 통한, 마을을 위한 교육과정을 함께 개발하고 실천한 후 12월에 모여 자발적으로 실천 나눔의 장을 여는 과정은 우리가 학교 안에서 경험했던 학습공동체의 성공적 모습을 그대로 보여 준다.

화성 마을교육과정 운영 지원 계획

단계	내용	비고
1	• 화성 마을교육과정 운영 기준 사업계획 수립, 학교 안내	센터
2	• 마을교육과정 운영 신청 접수	센터, 학교
3	마을교육과정 개발 워크숍(2회)	센터 기획 학교 밖 학습공동체 교육과정 워크숍 지원
4	• 학급별 마을교육과정 프로젝트 운영, 모니터링	학교
5	마을교육과정 실천 공개와 공유 콘퍼런스 • 마을교육과정 운영 결과 자료집 제작, 결과 보고회	센터, 학교 학교 밖 학습공동체 콘퍼런스 지원

* 출처: 화성교육협력지원센터

화성 마을교육과정 개발 주제

단계	마을교육과정에 포함될 수 있는 다양한 내용
마을에 관한 교육	마을과 지역(초등 3~4학년 사회과 지역화 교재 내용, 지역의 역사, 문화유산, 생태환경, 마을 놀이, 마을 축제, 로컬푸드, 마을기업, 지역 뉴스, 마을 현안 등)에 대하여 배우고 경험하는 교육과정
마을을 통한 교육	마을과 지역의 인적, 물적, 환경적, 역사적 자원(화성교육협력지원센터 다가치 화성탐사대, 화성 진로체험거리 등 포함)을 적극적으로 활용하는 교육과정
마을을 위한 교육	마을과 지역의 현안에 대한 조사·탐구·토론, 정책 제안, 캠페인 활동, 마을 홍보물 제작, 마을 기자단, 학생 주도 마을 축제, 도시 재생 등 마을의 지속가능한 발전에 도움이 되는 교육과정

학교 밖에서 배우고 성장하다

혁신교육이 확산되면서 학교 밖에서 뜻있는 교사들이 모여 학교를 꿈꾸고 궁리하며 새로운 학교를 함께 설계하고 만들어 내고 있다. 학교 안에서 학습공동체 문화를 경험하고 성장한 교사들이 학교라는 울타리에 갇히지 않고 성공 경험을 살려 학교 밖에서도 다양한 학습모임을 만드는 것이다. 이 장에서는 학교 밖의 다양한 연수나 개별 활동들을 학습 조직화하고 학습공동체의 형태로 만들어 가는 모습을 전국의 다양한 학교 밖 자발적 학습모임 속에서 찾아보고자 한다.

우리가 만나게 될 전국의 다양한 학습모임의 공통점은 학교나 학급의 문화와 시스템 교육과정을 총체적으로 바라보며 학교의 어려움과 고민을 나누고, 지역과 학교 아이들을 기반에 두고 교육과정과 수업을 고민한다는 것이다. 특정한 주제로 출발하는 게 아니라 학교와 아이들의 삶을 기반에 두고 고민하는 교육과정은 그래서 늘 힘이 있다. 학습의 주제와 실천들이 학교의 변화를 향하기에 단위 학교의 실천으로 힘 있게 연결되는 것은 당연한 귀결점이기도 하다.

또 다른 특징은 학습모임이 지닌 끈끈한 연대 의식이다. 긴 시간 동일한 그룹 속에서 신뢰를 바탕으로 선후배의 전문성과 창의성이 자유롭게 교류되고 서로에게 멘토가 되어 주기도 한다. 학교 안의 학습공동체가 매년 구성원이 바뀜으로 인해 관계와 지속성, 연대의식을 만들어 가는 게 매우 어렵다면 학교 밖 학습모임은 관계 형성이 한번 만들어지면 지속된다. 이러한 지속성의 요인 중 하나는 지역의 리더 교사가 학습모임의 축으로 꾸준히 모임을 이끌어 가는 구심이 되어 준다는 것이다.

전국의 다양한 혁신학교를 만들어 가는 데 실제로 큰 동력이 되는 지역의 살아 있는 이야기 속에서 학교 밖 학습모임을 만들어 가는 구체적인 과정과 활동 내용, 지역의 학교에 미친 영향 등을 살펴보자. 그럼으로써 앞으로 우리가 학교 밖에서 자발적인 교육생태계를 어떻게 구축해야 할지 구체적인 모습을 찾아볼 수 있으리라. 특히 그 속에서 교육개혁의 구심이 되는 교사 리더들이 자연스럽게 배우고 성장하는 사례는 현재 혁신학교가 안고 있는 가장 큰 어려움 중 하나인 리더 교사의 자생적 성장 문제 해결에도 시사하는 바가 크다.

다양한 사례 속에서 우리는 지역과 학교의 고민을 공동으로 연구하고 실천하며 학교 밖에서 학습공동체를 구축하는 자생적 모임이 지역의 학교 변화의 기반이 될 수 있다는 희망을 찾아보고자 한다.

사례 1. 경기도 화성·오산 학교 밖 학습공동체 이야기

"연대와 나눔으로 함께 성장하는 학교 밖 배움터"

[오산 가수초 교사 김명희]

화성·오산 지역에는 다양한 학교 밖 학습모임이 있다. 2010년 지역의 첫 혁신학교를 만드는 바탕이 되었던 성장통 모임으로 시작하여 혁신실천연구회, 오산토론연구회, 새로운학교네트워크, 생활교육분과, 혁신학교네트워크 등 여러 개의 학습 조직이 형성되고 다양한 연구회 및 조직들이 적극적으로 연대하며 활동하고 있다. 이 지역에는 교사 리더들이 유난히 많이 성장하고 있는데, 그 원인 중 하나가 혁신 철학을 중심으로 친밀한 관계와 강력한 연대의 모습을 보이는 다양한 학습모임 때문이 아닌가 생각한다. 또한 학교 안에서 느끼는 피로감과 소진감을 학교 밖 모임을 통해 해소하고 새로운 힘을 얻게 하는 역할도 한다. 이 지역 학습모임의 몇 가지 특징을 소개하면 다음과 같다.

첫째, 화성·오산의 다양한 학습모임은 혁신실천연구회와 화성·오산 새로운학교네트워크를 이끄는 리더 교사들이 중심이 되어 교육 변화의 핵심 철학인 학교의 민주성, 관계에 기반한 교육, 학습하는 학교, 삶을 가꾸는 행복한 교육과정 실현을 꿈꾸며 다양한 방법으로 끊임없이 비전을 공유하고 새롭게 하는 활동을 한다. 특히 2월에 열리는 1년 동안의 학교 밖 학습활동 성찰과 설계 워크숍은 비전을 실현하기 위해 학교를 끊임없이 고민하는 첫걸음이자 나침반이 된다. 연구회의 존재 이유인 비전을 세우고 이를 실현하는 구체적인 전략을 함께 모여 궁리하고 설계하는 시간은 우리가 걸어갈 길을 잃지 않고 1년 동안 한 걸음씩 나아가게 하는 초석이 된다. 다양한 책을 읽으며 비전을 공유하고, 끊임없이 우리의 비전이 무엇이고 이것을 실현하려면 무엇을 핵심 과제로 실천할지 체계적으로 논의하는 과정 자체가 비전 공유의 방법이 되기도 한다. 존재 목적을 단단하게 공유하고 있어서 연구회의 구심력이 매우 큰 편이다.

둘째, 관계에 기반한 연대와 공유가 이루어지고 있다. 혁신교육에 관심 있는 교사들이 모여 함께 공부하고 활동하면서 생긴 끈끈한 관계와 신뢰는 학교 변화에 관심 있는 교사들이 흩어지지 않고 모여서 전문성과 교사 리더십을 키우는 데 중요한 요소가 되었다. 잦은 학교 이동으로 깊은 유대를 맺기 어려운 공교육의 한계에서 벗어나, 학교 밖 학습공동체 속에서 이어 갈 수 있다는 점에서 학교 밖 학습활동은 매우 의미 있다. 함께 활동하는 교사들과는 연구회 모임 시작을 늘 관계 맺는 시간으로 떼어 놓고 어떻게 삶을 나눌지 고민한다. 간단한 질문으로도 꽤 깊어지는 마음속 이야기는 개인의 삶을 드러내어 서로에게 관심을 두고 더 이해하게 하며 끈끈한 관계를 맺어 준다. 배움과 관계의 질적 심화를 위해 물리적으로 시간을 배분하고 다양한 방식의 관계 워크숍 도구를 이용하는 것은 매우 효과가 있다.

셋째, 지역 연구회 네트워킹을 통한 연합 학습활동을 한다. 화성·오산 지역에서 학교 밖 학습활동을 하는 다양한 연구회의 특징은 각각의 연구회가 상호 개방되어 있으며 이로 인해 철학을 공유하고 같은 지점을 바라보며 학습할 뿐 아니라 특정 주제에 매이지 않고 다양한 영역을 넘나들며 학습활동을 한다는 것이다. 또한 연구회 모임의 시작을 알리는 연합 발대식과 콘퍼런스, 혁신교육의 밤 등을 통해 성찰과 공유, 계획 수립 활동을 함으로써 체계화되고 조직적인 움직임을 보인다.

화성·오산 지역에서는 해마다 교육과정을 함께 고민하며 만들어가는 교육과정 개발 축제를 열고 있다. 처음 시작할 때 교육과정 개발이 무슨 축제인가 하는 뜨악한 반응을 보내기도 했지만, 회가 거듭되면서 참가하는 교사들의 층이 두터워지고 있다. 학년별 또는 과목별로 같은 학년끼리 모여 교육과정을 공동으로 개발, 연구하는 과정을 6시간에 걸쳐 늦은 저녁까지 펼치기도 하는데, 매년 백여 명에 가까운 교사들이 열정적으로 참여하였다. 이는 지역에 교육과정 재구성을 널리 확산시키는 계기가 되었다.

넷째, 혁신교육의 밤과 자생적 콘퍼런스를 통한 공유와 나눔에서 서로 배운다. 한 해 동안 지역의 학교들이 실천한 사례를 발표하고 나누는 혁신교육의 밤은 지역 단위로 개방과 공유를 통해 서로 배우고 성장할 좋은 기회가 된다. 일 년 동안 단위 학교에서 실천한 내용을 발표하고 연구회의 학습 과정과 성과를 나누기도 한다. 이 자리는 다음 해에 어떻게 학습하고 나눌 것인지를 설계하는 날이기도 하다.

다섯째, 직급과 나이를 넘어선 다양한 구성원의 연대는 힘이 강하다. 혁신실천연구회 회원으로 교장, 교감, 교사뿐 아니라 지역 장학사가 모여 학습함으로써 교사 리더 중심으로 움직이던 한계를 극복하고 직급을 넘어 함께 보고 고민하면서 총체적인 모색을 하고 있다. 초기에 혁신학교를 만드는 과정에서 교사 중심의 학교 변화 운동은 여러 가지 갈등을 낳았고 변화에 한계가 있었으며 리더 교사의 소진을 가져오기도 했다. 학교 공동체 모두가 머리를 맞대고 고민하는 학교가 성장 속도도 빠르고 구성원들의 행복 지수도 높다. 그런 면에서 교장, 교감 및 지역 장학사의 학습 참여는 학습공동체의 성장을 촉진하는 중요한 요소가 되었다.

"교육은 타성이 강한 제도이며, 혁신이라는 것은 누구의 책임도 아니고 누구의 권한도 미치지 않는 곳에서 탄생하는 법이다." 우치다 타츠루가 『교사를 춤추게 하라』에서 제시한 이 말은 참으로 정확한 표현이다. 화성·오산은 경기도 내에서 가장 커다란 영역을 차지하고, 가장 많은 학교 수, 관리자 및 교사들이 함께하고 있는 지역적 특성이 있다. 그만큼 혁신 동력을 만들어 내기가 쉽지 않은 특성과 문화를 안고 있는 상황에서 혁신실천연구회를 중심으로 하는 네트워크를 통해 화성·오산 혁신교육의 활동 영역을 확장하고 리더들의 성장 및 역량 강화에 기여하고 있다.

여섯째, 화성·오산의 새로운학교네트워크와 실천연구회 모임은 현재 학교 변화와 마을교육을 연계하고 지원하기 위해 고민하고 있다. 지역의 빛깔과 고유성을 담은 교육과정을 함께 개발하고 실천하는 것과 더불어 지역 교육지원센터와 학교를 연결하는 중간 다리 역할을 하는 마을교육연구회로 방향성을 확장해 가려고 한다.

지역의 학습모임이 활성화되고 연구회가 많은 교사가 성장하는 배경이 될 수 있었던 가장 큰 힘은 운산초, 상봉초, 화남초 등의 거점학교가 있었기 때문이다. 물리적으로 장소를 제공하는 것은 물론이고 학교의 교사들이 지역의 다양한 활동에 직접 참여하여 지원하는 역할도 한다. 학교 안에서 고이지 않고 교문 안팎을 넘나들며 자유로이 연구 실천하는 개방성과 적극적 네트워킹을 통해 교사 리더십이 성장하고, 그 힘은 결국 선순환되어 학교의 변화 성장에도 영향을 미친다. 지역과 구심이 되는 학교가 서로 호혜적 관계를 맺고 동반 성장할 때 지속성과 힘이 생긴다.

마지막으로 이 지역에서 혁신교육의 확산을 위해 활발하게 활동하고 있는 두 교사의 글 속에서 왜 우리가 학교 밖 다양한 학습모임에 참여하고 새롭게 성장해야 하는지 그 이유를 찾아보고자 한다.

화성·오산 혁신실천연구회는 변화와 성장의 핵심

- 화성 기안초 교장 안정남

화성·오산 혁신실천연구회는 더 나은 혁신교육의 앞날을 꿈꾸고 희망하는 교사들의 자발적이고 헌신적인 모습으로 커다란 동력을 만들어 가고 있다. 이런 에너지를 가진 혁신 교사들이 연대하는 과정에서 변화와 성장을 함께 만들면서 화성·오산 혁신교육의 중심이 되는 큰 동력을 형성하고 있다.

함께하는 모든 교사는 학습이 멈추면 성장이 멈춘다는 것을 알기에 혁신실천연구회를 통해서 함께 공부하고 학습하면서 화성·오산 혁신교육이 안고 있는 어려움과 문제를 찾아 끊임없이 고민하고 해결 방법을 찾아내려고 노력한다. 이러한 모습은 우리 화성·오산 혁신실천연구회의 가장 강력한 에너지일 뿐 아니라 지금의 연대를 통해 더 변화하고 성장하는 화성·오산 혁신교육의 든든한 기둥 역할을 다하리라 기대해 본다.

특히 학교장으로서 나의 리더십에 미친 영향을 반추해 보면 개인의 삶의 영역을 구성하는 것은 지금까지 읽은 책, 지금까지 만난 사람, 지금까지의 경험이다. 혁신교육을 향해 지속적인 성장과 변화를 시도하는 동료 혁신 교사들과의 만남은 멈추고 싶은 안일함을 벗어나게 하는 힘이 있으며, 추천하는 책을 함께 읽고 나누는 시간을 통해 혁신의 방향에 대한 고민을 함께 나누는 의미 있는 시간이 되고 있다. 또 혁신실천연구회와 함께 만들어 가는 경험을 통해 더욱 깊이 있는 관계가 형성될 뿐만 아니라 연대를 통한 혁신교육의 활력소가 되고 있다.

혁신실천연구회를 통해 만들어지는 동력은 여러 면에서 지역의 학교에 커다란 영향을 주고 있다. 우선 개인적인 한계를 느끼는 혁신 교사들이 혁신실천연구회와 함께하는 시간을 통해 학교의 혁신교육에 앞장설 수 있도록 충전하고 역량을 강화해 가고 있으며, 새로운 혁신교육 리더들이 성장하는 과정에서 앞으로의 학교 변화 및 미래교육에 대한 에너지를 함께 만들어 가고 있다. 무엇보다 혁신학교 방문을 통한 컨설팅, 워크숍 진행, 조직 진단, 중간평가 및 종합평가 등을 통해 단위 학교 교사들의 혁신에 대한 올바른 방향 안내 및 혁신교육을 향한 열정을 키워 가도록 돕는 역할은 큰 영향으로 작용하고 있다.

나의 성장통 가족들!

- 경기 화성 화남초 김보겸

나의 좁고 얕은 교육적 소신을 넓고 깊게 봐 주는 그들이 있어서 든든한 그곳. 성장통. 좋은 수업과 효과적인 업무 추진의 균형을 맞추지 못해 늘 퇴근 시간을 훌쩍 넘겨 버리고 뱃속 알람이 배고픔을 알리면 그제야 하루를 마감하는 경력 21년 차 교사. 가끔은 육신의 피로에 내가 가고 있는 방향이 맞는지 고민할 때도 있다. 나 혼자 이 생각을 여러 번 했다면 아마 난 지금 교직에 없을 것이다.

나의 교육적 실수에 크게 웃어 주고, 따뜻하게 품어 주는 그들이 있어서 난 꿋꿋이 잘 버텼다. 바로 지역의 공부 모임인 성장통 동료들이다. 우리는 함께 고민한다. 교사들이 학교에서 즐겁게 버티는 방법을. 우리는 함께 공부한다. 교사와 학생이 오롯이 행복할 수 있는 수업의 내용을. 우리는 함께 궁리한다. 마음이 아픈 학생들을 끌어안고 함께 걸어갈 방향을. 우리는 함께 토닥인다. 우리가 의도하지 않았지만 어느새 만들어진 교육적 실수를. 나의 어휘 선택이 틀렸다. 성장통 동료들이 아니고 성장통 가족들이다. 함께 모일 생각을 하면 힘이 난다. 오늘 내가 학생들과 호흡했던 모든 장면을 마음의 사진으로 담아 함께 이야기보따리로 풀어내고 잘한 건 잘한 대로, 못한 건 못한 대로 인정받고 위로받으면 그만이다.

자기만의 언어로 자기만의 생각을 풀어내지만 결국 집에 가는 발걸음 곁에서 내 생각은 온전히 사라지고 성장통 가족들의 울림 있는 대화들이 내 머릿속을 채우고 있다. 내 마음도 따뜻해진다. 다음 날이면 성장통의 한 사발 보약으로 내 수업을 향한 반성과 통찰이 살아난다. 학생들을 향한 무한 애정이 소록소록 돋아난다.

사례 2. 경기도 성남 혁신학교네트워크 운영 이야기

'함께 가면 길이 됩니다!'

[보평초 교사 이은진]

지역에서 네트워크 활동을 하다 보면 어찌할 바를 모르겠노라며 어려움을 토로하는 혁신부장들이 많다. 혁신학교는 경기도에선 너무나 일반화된 일임에도 누구도 어떻게 해야 하는지 알려 주지 않는다. 그럴 때 문을 두드려야 할 곳이 바로 지역 혁신학교 교사네트워크이다. 아마 다른 지역도 별반 다르지 않을 것이다.

2015년부터 시작된 혁신학교네트워크는 지역 혁신학교의 혁신부장으로 이루어진 조직이다. 첫해에는 분기별 1회씩 네트워크 대표자 학교에서 만났고, 주로 각자 학교 상황과 겪는 어려움을 서로 나누는 공감과 소통의 자리가 되어 주었다. 그러나 바쁜 학교 일정과 구체적인 도움을 서로 주고받기 어려운 상황에서 꾸준한 모임으로 성장하기 어려웠다. 그런데 2016년을 기점으로 네트워크의 성격이 현격히 바뀌게 되면서 활동의 양상도 달라졌다.

> "처음 혁신학교 지정받았는데 무엇을, 어떻게 해야 할지 몰라서 학교도 가 보고 혁신학교에 근무하는 선생님들도 만나 보고 했는데도 잘 몰라서 난감했어요. 그런데 성남 교사네트워크에 와서 활동하면서 정말 많은 도움을 받았어요. 이제는 소속 학교의 선생님보다 더 끈끈해지는 것 같아요!"
>
> — 성남 중*초 혁신부장

그간 혁신학교 평가 방식이 가져온 혁신학교의 정형화, 표준화를 해결하고자 2016년부터 경기도교육청에서는 지역 혁신학교들이 네트워크를 통해 자신의 문제를 들여다보고 함께 해결하는 과정에서 학교 문제 해결 역량과 지역 혁신교육을 위한 혁신학교 간의 공동체성을 기르기 위해 네트워크의 역할을 강화하였다. 특히, 혁신학교 평가 방식을 공유와 개방의 콘퍼런스 방식으로 전환하고 이를 네트워크가 지원토록 하였다.

처음 네트워크 정책 설명을 들었을 때는 '교육청에서 만든 조직이 제대로 서로를 돕는 실질적 연대 조직으로 활동할 수 있을까?'라는 의구심이 들었다. 2015년까지 중심활동가 2명으로 운영되었던 교사네트워크는 2016년에 5명으로, 2017~2018년엔 16명, 2019년에는 혁신부장뿐 아니라 희망하는 회원까지 포함해서 78명까지 늘어났다. 혁신학교가 늘어나면서 해마다 회원 수가 늘어나고 있다.

우리 지역 교사네트워크 활동은 2016년부터 시작되었다. 4월 첫 모임에서 우리는 네트워크 활성화를 위해 5명의 운영진을 구성했고, 네트워크 활동 방향과 의미에 대해 고민하기 시작했다. 지속가능한 활동을 위해 적극적인 회원들의 제안으로 월 1회 정기모임을 하게 되었다. 이때부터 구성된 운영진은 교사네트워크가 안정적으로 자리 잡는 데 큰 역할을 담당해 왔다. 학교 간 연대와 협력을 허울뿐인 구호가 아닌 몸으로 실천하면서 네트워크 활동의 길잡이가 되어 주었다.

매번 초등교사네트워크 협의에 참여하는 회원은 대략 15명 내외였다. 워크숍을 진행할 때는 20명을 훌쩍 넘기도 하였다. 분위기는 열정적이며 열린 협의 구조를 지니고 있었으나 자율적인 참여가 보장되다 보니 간혹 참여하지 않는 학교도 있었다.

네트워크 활동은 4월부터 본격적으로 운영된다. 4월 첫 모임에는 전체 회원이 참석하는데, 1부에서는 문화행사, 네트워크 이해, 전년도 활동을 공유하고 2부에서는 올해 활동 계획을 검토한다. 회원들의 동의를 얻은 계획은 실천으로 이어지는데, 연간 활동은 대략 다음과 같다. 혁신학교 평가교를 위한 연수 및 콘퍼런스 지원, 지역 혁신학교 현안 해결을 위한 교육장과의 만남, 학생자치 사례 나눔 워크숍, 혁신학교 리더 역량 강화를 위한 연수, 초·중등 네트워크 및 실천연구회 연합 상반기·하반기 워크숍, 연간 활동 평가회, 전입 교사 연수 지원 등 네트워크에 참여하는 회원들은 대부분 혁신학교 상황을 공유하고, 학교 과제 해결에 대한 도움을 요청하였다. 그래서 네트워크 연간 활동에는 학교의 공통적 과제를 함께 해결하는 워크숍, 서로의 자료를 공유하는 플랫폼, 회원들의 역량 강화를 위한 연수 등이 포함되어 있다.

성남 초등혁신학교 교사네트워크는 아무도 가 보지 않은 길을 스스로 개척해 왔다. 여전히 성과를 말하기엔 부족함이 많지만 그럼에도 불구하고 성남 혁신활동가들을 연결하고 실질적 협력의 징을 열어 성남의 학교 혁신에 기여했다고 말할 수 있다. 또한 단위학교주의에 빠져 있던 교사, 학교의 문화를 바꾸는 계기가 되고 성남 지역 특성에 맞춘 지역 혁신교육의 바탕을 마련했다고 할 수 있다.

우리는 앞으로 어떻게 길을 열어 나아가야 할까? 성과도 있었지만 여전히 걸림돌이 있는 것도 사실이다. 지역의 모든 학교의 혁신학교를 지향하는 상황인데, 대부분 매년 혁신부장이 교체되고 있어서 이를 해결하려면 안정적으로 혁신학교를 운영할 수 있도록 역량 있는 지역 활동가 양성이 필요하다. 이를 위해 네트워크와 지원청이 지속적으로 노력해야 한다.

학교는 스스로 단위학교 책임경영체제의 한계와 문제점을 극복해야 한다. 그간 성과와 관리에 의존하다 보니 스스로 변화하려는 노력과 지역 공동의 문제를 함께 해결하려고 노력하지 않았다. 이는 학교의 수동성과 폐쇄성을 키우고 학교 이기주의라는 폐해를 낳아 학교 스스로 변화의 주체로 서지 못했다. 변화하는 세상에서 학교가 살아남으려면 학교의 자율 역량을 강화하고 지속가능한 발전을 위해 지역과 학교의 공동 문제와 현안을 협력적으로 연구하고 해결하는 혁신학교 간의 협의체, 네트워크에 적극적으로 참여해야 할 것이다.

네트워크 정책이 벌써 6년째 접어들었다. 교사뿐만 아니라 교감, 교장 네트워크, 지역 연구부장, 교무부장 등등 다양한 형태의 학교 간 네트워크 활동이 이루어지고 있다. 그런데 형식적으로 운영하거나 비정기적인 형태로 운영되다 보니 교사들의 적극적인 네트워크 활동에 대한 긍정적 인식 변화를 기대하기 어렵다. 학교의 이런 부정적 인식들은 네트워크에 참여하는 교사들의 활동을 위축시킨다. 그러므로 네트워크 정책에 대한 올바른 이해를 바탕으로 지역 혁신학교 간의 학교장, 교사, 초등, 중등 단위별 네트워크가 잘 실행될 수 있도록 지원청의 조정 및 지원 역할이 더욱 강화되어야 할 것이다.

지금껏 우리는 지역의 혁신교육을 책임진다는 원대한(?) 포부로 서로를 격려하며 달려왔다. 쉽지 않았던 상황에서도 함께해 준 네트워크 회원들이 있었기에 지금의 '성남 초등혁신학교 교사네트워크'가 존재한다. 그간 교실, 학교에 갇혔던 교사들이 학교를 넘나들며 고민을 공유·공감하고 함께 문제를 해결하는 과정을 통해 지역의 혁신 리더 교사로 거듭날 수 있었다.

역사적으로 정부 및 관 주도의 톱다운 방식 개혁이 교사를 대상화하면서 실패했다면, 현재 추진되고 있는 네트워크 정책은 교사를 혁신교육의 주체로 성장시키는 좋은 정책임이 틀림없다. 하지만 여전히 교사를 수동적인 존재로서 여기는 학교문화가 존재하고, 평가의 책무성을 스스로 회피하는 '학교 이기주의'가 만연하는 가운데 네트워크 정책이 얼마나 성공할지는 예측하기가 어렵다.

교사를 주체로 성장시키고 학교가 연대 속에서 스스로의 문제를 해결할 수 있는 역량을 키워 혁신교육이 지향하는 자생적 변화와 협력적 성장을 이뤄 간다면 변화하는 미래 사회에서도 여전히 학교는 유효할 것이다. 이를 위해 네트워크 정책은 계속되어야 한다.

아직도 가야 할 길이 멀지만 오늘보다 나은 내일을 꿈꾸며 성남지역 초등혁신학교 교사네트워크는 한 발 한 발 나아갈 것이다.

사례 3. 부산을 궁리하다 - 부산새넷교육연구회 운영 사례

[부산배화학교 교사 류현주]

모이기를 궁리하는 사람들

학교 혁신 운동의 경험과 성과가 축적되면서 우리는 이미 정해진 목적과 주제에 맞추어 주변과 상황을 모아 가는 방법이 시시해졌다. 지금의 방법과 생각이 맞는지 다듬고 살펴보며 머리 굴려 분석하는 시간과 품을 아껴 일단 가 보고, 해 보는 쪽으로 몸과 생각의 습관을 바꾸어 나간다. 그렇게 호기롭게 가는 길에는 아주 단순하고 소박한 약속 하나가 있을 뿐이다.

"새로운 교육을 꿈꾸며 누군가와 함께 길을 가고자 하는가?"

부산은 좀 그렇다. 누군가가 불쑥 던지면 '그것이 필요한가 보다' 하고 덥석 받아안는다. 부산새넷연구회라는 학교 밖 전문적 학습공동체도 조직 확대가 좀처럼 되지 않는 부산의 상황을 해결하고자 누군가가 불쑥 던졌고, 그것이 또 '우리가 같이 꾸는 꿈에 필요한 일인가 보다' 하고 덥석 받아안은 사람들이 모였다.

부산새넷교육연구회 사람들

코로나19로 함께 모여 숨쉬기가 어려워진 것은 원래 모여서 작당하기를 좋아하는 사람들에게 여간 곤혹스러운 시간이 아닐 수 없다. 게다가 새로운학교부산네트워크는 지난 몇 년간 조직 확대가 되지 않는 상황이었다. 사람을 새로 만나고 모으는 일에 궁리하던 중 조직 운동에 대한 공부부터 시작해 보자는 제안을 누군가가 불쑥 던졌다.

일을 모의한 한 사람, 일에 진심인 사람이 먼저 만만한 사람을 엮는다. 만만한 자는 주로 투덜거리며 들어오지만 열심이다. 다음엔 공부로 호리면 잘 호려지는 사람을 엮는다. 공부로 호린 자는 언제나 생기 총기 발랄하다. 다음엔 공부가 필요함을 알아야 할 사람을 엮는다. 필요를 안 사람은 두말 필요 없이 그 모임에 쑥 들어온다. 얼기설기 엮어서 여섯 사람이 모였다.

무엇을 공부할 것인가를 공부하는 사람들

모임 방법은 '단짠단짠 모임 법칙'이라 우리끼리 붙여 부른다. 2주마다 한 번은 오프라인으로 '단모임', 또 한 번은 온라인으로 '짠모임'이라 한다. 그리고 달고 짜고에 상관없이 2주간 읽은 책의 느낌과 공유하고 싶은 글귀를 함께 낭독한다. 책 선정은 누군가의 추천을 받기도 하고 평소 함께 읽고 싶은 책을 골라잡기도 하고 책 속에서 책을 발견하는 방법도 있다. 들은 이야기와 한 이야기의 차이가 있다. 책에서 들은 이야기를 입말로 다시 나누면서 독서의 깊이는 깊어지고 알고 있었던 것도 새로워진다.

연구회의 첫 독서는 조직 운동이란 무엇인가에 대한 공부였다. 대한민국 역사에서 가장 놀라운 조직 운동의 기적을 만든 노사모가 탄생시킨 『노무현 평전』으로 시작했다. 지금은 책 길라잡이를 초대해서 함께 책을 읽으며 책의 깊이를 북돋고 있다. 연구회 안에서 해결되지 않는 지성은 책 길라잡이에게 빌려 쓰면 된다. 지성의 품앗이를 통해 독서의 수고로움이 덜어지는 것이 노동의 수고로움을 덜어낸 품앗이에 비할까 싶다. 지금은 지성의 품앗이 볼모로 경기도 모 초등학교 황 모 교장 선생님께서 3주째 잡혀 계시고 언제 풀려날지는 아직 미지수이다. 연구회에서 나눈 이야기는 전사를 통해 기록으로 남겨 둔다. 조선왕조를 기억하는 이유도 실록이라는 기록의 힘이다. 기록은 데이터이고 데이터의 힘은 기록해 본 사람들은 알고 있다.

앞으로에 대해 별생각이 있는 사람들

부산새넷연구회를 시작으로 새로운학교부산네트워크는 학교 밖 연구회 모임을 활성화하고 지원하는 일을 올해 사업계획으로 삼았다. 삼삼오오 모인 연구회가 많아져 올해 연말쯤 부산새넷연구 콘서트라도 열어 볼 심산이지만 그것은 두고 볼 일이다.

지금은 누군가가 불러 모은 사람들로 연구회원 6명이 10명이 되었다. 여기 있는 10명은 다시 품을 수 있는 만큼의 사람들을 모아 또 다른 만남의 장을 열어 갈 것이다. 유럽의 어떤 나라는 둘만 모이면 협동조합을 만들어 본다고 한다. 모임이라는 틀이 생기면 신기하게도 그 틀 안에는 오묘한 에너지가 또 무언가를 하게 만들고 움직이게 만든다. 사람이 모이면 사람은 역할을 만들고 역할이 모여 또 무언가를 변화시킨다. 우리는 변화하는 그것이 학교이고 교육이었으면 한다. 지난한 과정을 넘어 여하튼 사람은 모이고 사람은 키워진다. 제대로 진심인 사람만 있다면 여하튼 새싹이 돋고 꽃은 핀다.

부산새넷연구회에서는 분명 처음 봐서 낯설지만 뭔가 오래전부터 알고 지낸 듯한 사람을 만나게 된다. 이것이 학교 밖 전문적 학습공동체의 맛이자 힘이 아닐까 한다.

사례 4. 경남 양산 행복학교 모임 아·하·하(아이의 하루하루를 소중하게) 이야기

혁신의 바다에 행복 인드라망을 펼치다

[경남 양산 신기초 교사 김진희]

아·하·하아이의 하루하루를 소중하게 행복학교 연구회의 역사를 이야기하자면 2013년에 결성된 양산 혁신학교 교사 모임으로 거슬러 올라가야 한다. 학교의 변화에 대해 고민해 온 양산지역 초등교사 6~7명이 자발적으로 모여 혁신학교 관련 책을 함께 읽으며 소박하게 시작한 소모임이었다. 안정된 공간이 없어 여기저기 임시방편으로 옮겨 다니며 각자 인상 깊었던 부분을 포스트잇에 써 붙이며 이야기를 나누던 때다.

서근원 교수의 『공동체는 어디에 있을까』를 읽고 나서는 '공동체'라는 말이 참 조심스럽고 아득했다. 우리가 꿈꾸는 공동체에 닿을 수 있을지도 의문이었지만 학교가, 교사들이, 교직원들이 나아가 학부모가 한데 어울리는 교육공동체가 가능하기나 한지 난감하기 그지없었다. 구태의연하고 견고한 교직 생활에 조금씩 균열이 일어나는 느낌이었다. 하지만 매혹적이었다.

2014년, 경남형 혁신학교에 대한 논의가 본격적으로 이루어졌고

뜻을 모아 연구회 공모를 준비하여 2015년 행복학교 연구회로 선정되었다. 교사의 존재 이유인 '아이'를 중심에 두고 아이들의 하루하루를 소중하게 지켜 주자는 의미로 연구회 이름을 '아하하 행복학교 연구회'로 정했다. 그리고 교육과정 연구와 혁신학교 사례 고찰을 역점 과제로 삼고 독서토론과 연수를 병행했다. 비고츠키와 발도르프를 거쳐 2020년에는 우리 풍토에서 싹튼 우리 교육철학을 배우기 위해 방정환 읽기를 했다. 관계의 중요성, 연결과 확장의 의미를 되새기며 행복학교 인드라망 구축에 지속해서 힘을 쏟고 있는 아하하 연구회는 행복학교 네트워크 형성, 배움 중심 교육과정 공유와 확산, 단위 학교 역량 강화 지원 등의 활동을 한다. 초등교사 및 전문직, 관리자 등 모두 25명으로 구성되어 있으며 월 2회 격주로 모임을 한다.

올해는 전체 모임과 분과 모임을 병행하였다. 2회 중 두 번째 모임은 짧고 굵게 끝내고 회식을 한다. 회원들이 가장 좋아하는 시간이다. 교직 생활의 고단함을 풀고 소소한 정보들을 얻을 수 있는 자리이기 때문이다. 해를 거듭할수록 회원들의 전문성과 역량이 강화되어 어느새 양산 행복교육 네트워크의 중요한 그물코 역할을 하게 되었다. 각자의 관심 분야에 따라 퍼실리테이션 모임(모떠실)과 양산 혁신교육 모임(청미래)을 만들어 핵심 역할을 하며 그 밖에 양산 행복교육 지원센터를 중심으로 다양한 교육 실천을 이어 가고 있다. 지난 11월에는 새넷 지역 모임을 세우기 위해 경남 새넷과 함께 지역 아카데미를 열어 온·오프라인으로 운영하였다. '방정환 삶과 어린이 교육'이라는 주제로 이주영 선생님(서울 혁신교육지구 중앙위원장)을 행복교육 지원센터에 모시고 밤늦도록 강연을 듣고 이야기를 나누었던 일은 오래 기억에 남을 것이다.

아하하는 행복학교 네트워크로 혁신학교에 대한 무관심과 오해를 극복하고 행복학교문화를 확산하는 데 목적이 있다. 아울러, 교실에 고립되어 있는 교사들을 넓은 광장으로 불러내어 편하게 수다를 떨고 내면 깊숙이 자리 잡은 좋은 교사에 대한 열망과 자발성을 끄집어내어 신

명 나게 아이들을 보살피고 지신을 스스로 사랑하면서 함께 성장해 나가기를 바란다.

회원들에게 아하하는,

• 교사 생활의 숨구멍이자 든든한 지원군이다.
• 사람들 만나는 그 자체가 힘이 되고 함께 이야기 나눌 수 있어서 즐겁다.
• 관심 분야에 대한 철학과 정보를 얻을 수 있어 도움이 된다.
• 연구회에서 다루었던 것들을 동학년과 함께 수업에 적용하면서 전문적 학습공동체의 소중함을 느낀다.
• 혼자서는 공부하기 힘든 교육철학을 연구회에서 함께 다루고 공부하면서 스스로 성장하는 것을 느낀다.
• 학기 초 진단활동, 교육과정 재구성 연수, 교육과정 콘서트 개최 등으로 양산지역에 혁신학교 새바람을 불러일으키고 있다.

회원 수가 증가하여 분과로 나누어 활동하기로 했으나 코로나의 영향으로 제대로 이루어지지 못했고 분과 수가 많아 집중력이 떨어진다는 자체 평가가 있었다. 다음 해에는 연구회의 본질과 초기에 나아가고자 했던 방향을 다시 고민하고 되돌아보며 연구회의 성격을 재정립하고자 한다. 어떻게 하면 회원들 개개인의 삶을 놓치지 않고 함께 전문성을 키우고 성장해 나갈 것인가가 관건이다. 분과 체제로 가되 두세 개의 큰 줄기를 잡고 역량을 집중해서 연구회의 중심을 잡고 내실을 다져 나가야 한다. 우리 아이들의 하루하루가 허투루 새어 나가지 않도록 혁신의 바다에 전문적 학습공동체로 직조한 촘촘한 인드라망을 넓게 펼쳐 나갈 것이다. 자유롭고 따뜻한 공동체를 꿈꾸며….

사례 5. 제주시 다혼디배움학교 네트워크 운영 이야기

[제주 구엄초등학교 교사 이문식]

어떻게 만들어졌는가?

제주는 2015년부터 초등 5개교(초중 통합학교 1개교)가 제주형 혁신학교인 다혼디배움학교로 지정되어 운영이 시작되었다. 첫해 시작한 혁신학교부터 해마다 새롭게 지정된 혁신학교까지 작은 학교가 대부분이었기에 각자 자체적으로 학교를 만들어 가는 데 온 힘을 쏟아야 했다. 이러한 상황이니 학교 밖에서 학습공동체를 만들어 운영하겠다는 생각조차 할 수가 없었다. 간혹 교육청에서 네트워크라는 이름으로 소수가 모여 학교 운영 사례 발표를 하는 시간이 간간이 있었을 뿐이었다. 하지만 이는 학교 모습의 단순 사례 발표에 그칠 뿐 함께 고민하며 배움과 성장을 만들어 가기에는 한계가 있었다.

혁신학교가 운영된 지 3년이 지난 2018년도 들어서 처음부터 운영을 시작한 애월초등학교에서 제주시 서부 지역애월읍, 한림읍, 한경면 혁신학교구엄초, 귀덕초, 금악초, 납읍초, 저청초 5개교에 지역 네트워크를 구축하여 함께 성장을 도모하자는 제안을 하였다. 본격적인 네트워크 운영에 앞서 6개교 부장교사들이 3월 초에 만나 네트워크의 필요성과 목적을 공유하고 운영 방법에 대해 협의한 후, 각 학교로 돌아가서 참여 여부를 묻기로 하였다. 대부분 혁신학교 초기라 어떻게 만들어 가야 할지 막막해하는 비슷한 상황이었으며, 특히 부장교사들은 모임의 필요성에 크게 공감하였다. 하지만 모든 교사가 네트워크 운영의 필요성과 목적에 동의한 것은 아니었다. 불필요하다고 생각하거나 반신반의하면서도 작은 학교였기에 함께 따라가 준 부분도 있었다. 다행히 모든 학교 교사들이 동의를 해 주었고 4월부터 시작할 수 있었다.

어떻게 운영되었나?

운영 첫해 '다혼디배움학교 간 소통과 나눔을 통한 교사들의 배움과 성장, 제주시 서부 지역 다혼디배움학교 질적 성장 도모'를 운영 목적으로 하였고, '함께 모여 수다만 떨어도 좋다'라는 슬로건으로 처음 경험해 보는 네트워크 참여의 부담을 줄일 수 있도록 하였다. 관리자 네트워크는 관리자들이 결정하도록 하였으며, 월 1회 수요일 오후에 학교별로 돌아가면서 모임을 실시하기로 하였다. 전체가 모여 학교 사례를 공유한 후, 부장교사네트워크와 대부분 동학년이 없는 학교들이었기에 '학교 밖 동학년 모임'을 학년별로 운영하였다. 또한 교육청 계획에 의해 필수적으로 연 1회 다혼디배움학교 컨설팅을 받아야 하는 것을 교육청과 협의해 네트워크 운영 컨설팅으로 대체할 수 있도록 해서 부담을 덜 수 있도록 하였다.

4월 애월초등학교를 시작으로 전체 사례 발표는 '협력적 생활교육 사례애월초, 교육과정-수업-평가의 일체화를 통한 학생들의 핵심역량 신장 실천 사례구엄초, 교육과정 재구성을 통한 주제 중심 수업 마을 교육 사례귀덕초, 프레임워크 기반 교육과정 재구성 사례금악초, 학교 특성을 살리는 창의적 교육과정 운영 사례납읍초'가 이루어졌다. 학교마다 나름대로 열심히 운영하고 있는 실천 사례를 함께 나누고 공유할 수 있는 시간이었다.

학교 운영에서 가장 큰 부담감을 느끼며 고민이 많았던 부장교사들에게는 모임을 통해 '과다한 업무 수행과 힘듦에 대한 수다 떨기'가 주를 이루며 서로의 상처를 어루만지는 치유의 시간이 되었다. 비슷한 고민과 비슷한 어려움을 겪고 있었기에 혼자가 아니라는 위안을 얻기도 하였다. 또한 업무와 행사 덜어내기를 어떻게 할지, 민주적인 학교문화를 어떻게 만들어 가야 할지, 전문적 학습공동체를 어떻게 만들어 갈지 등을 서로 나누고 공유하며 학교만의 방안을 찾아 나갈 수 있었다.

'학교 밖 동학년 모임'에서는 다양한 수업 실천 사례, 교육과정 재구성 사례를 나눌 수 있었다. 수업과 과정 중심 평가, 수학여행, 현장체험학습, 학생자치 활동, 마을교육, 기초학력 지도, 관계 맺기 활동, 학부모와의 소통, 학년별 특색 활동 등 동학년별로 다양한 주제의 사례 나눔과 실천 방안들을 논의할 수 있었다.

11월 마지막 모임에서는 모임별로 1년 활동 평가가 이루어졌다. 대부분의 교사들이 네트워크 운영에 만족감을 표시하며 많은 도움을 얻을 수 있었다고 평가하였다. 다른 학교의 사례를 공유하는 과정에서 우리 학교의 교육활동 방향이 틀리지 않았음을 확인하며 자신감을 갖게 되었으며, 동학년이 없는 학교이다 보니 '학교 밖 동학년 모임'을 통해 자기 성장의 계기가 되었음을 이야기하였다. 또한 초기 네트워크에 대한 부담이 많았지만, 이제는 꼭 가야겠다는 마음으로 변했다는 이야기들도 많았다.

부장교사들은 다른 학교와의 상황 공유를 통해 학교가 가야 할 길에 대한 도움을 얻을 수 있었으며 서로가 고민하는 부분이 비슷해서 위로가 되었다고 평가하였다. 또한 부장교사들 간에 관계가 맺어짐으로 인해 평상시 여러 부분에서 쉽게 묻고 답하며 도움을 얻었음을 이야기하였다.

하지만 모임 횟수가 많음에 따라 학교 내 전문적 학습공동체 운영에 부담이 있었으며, 모임 주제가 명확하지 않아 같은 이야기, 비슷한 이야기를 반복하는 느낌이 있었기에 2019년에는 주제를 명확히 하고 모임을 더욱 체계화하자는 제언이 있었다.

2019년은 새로운 다흔디배움학교인 재릉초가 합류하여 7개 학교의 네트워크가 운영되었다. 또한 교사모임의 성과를 지켜보며 관리자 네트워크가 자연스럽게 만들어졌다.

제주는 4월 중 가장 중요한 교육활동이 4·3평화인권교육이다. 애월초에서 2018년에 만들어진 4년간의 4·3평화인권교육 실천의 결과물인 '생명·평화·인권 교육과정'을 3월에 공유함으로써 4월 교육에 도움을 주어야 한다는 공감대가 있다. 그래서 3월부터 운영을 시작하였고, 실제 3월 모임을 통해 여러 학교에서 4·3평화인권교육이 단순한 계기교육이 아닌 교육과정과 연계되어 체계적으로 이루어지는 성과를 낼 수 있었다.

이후부터는 전체 사례 발표를 없애고 동학년별로 좀 더 깊이 있는 내용으로 채워질 수 있도록 시간을 확보해 주었다. 동학년 모임에서는 국어, 수학, 사회, 온작품읽기 등 수업에 좀 더 집중하여 여러 차례에 걸쳐 이야기를 나누었다. 부장교사들은 대부분 교육청에서 운영한 '다훈디 배움학교 성장지원단'에 참여하여 연수와 워크숍을 통해 혁신교육 철학에 대한 이해를 높이며 많은 성장을 할 수 있었다. 그렇기에 혁신학교 운영에 대한 공감대가 좀 더 자연스럽게 이루어졌고, 혁신학교의 상에 접근하는 체계적인 이야기를 나눌 수 있었다.

앞으로 나아가야 할 방향

대부분의 교사들이 서부지역네트워크 운영 방법에 만족해하고 있다. 동학년이 없는 담임교사는 학교 밖에서 동학년을 만나 수업 자료와 실천 사례를 공유할 수 있었고, 함께 고민을 나누는 것 자체에 의미가 있다고 한다. 부장교사 역시 네트워크를 통해 많은 도움을 얻을 수 있었음을 한 목소리로 이야기하였다.

하지만 학년 혹은 개인에 따라 교사들이 원해서 자발적으로 형성된 모임이 아닌 누군가가 시켜서 해야 하는 일로 여겨지기도 한다. 학교에서 바쁜 일이 있으면 부담으로 느껴 참여하지 않게 되거나, 생활지도, 학습지도 등 포괄적으로 이야기를 나누기는 하나 함께 고민하고 이루어 내는 성취감의 부족과 방향성의 모호함을 나타내는 교사들도 있는 것이 사실이다.

혁신교육에 대한 이해가 매우 높은 실천가 혹은 교육운동가가 없는 상황에서 네트워크 활동은 충분한 의미가 있었다. 비슷하고 평범한 교사들이 함께 모여 부족한 부분이라 할지라도 실천 사례를 나누고 연구하는 과정에서 교사와 학교의 성장에 도움이 되었다. 네트워크 소속 학교마다 4·3평화인권교육이 좀 더 내실 있게 이루어지고, 마을과 교육과정이 잘 만난 수업이 이루어지고 있다. 또한 일부 학교에서는 지역과 협력하며 마을교육공동체를 만들기 위한 사업을 진행 중이다.

네트워크의 지속성은 교사들의 필요성에 의해 결정될 것이다. 네트워크를 통한 성장의 경험과 네트워크를 끌고 가는 리더 교사인 부장교사들의 집단지성이 바로 그 힘이 될 것이다.

사례 6. 새로운학교 경기네트워크 연구위원회와 분과 모임

교사는 누구인가? 누구이고 싶으며 누구여야 하는가?

[새로운학교 경기네트워크 연구위원장 오윤주]

교사는 교육의 가장 치열한 일선에 서서 매일의 교육적 난제들과 맞서 왔다. 아이들과 만나 그들의 성장을 가장 가까이에서 지켜보는 기쁨이 크지만, 바라는 교육을 원하는 만큼 펼치지 못하는 안팎의 한계들로 인한 괴로움도 또한 만만치 않았다. 좋은 삶, 가치 있는 교육, 정의로운 사회, 행복한 학교를 만들고자 하는 희망은 우리 안과 밖의 장애들에 부딪혀 종종 희미해지곤 했다. 학교 안에서, 그리고 우리 사회에서 한 사람의 교사는 참 미약하여 거대한 시대적 변화의 흐름 앞에서, 현실의 요구 앞에서 종이배처럼 떠내려가기 일쑤였다.

새로운학교네트워크는 하나의 교사가 모이고 모여 여럿의 교사가 되고, 여럿의 교사가 모여 하나의 학교가 되며, 하나의 학교가 모이고 모여 여럿의 학교가 되고자 하는 움직임이다. 그렇게 서로가 모이고 모여 연결되면 지나치게 이상적이라며 다들 고개를 저었던 일들도 어쩌면 스르르 이루어지게 될 수도 있을 것이다. 우리가 바라는 교사로서의 우리 자신이 되며, 우리가 바라는 교육과 사회를 우리 힘으로 만들어 가는 그런 교사가 될 수도 있을 것이다.

그것이 새로운학교네트워크의 꿈이다. 교사와 교사가 모이고, 함께 공부하고 실천하며, 교육적 의제를 제안하고 정책의 방향에 목소리를 낸다. 미시적인 교육 실천에서부터 거시적인 교육 담론까지, 성찰과 상상의 힘으로 계속 걷는다. 그러다 보면 어느새 우리 자신도, 학교도, 이 사회도, 어제보다 더 나은 방향으로 훌쩍 나아져 있을 것이라 믿는다.

새로운학교 경기네트워크의 핵심 동력은 공동의 연구이다. 연구위원회 산하의 다양한 분과들은 각각의 자율성을 가지고 활발하게 운영되었다. 교육과정과 생활교육, 민주시민교육과 생태 전환 교육, 특수교육과 예술교육, 실천적 교육 정책 참여에서부터 미래교육 청사진 그리기까지, 자발성에 기반한 교사 학습공동체가 주제별, 직급별 분과를 이루어 각각의 궤도를 그리며 돌아간다. 각 분과는 정기적인 포럼과 여름 연수, 겨울 연수 등을 통해 서로의 접점을 마련하고 공동의 지향을 계속해서 다듬어 간다. 매년 연구의 주제나 방향, 조직의 방식이 달라지긴 하나, '교육의 주체로서, 교육의 운명을 우리 스스로 만들어 간다'는 지향은 언제나 기본 전제가 된다. 그렇게 축적된 교육에 대한 성찰과 역량은 다시 각자의 학교에서 교육활동으로 녹아들며, 공동체의 목소리로 모여 현실적 문제들에 대한 발언권과 영향력을 행사하기도 한다.

이번에 새로운학교네트워크가 주목한 화두는 '생태적 전환'이었다. 혁신학교는 지속가능할까? 혁신학교를 넘어 우리 교육은, 우리 사회는 지속가능한 것일까? 우리는 어떻게 대전환을 통해 더 나은 삶과 교육으로 도약해 갈 수 있을까? 그간 고민해 온 내용을 바탕으로 전국의 새넷 회원 및 경기도 전체의 선생님들을 대상으로 '생태적 대전환'을 주제로 포럼을 열고, 다음 해 1월에는 이를 학교 교육과정의 모든 국면에 연결하는 워크숍을 중심으로 겨울 연수를 진행하였다.

교사와 교사를, 교사와 학교를, 학교와 사회를 이어 가는 허브로서

새로운학교네트워크의 '공동 학습'은 계속될 것이다. 교사가 교사이고
자 하는 한, 해결해야 할 교육적 난제들이 교사들 앞에 계속해서 등장하
는 한, 새로운 삶과 사회를 향한 우리의 도전과 상상은 멈추지 않을 것
이다.

인간 존엄과 관계 회복을 꿈꾸는 생활교육분과 이야기

[상봉초등학교 교사 김해정]

학교 안 학습공동체와 학교 밖 학습공동체는 나에게 서로가 서로에
게 맞물려 돌아가게 하는, 아니, 자연스럽게 돌아가는 톱니바퀴와 같은
존재이다. 학교 안 학습공동체가 교육과정 설계, 교육과정 운영을 중점
적으로 공동 연구, 공동 실천하는 학습공동체라면 학교 밖 학습공동체
는 다른 학교 선생님들과 함께 모여 제대로 잘 가고 있는지, 앞으로 어
떻게 가야 할지 그 방향성을 의논할 수 있는 곳이다. 학교 밖 학습공동
체에서 함께 고민하며 공부했던 내용이 학교 안 학습공동체로 조용히
스며들어 나타나는 것이다. 나에게 교사로서 '교육은 무엇인가?', '학생
들은 어떤 존재인가?', '교사란 어떤 존재인가?', '어떤 교육이 아이들을
성장하게 하는가?', '어떤 사회를 만들어 나갈 것인가?'를 고민하게 하
고, 고민을 나누게 하며, 성장하게 하는 밑거름이 된 학교 밖 학습공동체
는 혁신교육실천연구회, 화성·오산 새로운학교네트워크, 새로운학교네
트워크의 초등생활교육분과이다. 학교 안 학습공동체에만 머물면 그 학
교 안에 갇혀 버리기 쉬운데, 다른 학교 선생님들과 연대함으로써 더 큰
방향성을 그리고 실현해 갈 수 있는 것 같다. 어찌 보면 학교 밖 학습공
동체가 학교 안 학습공동체를 잘 돌아가게 하는 마중물이 된다고 볼 수
있겠다.

특히 새넷 초등생활교육분과는 2020년도에 첫 출발한 공부모임이
라서 2월에 분과 운영 계획을 세워 모집을 했다. 하지만 코로나19로 인
해 모임을 하지 못하다가 7월에 처음 만나면서 연수를 들었다. 함께 연

수를 듣고, 이후에는 카톡방에서 서로 소통했고, 함께 의논하여 공부할 주제를 정하고 독서토론할 도서를 선정하였다. 줌으로 월 1회~2회 만났고, 책을 읽고 발제 및 독서토론을 진행하였다. 생활교육분과 공부모임은 코로나19로 인해 대면수업을 할 수 없었던 시간 동안 생활교육의 방향성을 다시 한번 깊이 돌아볼 수 있었다. 생활교육에 대해 신경 쓰며 나름대로 많은 공부를 해 왔는데, 방법 위주의 생활교육은 내 안에 채워지지 않는 부분이 있었고, 늘 뭔가 해결되지 않는 어려움이 있었다. 생활교육분과 선생님들과 함께 따뜻한 관계 만들기의 생활교육을 넘어 우리 신체의 일부처럼 인간의 내면에 깊게 자리 잡고 있는 존엄에 대해 깊이 생각해 보는 시간이었다. 존엄은 어떤 특성이 있는지, 어떻게 하면 존엄을 살릴 수 있는지, 어떤 행동이 존엄을 해치는지 고민하면서 현장에서 어떻게 실현해 가면 좋을지 의논하는 시간은 나에게 참 의미 있는 시간이었다. 어디에서도 공부하지 못한 주제였다.

존엄에 대해 공부한 후에 달라진 점은 내가 만나는 아이들의 존엄을 해치고 있지 않은지를 자주 성찰하게 되었다는 것이다. 이 고민이 대면수업이나 줌을 통한 수업 중에도 그대로 스며들기 시작했다. 수업 내용도 중요하지만, 아이들의 이름을 하나하나 불러주고, 눈 마주치며 아이들의 이야기를 귀담아듣고, 속상해하는 아이는 없는지 주의 깊게 살펴보며 아이들의 존재 그 자체를 일깨우는 데 더 중점을 두었다.

아는 만큼 보인다는 말이 참 와닿는다. 아는 만큼 보이고, 아는 만큼 고민하게 되고, 고민하는 만큼 성장할 수 있고, 성장한 만큼 변화를 만들어 낼 수 있다. 학교 밖 학습공동체에서 고민하며 공부한 시간은 개인의 성장으로 끝나는 것이 아니라, 학교 안 학습공동체와 자연스레 연결된다. 학교 전체의 생활교육 방향성을 함께 고민하며 공부할 기회를 만들어 보자고 제안하였다. 또 동학년 교사들과 존엄의 생활교육에 대해 함께 공부하자고 제안해 볼 계획이다.

'우리'라는 힘으로

[새로운학교 경기네트워크 특수교육분과장 김준연]

나의 수업은 학교를 바꿀 수 있는가? 나의 교육과정은 사회를 바꿀 수 있는가? 나의 특수교육은 대한민국의 특수교육을 바꿀 수 있는가? 이러한 질문을 듣는다면 쉽게 '그렇다'라고 대답할 수 있는 특수교사는 없을 것이다. 이렇게 질문을 바꾸어 본다면 어떨까?

'우리의 수업은 학교를 바꿀 수 있는가?'

'우리의 교육과정은 사회를 바꿀 수 있는가?'

'우리의 특수교육은 대한민국의 특수교육을 바꿀 수 있는가?'

거창하게 들리겠지만 한편으로는 '그럴 수 있지 않을까?'란 용기가 생기기도 한다. 그것이 '함께'에 담긴 힘이라고 생각한다. 이러한 뜻을 가지고 새로운학교네트워크에 특수교사들이 2020년 첫발을 내디뎠다. 우리의 고민이 우리라는 울타리를 넘어, 우리가 수업하는 교실을 넘어, 학교로 그리고 세상으로 퍼져 나갔으면 하는 설렘을 가지고 '함께하자' 라는 외침에 비록 많은 수는 아닐지라도 응답해 준 선생님들이 너무나 고마웠다.

더욱 특별한 의미는 특수교사들끼리의 공간이 아닌 새로운학교네 트워크 안에서 시작했다는 것이다. 새로운학교네트워크 안에 특수교육 분과가 존재한다는 것은 우리의 논의가 특수교육을 넘어 일반교육에 직접적으로 전달될 수 있음을 의미했다. 집행부의 협의회, 분과장님들의 협의회를 통해, 또는 다양한 행사 속에 특수교육의 공간이 따로 마련되었으며, 많은 선생님이 우리의 목소리에 귀 기울여 주심을 보고 아이들을 향한 교사의 사랑은 일반교육과 특수교육을 구분하지 않는다는 것을 느꼈다. 그것이 새로운학교네트워크의 힘이란 것도 알 수 있었다. 우리의 주제는 '개별화 교육'이었다. 개별화 교육은 특수교육의 꽃이라고 할 만큼 매우 중요한 의미가 있지만, 이를 구체화하고 실천하는 방안 면에서 아직까지 많은 어려움이 있기도 하다. 이에 대해 함께 논의하고 초, 중, 고의 연계 방안을 개발해 본다면 '특수교육뿐 아니라 일반교육에도 의미 있는 시사점을 던질 수 있지 않을까?' 하는 생각도 들었다. 하지만 처음부터 쉽지는 않았다. 우선 코로나로 인해 선생님들끼리 만나는 것이 어려워졌고, 지금처럼 온라인 회의조차 쉽게 생각할 수 없었던지라 초반에 많은 시간이 그냥 흘러갔다. 또한 분과 운영에서 미흡한 부분이 드러났던 것은 좀 더 세심하게 분과 운영을 계획하지 못했던 나의 잘못도 컸다고 생각되었다. 하지만 어려운 환경과 미흡한 운영 속에서도 선생님들의 지지가 있었기에 『교육은 사회를 바꿀 수 있을까?』, 『학교교육 제4의 길』, 『개별화수업』 등의 책을 함께 읽으며 다양한 이야기를 나눌 수 있었다. 또 이를 바탕으로 특수교육의 개별화교육 발전 방안에 대해 미약하게나마 논의할 수 있었다. 이러한 배움과 시행착오를 기반으로 더 발전한 우리의 모습을 기대해 볼 수 있을 것 같다. 새로 합류한 선생님들도 있고 기존 선생님들도 올해는 더욱 많은 것을 함께해 보자는 각오를 다지고 있다.

2021년 2월, 개인적으로 상당히 의미 있는 행사가 열렸다. 새로운학교 경기네트워크가 주관한 '새로운학교네트워크 겨울 연수'에서 특수교육 주제 마당이 열렸다. 전국의 새로운학교네트워크 소속 특수 선생님들을 만날 수 있었다. 그분들에게 이렇게 말씀드렸다.

"선생님께서 근무하고 계신 지역에도 새로운학교네트워크 특수교육분과가 생기고, 각 지역의 특수교육분과가 함께 연대할 수 있는 그날이 왔으면 좋겠습니다."

함께라면 우리의 수업이 학교를 바꿀 수 있고, 우리의 교육과정이 사회를 바꿀 수 있으며 우리의 특수교육이 대한민국의 특수교육을 바꿀 수 있음을 믿어 의심치 않는다. 그날이 오기까지 우리는 끊임없이 도전할 것이고, 노력할 것이다.

학교 밖 학습공동체 돌아보며 내다보기

학습공동체, 학교 변화 운동의 주체를 세우다

혁신교육을 중심으로 뭉친 다양한 학교 밖 학습공동체가 가져온 여러 가지 중 가장 큰 것은 지역 교육을 이끌어 갈 주축이 되는 리더의 성장이다. 학교 안에만 매이지 않고 학교 밖의 다양한 모임에 적극적으로 참여하고 배움으로써 지역 교육에 긍정적 변화를 일으킬 뿐 아니라 학교 안에서도 좀 더 행복하게 일할 수 있는 힘을 얻게 된다. 비슷한 위치에서 같은 일을 하는 이들과 만나 같은 고민을 하며 지치지 않고 새롭게 한 걸음 나아가는 실천적 지식을 서로에게서 얻게 된다. 앤디 하그리브스와 마이클 풀란은 『교직과 교사의 전문적 자본-학교를 바꾸는 힘』2014에서 인적 자본과 사회적 자본, 의사결정 자본의 중요성을 기술하고 있다. 즉 변화를 위한 가장 중요한 요소는 주체가 되는 사람의 성장과 연대, 커뮤니티 활동이며, 이것이 교육개혁의 지속가능성과 확산성을 담보하는 핵심 요인 중 하나라는 것이다.

앞에서의 다양한 사례에서 우리는 지역의 학습공동체 속에서 리더 교사들이 영감을 얻고 리더십을 키우는 과정을 엿보았다. 우리가 학교 울타리를 넘어 학교 밖에 다양한 학습망을 구축하고 공동의 연구와 실천 활동 속에서 지역의 교육을 고민하고 개선하는 과정은 다양한 혁신 학교들이 지속해서 변화·성장하는 데 매우 중요한 요인임을 알 수 있다.

교사를 성장시키는 학교 밖 학습공동체의 특징

학교 밖 전문적 학습공동체가 구축된 지역의 교사들은 학교 단위로 엄격하게 구분된 시간과 공간 속에 고립되었던 교사들이 교문을 열고 지역으로 나와 함께 둘러앉아 서로의 경험과 실천을 드러내 놓으며 의미 있는 네트워크와 실천지를 만들어 내었다. 학교 단위 교원들이 동료성을 바탕으로 지역의 문제를 동료와 함께 찾아 공동 연구하며 공동 실천하는 과정을 통해 지역의 문제를 개선하고 지역의 역량을 강화해 나감으로써 더불어 성장하는 배움을 즐기고, 우리가 함께 배우는 힘이 얼마나 큰지 몸으로 체득하고 있다. 그 속에서 교사 리더십이 키워지고 교사로서의 자존감 또한 회복되기도 한다.

다양한 사례에서 드러나는 학교 밖 학습모임의 특징을 정리해 보면 다음과 같은 모습이 보인다.

첫째, 학교 밖 학습모임은 오랜 시간 드나듦 없이 만나면서 끈끈한 관계와 신뢰를 형성하고 있다. 이러한 신뢰 관계를 바탕으로 선후배 간의 지식 교류와 리더십이 전수되고 공유되기도 한다. 이는 학교 밖 학습공동체가 지속성을 가지는 데 매우 중요한 영향을 미치고 있다.

둘째, 철학을 바탕으로 한 학습모임을 중요하게 여기고 다양한 방식으로 읽고 토론하고 나누는 활동을 하고 있다. 이는 학교 밖 학습모임이 길을 잃지 않고 목표를 향해 나아가게 한다. 구성원들이 철학에 바탕을 둔 비전을 공유하면서 영감을 얻고 새로운 모험을 끊임없이 시도하게 된다.

셋째, 학교 밖에서도 학습 조직화를 통해 학습공동체의 기반이 되는 시스템을 구축해 가고 있다. 정례화된 모임 운영과 연간 학습계획이 세워지고 전체 월 1회 진행 방식, 분과별 진행 방식 등 다양한 도전을 통해 지역에 적합한 방식을 만들어 가고 있었다. 특히 자발적으로 모임을 꾸려 학습하면서도 교육청의 다양한 혁신사업이나 공모와 연계해서 예산을 확보하고 상호 호혜적인 활동을 한다. 개인적 차원을 넘어서고 학교뿐 아니라 그 지역 전체의 학교들을 살피고 지원하며 교육지원청과도 연대하여 활동하는 모습을 보인다.

넷째, 특정 주제 중심의 연구회와 다른 점은 학습하는 내용의 폭이 매우 넓으며, 혁신교육 철학, 교육과정, 미래교육, 공간 혁신 등 다양한 분야로 배움의 폭을 넓혀 가고 있다. 특정한 주제에 매이지 않고 학교와 지역의 문제들을 토대로 다양한 영역을 학습함으로써 학교의 방향과 문제 해결에 도움을 주고 있는 모습을 보인다.

다섯째, 리더 교사가 있다. 지역의 학습모임이 공교육 내부의 학습 조직이 아님에도 활성화되고 많은 교사의 교사 전문성을 키울 수 있는 요인 중 하나는 구심이 되는 선배 교사 리더들이 전국 어디든 있다는 사실이다. 묵묵히 한길을 걸어가면서 축적된 경험을 서로 나누고, 다양한 학습활동 속에서 교사 리더십이 성장하는 모습은 우리가 학교 밖에서 배우고 나누어야 하는 중요한 이유 중 하나가 아닐까 한다.

여섯째, 학교 혁신을 위해 학교 울타리를 넘어 학교 밖에서 동료들과 함께 협력하며 끊임없이 연구하고 학교로 돌아가 실천하는 활동은 배움이 개인의 사유로 머무르지 않고 학교 변화로 연결되고 있는 모습을 보여 준다.

일곱째, 학교 밖 학습모임을 하는 조직들은 학교 안에서 그러했던 것처럼 학교 밖에서도 매년 평가와 성찰을 통해 서로의 삶을 돌아보는 시간을 가진다. 이는 학습공동체가 새롭게 나아가는 데 영향을 미친다.

이러한 특징들에서 우리는 학교 밖 학습모임이 전문적 학습공동체의 성공 조건인 관계 맺기와 학습 조직화, 철학과 비전 공유를 중요하게 여기고 있으며 공동 연구와 실천, 공개와 공유, 평가와 성찰이라는 공동 실천을 다양한 방법으로 하고 있음을 알 수 있다.

학교 밖 학습공동체를 위한 제언

학교 밖의 학습공동체는 각 학교에 고립된 교사들을 묶어 내고 학교 혁신을 이끌어 갈 동력을 함께 만들며, 교사들이 리더로서의 역량을 키워 가는 요람의 역할을 한다. 여기서 더 나아가 학교 밖 학습공동체는 지역 교육의 변화를 견인하는 축으로서 역할을 할 수 있다. 지역의 다양한 연구회가 네트워킹 전략을 통해 학교 변화라는 공동의 목적을 가지고 다양한 형식으로 연결되고, 지역 단위로 공동의 과제를 설계하고 나누는 전문적 학습공동체의 개념으로 변화 발전한다면 이 모임은 개인의 성장을 넘어 지역의 학교 변화와 마을의 변화를 끌어내는 원천이 될 수 있을 것이다.

학교 밖 전문적 학습공동체가 심화·발전되어 지역을 중심에 두고 지역의 교육과정 연구와 실행을 통해 학교를 지원하는 역할을 하게 된다면, 학교와 지역은 긴밀히 연계를 맺으며 학교와 지역 모두 상생하는 총체적 교육력을 함께 만들어 갈 수 있을 것이다.

아울러 학교 밖 학습공동체 활동은 학교와 교사를 넘어 온 마을이 주체가 되어 지역의 교육 문제를 탐색하고 지역의 현재와 미래를 함께 만들어 가는 삶의 공동체로 이어져 가야 할 것이다. 미래를 여는 학습공동체의 최종 지향점이 바로 여기에 있다. 지난 10여 년 학교 안에서 펼쳤던 혁신과 성장, 교육과정의 문제를 어떻게 지역사회로, 지역에 기반한 우리 모두의 삶 속으로 확장하고 강화할 것인지에 대해 지속적인 고민과 실천을 이어 가야 할 때다.

참고문헌

- 구기욱(2016). 반영조직. 쿠퍼북스.

- 류시화(2020). 마음 챙김의 시. 수오서재.

- 법정(2018). 마음의 온도. 미래북.

- 서경혜(2009). 교사 전문성 개발을 위한 대안적 접근으로서 교사학습공동체의 가능성과 한계. 한국교원교육연구, 26(2), 243~276.

- 서경혜(2017). 교사학습공동체: 집단전문성 개발을 위한 한 접근. 학지사.

- 신영복(2015). 담론. 돌베개.

- 오욱환(2018). 교사전문성. 교육과학사.

- 이상철(2019). 학교자치 관련 주요 쟁점 분석. 부산광역시교육청 교육정책연구소.

- 이우학교(2020). 이우학교 교육과정.
  이우학교(2020). 이우학교 종합평가보고서.

- 이창수(2020). 교사 행위주체성(Teacher Agency) 성취를 위한 교사학습공동체의 대안적 접근. 한국교원교육연구, 37(3), 1~26.

- 조윤정·주주자·임현화·박시영·홍석희(2016). 전문적 학습공동체 사례 연구를 통한 성공요인 분석. 경기도교육연구원.

- 추창훈(2020). 로컬이 미래다. 에듀니티.

- 허승대(2020). 보평초등학교 학교공동체 형성과정에 관한 연구. 건국대학교 교육대학원.

- Arendt, H. (2006). 예루살렘의 아이히만(김선욱 역). 한길사. (원서 출판, 1963).

- Arendt, H. (2019). 인간의 조건(이진우 역). 한길사. (원서 출판, 1958).

- Cochran-Smith, M., & Lytle, S. L. (2009). *Inquiry as stance Practitioner research for the nest generation*. New York: Teachers College Press.

- Dufour, F. (2004). What is "professional learning community?", *Educational Leadership, 61*(6), 6~11.

- Fullan, M. (2005). *Leadership and Sustainability: System thinkers in action. Thousand Oaks*, CA:Corwin.

- Fullan, M., & Hargreaves, A. (2013). 학교를 개선하는 교사(최의창 역). 레인보우북스. (원서 출판 1996).

- Hargreaves, A. (2000). Four ages of professionalism and professional learning. *Teachers and Teaching*: *History and Practice*, 6(2), 151~182.

- Hord, S. M. (2004). *Learning together, Leading Together*: *Changing Schools Through Professinal Learning Communities*. New York: Teachers College Press.

- Hutchens, David (2001). 늑대 뛰어넘기(김철인 역), 바다출판사. (원서 출판, 1998).

- John Elias(2014). 프레이리와 교육(한국교육연구네트워크 역). 살림터. (원서 출판, 1993).

- Katzenmeyer, M. & Moller, G. (2019). 잠자는 거인을 깨워라: 학교혁신을 위한 교사 리더십(양성관·이경호·정바울 역). 에듀니티. (원서 출판, 2009).

- Korthagen, F, A., et al. (2007). 반성적 교사교육 실제와 이론(조덕주 외 역). 학지사. (원서 출판, 2001).

- Leijen, Ä., Pedaste, M., & Lepp, L.(2019). Teacher agency following the ecological model: How itis achieved and how it could be strengthened by different types of reflection. *British Journal of Educational Studies*, 1~16.

- Liberman, A., & Miller, L. (2009). 교사 리더십(황기우 역). 학지사. (원서 출판, 2004).

- Louis, K. S., & Marks, H. M., & Kruse, S. D. (1996). Teachers' professional community in restructuring schools. *American Educational Research Journal*, 33, 757~798.

- Mclaughlin, M. W., & Talbert, J. E.(2006). *Building school-based teacher learning communities*: *Professional strategies to improve student achievement*. New York: Teachers College Press.

- Owen, S. (2014). Teacher professional learning communities: Going beyond contrived collegiality toward challenging debate and collegial learning and professional growth. *Australian Journal of Adult Learning*, 54(2), 54~77.

- Palmer, P. J. (2012). 비통한 자들을 위한 정치학(김찬호 역). 글항아리. (원서 출판, 2011).

- Palmer, P. J. (2013). 가르칠 수 있는 용기(이종인, 이은정 역). 한문화. (원서 출판, 2005).

- Palmer, P. J. (2016). 역설에서 배우는 삶의 지혜(김명희 역). 아바서원. (원서 출판, 2008).

- Schön, D. A. (1983). *The reflective practitioner*. New York: Basic Books.

- Senge, P. M. (1990). *The Fifth Discipline*: *The Art and Practice of the Learning Organization*. New York: Doubleday/Currency.

- Sergiovanni, T. J., & Starratt, R. J. (2007). *Supervision*: *A redefinition* (*8th Ed*.). New York: McGraw Hill.

- Yorks, L. (2005). Action Learning as a vehicle for management development and organization learning. In C. Wankel &R. DeFellippi (eds.), *Educating Managers through Real World Projects*. Charlotte: IAP, 183~211.

삶의 행복을 꿈꾸는 교육은 어디에서 오는가?

교육혁명을 앞당기는 배움책 이야기 혁신교육의 철학과 잉걸진 미래를 만나다!

한국교육연구네트워크 총서

 01 핀란드 교육혁명
한국교육연구네트워크 엮음 | 320쪽 | 값 15,000원

 02 일제고사를 넘어서
한국교육연구네트워크 엮음 | 284쪽 | 값 13,000원

 03 새로운 사회를 여는 교육혁명
한국교육연구네트워크 엮음 | 380쪽 | 값 17,000원

 04 교장제도 혁명
한국교육연구네트워크 엮음 | 268쪽 | 값 14,000원

 05 새로운 사회를 여는 교육자치 혁명
한국교육연구네트워크 엮음 | 312쪽 | 값 15,000원

 06 혁신학교에 대한 교육학적 성찰
한국교육연구네트워크 엮음 | 308쪽 | 값 15,000원

 07 진보주의 교육의 세계적 동향
한국교육연구네트워크 엮음 | 324쪽 | 값 17,000원
2018 세종도서 학술부문

 08 더 나은 세상을 위한 학교혁명
한국교육연구네트워크 엮음 | 404쪽 | 값 21,000원
2018 세종도서 교양부문

 09 비판적 실천을 위한 교육학
이윤미 외 지음 | 448쪽 | 값 23,000원
2019 세종도서 학술부문

 10 마을교육공동체운동: 세계적 동향과 전망
심성보 외 지음 | 376쪽 | 값 18,000원

 11 학교 민주시민교육의 세계적 동향과 과제
심성보 외 지음 | 308쪽 | 값 16,000원

 12 학교를 민주주의의 정원으로 가꿀 수 있을까?
성열관 외 지음 | 272쪽 | 값 16,000원

한국교육연구네트워크 번역 총서

 01 프레이리와 교육
존 엘리아스 지음 | 한국교육연구네트워크 옮김
276쪽 | 값 14,000원

 02 교육은 사회를 바꿀 수 있을까?
마이클 애플 지음 | 강희룡·김선우·박원순·이형빈 옮김
356쪽 | 값 16,000원

 03 비판적 페다고지는 세상을 변화시킬 수 있는가?
Seewha Cho 지음 | 심성보 외 옮김 | 280쪽 | 값 14,000원

 04 마이클 애플의 민주학교
마이클 애플·제임스 빈 엮음 | 강희룡 옮김
276쪽 | 값 14,000원

  05 21세기 교육과 민주주의
넬 나딩스 지음 | 심성보 옮김 | 392쪽 | 값 18,000원

 06 세계교육개혁: 민영화 우선인가 공적 투자 강화인가?
린다 달링-해먼드 외 지음 | 심성보 외 옮김 | 408쪽 | 값 21,000원

 07 콩도르세, 공교육에 관한 다섯 논문
니콜라 드 콩도르세 지음 | 이주환 옮김
300쪽 | 값 16,000원

 08 학교를 변론하다
얀 마스켈라인·마틴 시몬스 지음 | 윤선인 옮김
252쪽 | 값 15,000원

 09 존 듀이와 교육
짐 개리슨 외 지음 | 김세희 외 옮김
372쪽 | 값 19,000원

 10 진보주의 교육운동사
윌리엄 헤이스 지음 | 심성보 외 옮김
324쪽 | 값 18,000원

11 사랑의 교육학
안토니아 다더 지음 | 유성상 외 옮김
412쪽 | 값 22,000원

비고츠키 선집 발달과 협력의 교육학 어떻게 읽을 것인가?

 생각과 말
레프 세묘노비치 비고츠키 지음
배희철·김용호·D. 켈로그 옮김 | 690쪽 | 값 33,000원

 성장과 분화
L.S. 비고츠키 지음 | 비고츠키 연구회 옮김
308쪽 | 값 15,000원

 도구와 기호
비고츠키·루리야 지음 | 비고츠키 연구회 옮김
336쪽 | 값 16,000원

 연령과 위기
L.S. 비고츠키 지음 | 비고츠키 연구회 옮김
336쪽 | 값 17,000원

 어린이 자기행동숙달의 역사와 발달 I
L.S. 비고츠키 지음 | 비고츠키 연구회 옮김
564쪽 | 값 28,000원

 의식과 숙달
L.S. 비고츠키 지음 | 비고츠키 연구회 옮김
348쪽 | 값 17,000원

 어린이 자기행동숙달의 역사와 발달 II
L.S. 비고츠키 지음 | 비고츠키 연구회 옮김
552쪽 | 값 28,000원

 분열과 사랑
L.S. 비고츠키 지음 | 비고츠키 연구회 옮김
260쪽 | 값 16,000원

 어린이의 상상과 창조
L.S. 비고츠키 지음 | 비고츠키 연구회 옮김
280쪽 | 값 15,000원

 성애와 갈등
L.S. 비고츠키 지음 | 비고츠키 연구회 옮김
268쪽 | 값 17,000원

 비고츠키와 인지 발달의 비밀
A.R. 루리야 지음 | 배희철 옮김 | 280쪽 | 값 15,000원

 흥미와 개념
L.S. 비고츠키 지음 | 비고츠키 연구회 옮김
408쪽 | 값 21,000원

 정서학설 I
L.S. 비고츠키 지음 | 비고츠키 연구회 옮김
584쪽 | 값 35,000원

 정서학설 II
L.S. 비고츠키 지음 | 비고츠키 연구회 옮김
480쪽 | 값 35,000원

 수업과 수업 사이
비고츠키 연구회 지음 | 196쪽 | 값 12,000원

 관계의 교육학, 비고츠키
진보교육연구소 비고츠키교육학실천연구모임 지음
300쪽 | 값 15,000원

 비고츠키의 발달교육이란 무엇인가?
비고츠키교육학실천연구모임 지음 | 412쪽 | 값 21,000원

 비고츠키 생각과 말 쉽게 읽기
진보교육연구소 비고츠키교육학실천연구모임 지음
316쪽 | 값 15,000원

 비고츠키 철학으로 본 핀란드 교육과정
배희철 지음 | 456쪽 | 값 23,000원

 교사와 부모를 위한 비고츠키 교육학
카르포프 지음 | 실천교사번역팀 옮김
308쪽 | 값 15,000원

 비고츠키와 마르크스
앤디 블런던 외 지음 | 이성우 옮김 | 388쪽 | 값 19,000원

 혁신학교
성열관·이순철 지음 | 224쪽 | 값 12,000원

 대한민국 교사, 어떻게 가르칠 것인가?
윤성관 지음 | 320쪽 | 값 15,000원

 행복한 혁신학교 만들기
초등교육과정연구모임 지음 | 264쪽 | 값 13,000원

아이들을 어떻게 가르칠 것인가
사토 마나부 지음 | 박찬영 옮김 | 232쪽 | 값 13,000원

 서울형 혁신학교 이야기
이부영 지음 | 320쪽 | 값 15,000원

모두를 위한 국제이해교육
한국국제이해교육학회 지음 | 364쪽 | 값 16,000원

혁신교육, 철학을 만나다
브렌트 데이비스·데니스 수마라 지음
현인철·서용선 옮김 | 304쪽 | 값 15,000원

 경쟁을 넘어 발달 교육으로
현광일 지음 | 288쪽 | 값 14,000원

혁신교육 존 듀이에게 묻다
서용선 지음 | 292쪽 | 값 16,000원

다시 읽는 조선 교육사
이만규 지음 | 750쪽 | 값 33,000원

대한민국 교육혁명
교육혁명공동행동 연구위원회 지음
224쪽 | 값 12,000원

핀란드 교육의 기적
한넬레 니에미 외 엮음 | 장수명 외 옮김
456쪽 | 값 23,000원

한국 교육의 현실과 전망
심성보 지음 | 724쪽 | 값 35,000원

독일의 학교교육
정기섭 지음 | 536쪽 | 값 29,000원

경쟁과 차별을 넘어 평등과 협력으로 미래를 열어가는 교육 대전환! 혁신교육 현장 필독서

교실 속으로 간 이해중심 교육과정
온정덕 외 지음 | 224쪽 | 값 13,000원

포스트 코로나 시대의 교육
성열관 외 지음 | 224쪽 | 값 15,000원

내일 수업 어떻게 하지?
아이함께 지음 | 300쪽 | 값 15,000원

**학교의 미래,
전문적 학습공동체로 열다**
새로운학교네트워크·오윤주 외 지음 | 276쪽 | 값 16,000원

**마을교육공동체
생태적 의미와 실천**
김용련 지음 | 256쪽 | 값 15,000원

학교폭력, 멈춰!
문재현 외 지음 | 348쪽 | 값 15,000원

학교를 살리는 회복적 생활교육
김민자·이순영·정선영 지음 | 256쪽 | 값 15,000원

삶의 시간을 잇는 문화예술교육
고영직 지음 | 292쪽 | 값 16,000원

**미래교육을 디자인하는
학교교육과정**
박승열 외 지음 | 348쪽 | 값 18,000원

아이들을 어떻게 가르칠 것인가
사토 마나부 지음 | 박찬영 옮김 | 232쪽 | 값 13,000원

**코로나 시대,
마을교육공동체운동과 생태적 교육학**
심성보 지음 | 280쪽 | 값 17,000원

혐오, 교실에 들어오다
이혜정 외 지음 | 232쪽 | 값 15,000원

수업, 슬로리딩과 함께
박경숙 외 지음 | 268쪽 | 값 15,000원

교실 속으로 간 이해중심 통합교육과정
온정덕 외 지음 | 224쪽 | 값 15,000원

**초등 백워드 교육과정
설계와 실천 이야기**
김병일 외 지음 | 352쪽 | 값 19,000원

**학습격차 해소를 위한 새로운 도전
보편적 학습설계 수업**
조윤정 외 지음 | 240쪽 | 값 15,000원

마을교육공동체란 무엇인가?
서용선 외 지음 | 360쪽 | 값 17,000원

강화도의 기억을 걷다
최보길 지음 | 276쪽 | 값 14,000원

체육 교사, 수업을 말하다
전용진 지음 | 304쪽 | 값 15,000원

평화의 교육과정 섬김의 리더십
이준원·이형빈 지음 | 292쪽 | 값 16,000원

마을교육과정을 그리다
백윤애 외 지음 | 336쪽 | 값 16,000원

**혁신교육지구와 마을교육공동체는
어떻게 만들어지는가?**
김태정 지음 | 376쪽 | 값 18,000원

서울대 10개 만들기
김종영 지음 | 348쪽 | 값 18,000원

선생님, 통일이 뭐예요?
정경호 지음 | 252쪽 | 값 13,000원

**함께 배움
학생 주도 배움 중심 수업 이렇게 한다**
니시카와 준 지음 | 백경석 옮김 | 280쪽 | 값 15,000원

다정한 교실에서 20,000시간
강정희 지음 | 296쪽 | 값 16,000원

물질과의 새로운 만남
베로니카 파치니-케처바우 외 지음 | 240쪽 | 값 15,000원

그림책으로 만나는 인권교육
강진미 외 지음 | 272쪽 | 값 18,000원

수업 고수들
수업·교육과정·평가를 말하다
박현숙 외 지음 | 368쪽 | 값 17,000원

아이들의 배움은 어떻게 깊어지는가
이시이 준지 지음 | 방지현·이창희 옮김
200쪽 | 값 11,000원

미래, 공생교육
김환희 지음 | 244쪽 | 값 15,000원

들뢰즈와 가타리를 통해 유아교육 읽기
리세롯 마리엣 올슨 지음 | 이연선 외 옮김
328쪽 | 값 17,000원

혁신고등학교, 무엇이 다른가?
김현자 외 지음 | 344쪽 | 값 18,000원

시민이 만드는 교육 대전환
심성보·김태정 지음 | 248쪽 | 값 15,000원

평화교육
과거, 현재 그리고 미래를 그리다
모니샤 바자즈 외 지음 | 권순정 외 옮김
268쪽 | 값 18,000원

대전환 시대 변혁의 교육학
진보교육연구소 교육과정연구모임 지음
400쪽 | 값 23,000원

교육의 미래와 학교혁신
마크 터커 지음 | 전국교원양성대학교 총장협의회 옮김
332쪽 | 값 19,000원

남도 임진의병의 기억을 걷다
김남철 지음 | 288쪽 | 값 18,000원

프레이리에게 변혁의 길을 묻다
심성보 지음 | 672쪽 | 값 33,000원

다시, 혁신학교!
성기신 외 지음 | 300쪽 | 값 18,000원

왜 체 게바라인가
송필경 지음 | 320쪽 | 값 19,000원

풀무의 삶과 배움
김현자 지음 | 352쪽 | 값 20,000원

비고츠키 아동학과 글쓰기 교육
한희정 지음 | 300쪽 | 값 18,000원

즐거운 세계사 수업
김은석 지음 | 328쪽 | 값 13,000원

밥상혁명
강양구·강이현 지음 | 298쪽 | 값 13,800원

학교를 개선하는 교장
지속가능한 학교 혁신을 위한 실천 전략
마이클 풀란 지음 | 서동연·정효준 옮김 | 216쪽 | 값 13,000원

선생님, 민주시민교육이 뭐예요?
염경미 지음 | 244쪽 | 값 15,000원

교육혁신의 시대
배움의 공간을 상상하다
함영기 외 지음 | 264쪽 | 값 17,000원

도덕 수업, 책으로 묻고 윤리로 답하다
울산도덕교사모임 지음 | 320쪽 | 값 15,000원

교육과 민주주의
필라르 오카디즈 외 지음 | 유성상 옮김
420쪽 | 값 25,000원

교육회복과 적극적 시민교육
강순원 지음 | 228쪽 | 값 15,000원

비판적 미디어 리터러시 가이드
더글러스 켈너·제프 셰어 지음 | 여은호·원숙경 옮김
252쪽 | 값 18,000원

지속가능한
마을, 교육, 공동체를 위하여
강영택 지음 | 328쪽 | 값 18,000원

백워드로 설계하고 피드백으로 완성하는
성장중심평가
이형빈·김성수 지음 | 356쪽 | 값 19,000원

우리 교육, 거장에게 묻다
표혜빈 외 지음 | 272쪽 | 값 17,000원

교사에게 강요된 침묵
설진성 지음 | 296쪽 | 값 18,000원

마을, 그 깊은 이야기 샘
문재현 외 지음 | 404쪽 | 값 23,000원

비난받는 교사
다이애나 폴레비치 지음 | 유성상 외 옮김
404쪽 | 값 23,000원

한국교육운동의 역사와 전망
하성환 지음 | 308쪽 | 값 18,000원

참된 삶과 교육에 관한
생각 줍기